Wei guang · Ju huo

微光·炬火

张述 著

广西师范大学出版社
·桂林·

图书在版编目（CIP）数据

微光·炬火 / 张述著. —桂林：广西师范大学出版社，2018.4（2023.1 重印）
ISBN 978-7-5598-0692-5

Ⅰ．①微… Ⅱ．①张… Ⅲ．①不发达地区－教育工作－概况－中国 Ⅳ．①G527

中国版本图书馆 CIP 数据核字（2018）第 042586 号

广西师范大学出版社出版发行

（广西桂林市五里店路 9 号　邮政编码：541004）
网址：http://www.bbtpress.com
出版人：黄轩庄
全国新华书店经销
广西民族印刷包装集团有限公司印刷
（南宁市高新区高新三路 1 号　邮政编码：530007）
开本：889 mm × 1 194 mm　1/32
印张：11.5　　　　字数：235 千字
2018 年 4 月第 1 版　　2023 年 1 月第 3 次印刷
印数：10 001~12 000 册　　定价：58.00 元

如发现印装质量问题，影响阅读，请与出版社发行部门联系调换。

目 录

第一辑 ｜ 支教苦乐…………1

梦的起点…………3
为了孩子，星空与爱…………32
女儿要支教…………52
比分数更重要的…………66
一个都不能少…………83
拉住你的手…………96
愚公移山…………107
因爱之名…………116

第二辑 ｜ 课堂以外…………137

大寨的传承…………139
创造村校"标准"…………173
从家乡起航…………190
念书，为了不被轻易取代…………204
今天，我终于成了你们…………214
摩梭孩子的最好未来…………228
235 张全家福背后…………238
走向最边缘…………249

第三辑 | 百样人生……………265

　　从"体制"到公益…………267
　　做"有意思"的事…………276
　　拥抱朝阳…………289
　　逆行人生…………297
　　只是一直奔跑…………309
　　离校 72 小时…………317
　　毕业才是开始…………338

[后记] 等候燎原…………358

第一辑

支教苦乐

梦的起点

> 我们去支教,不是要在两年里让学生改变多少,而是在他们心里种下一个念头。力求让这些将来终要散入人潮中的孩子,对于良善的东西,都还存着一些信仰。
>
> ——题记

2017 年 7 月 15 日,第一天,宜迎新。

雨一直下,前面有塌方,长途大巴在高速公路上趴了近两个小时,之前来昆明的航班又误了点,这些都没影响章林昱的心情。她下了车,踩在湿漉漉的柏油路上,呼吸着湿润的空气,透过雨幕远眺云雾中影影绰绰的连绵青山,满心的窃喜:这就是未来自己将要长期生活的地方。

这一年章林昱 24 岁,皮肤白皙,鹅蛋脸,披肩发,眉目清秀,举手投足间带着江南女生的温婉和书卷气,却也爱听摇滚,能在晚会上一身潮人装扮,唱酷炫的英文 Rap *I need a doctor*(《我需要医生》)。不久前从伦敦大学毕业回国后,她只在浙江湖州的家中待了两天,就匆匆踏上了新旅途。

这是她第一次来云南,不是旅游,而是来支教。

此行目的地是楚雄市的楚雄师范学院附属中学。时候正是暑假,学生大多已放假回家,空旷的校园几乎不见人影,教学楼和操场一同在沙沙雨声中沉默。只有学校西门人头攒动,嬉闹喧嚣。天刚亮,一群身着统一文化衫的年轻人就来到这里,冒雨摆放桌椅,支起防雨棚,运来一批批白色手提袋、黑色雨伞,在背雨处张贴手绘的海报。"美丽中国"四个字随处可见,前面还有一个作为标识的彩色五角星。

这是支教项目"美丽中国"的迎新日。

让所有的中国孩子,无论出身,都能获得同等的优质教育。这是美丽中国支教的愿景。它在2008年成立,志在解决中国城乡教育资源不平衡的现状,为此每年都会从海内外各大高校招募优秀的中国青年,经过严格培训后派往边远地区的农村进行支教,以弥补当地师资力量的短缺。

不同于国内颇为常见的寒暑假短期支教,美丽中国支教是为数不多的长期项目,每位老师至少要在农村支教两年,并实行"轮岗制":这一届老师支教期满离开,下一届老师继续留校,第三届老师也会来到,填补离去的空白,从而保证学校一直留有支教老师。今天正是2017—2019届老师报到的日子,他们要在这里参加为期五周的"暑期学院"培训,然后开始两年的支教生活。

一整天都有新老师陆续抵达。他们每人从工作人员手中接过雨伞,领到文化衫,在花名册上签下名字,然后互相打趣说笑着，拖着行李走向宿舍楼。他们大多是中国重点大学的应届毕业生，也不乏来自海外名校的佼佼者。没人认为选择支教是"自找苦吃"，反而觉得这段经历会让自己获得巨大成长。

章林昱就是如此。她本科在北京师范大学读教育专业，研究生方向是比较教育。毕业前夕忙于论文之余，她对自己的未来举棋不定，既想读博士，又觉得自己毫无实践经验，继续埋首书斋未必是个好选择。这时她从一位师兄那里了解到美丽中国支教，也萌生出了解中国农村教育的愿望，为此先后写了五封邮件说服父母，又向学校申请延迟一个月提交毕业论文，终于顺利成行。

同一天的广西百色，明晃晃的日头刺得人睁不开眼。当地的百色高级中学是另一所暑期学院所在地。2017年，美丽中国支教共招收380余名支教老师，其中有170余人选择去云南支教，并被安排在楚雄学院，前往其他四个地区的207位老师则来到百色学院。两地的课程、活动大体一致。

董含灵的报到引起了轻微骚动。她拄着双拐，一步一挪出现在校门前，收获了一片诧异目光，不少人脑海中条件反射般冒出"身残志坚"四个字。半个月前，她的脚不慎受伤骨裂，反复纠结下还是决定照常来报到。

她的母亲是美丽中国支教的捐赠者之一，她曾跟着母亲去广东潮州访校，十分欣赏那些支教老师。2016年，她从美国科尔比学院毕业，从商大半年后，感到这并不是自己喜欢做的事，这时她想到了美丽中国支教。她读的是政府政治专业，一直关注城乡教育差距，"我希望在自己的能力范围内影响学生，让他们有社会责任感，如果以后他们能成功走出农村，这种社会责任感会促使他们回到农村、建设农村"。

樊彩莹的经历刚好验证了这点。她有着一双灵动的大眼睛，笑起来会露出整齐洁白的牙齿，提起支教，和谁都有说不完的话。家在陕北延安农村的她，初中的数学老师就是支教老师，他来自西安，在学生心目中，那是遥不可及的远方。老师说着一口流利的英语，教生物课从不看教案，课下也在默默自学。他让少时的樊彩莹第一次感到，"原来读大学是这样的，我以后也要读大学"。三年后，她如愿考上中国人民大学，心愿又成了"我也要像老师那样去支教"。

大学期间，樊彩莹认识了师姐康瑜——美丽中国支教的明星老师。师姐朋友圈里的一个个支教故事让她落泪，于是她当即决定也加入项目，回报哺育自己的那片土地。大四那年，她来到美丽中国支教办公室实习，毕业前夕还特意前往康瑜支教的学校——位于云南保山的漭水中学，帮师姐筹备各种课外活动，整日忙得不可开交。校长半开玩笑地说："小樊，你真是不把自己当外人，要不留在我们学校吧。"樊彩莹没有立刻答应，她本打算去甘肃陇南，希望回到熟悉的大西北，但乘坐长途大巴离开时，她还是改变了主意："这次可能要留在云南了。"

车窗外，青山掩映中的学校逐渐远去。樊彩莹那时并不知道，自己后来真的回到了这里，接替师姐完成又一个两年的轮岗。毕业典礼上，她拿到了一封信，这是她刚入学时写给四年后的自己的："这时候的你，是否还在坚持教育的梦想？"

她莞尔一笑，答案不言自明。

当晚八点，章林昱终于到达师院附中。天完全黑了，雨还在下,她办理完入住手续,和同伴们在附近匆匆吃了晚饭,又去超市买了被褥等生活用品,在女生宿舍楼安顿下来。没有任何不适应,一整天的经历恍若当年步入大学校园,她很快沉入梦乡。樊彩莹则没那么顺利,她的被褥都是从家里寄出的,直到入住时还没能寄到,暑期学院开始的前几晚,她只能和同伴两个人挤在一张床上。

而在宿舍楼几百米外,运营团队的工作人员还在校门口坚守,等待着更晚抵达的新老师们。连续三天迎新,他们每晚都要守候到夜里两点以后。

潺潺雨声衬得周遭格外幽静,一切颜色都在夜幕中消弭。昏黄灯光下,只余"美丽中国"的星形标识依旧斑斓。

二

7月16日,第二天,宜初识。

雨停了,天还是灰蒙蒙的。章林昱起了个大早,换上昨天领到的文化衫,匆匆走下楼梯,前去参加暑期学院开幕式。在那里,她会见到其他新老师们,他们当中的一些人还会成为自己的队友,未来两年在同一地区甚至同一所学校支教。

大礼堂就在前方,掌声和欢呼声从那个方向遥遥传来。走到近前,章林昱吃了一惊,工作人员和往届老师组成了两道"人墙",一直延伸到大礼堂的入口,每位新老师都会受到夹道欢迎。这是暑期学院的传统仪式,每年都会上演。不少新老师没见过这样的阵势,迟疑着裹足不前,片刻后才小心翼翼穿越起人墙,很快就受到热烈气氛的感染，笑着与工作人员逐一击掌，直到步入会场，寻觅着座位坐下。

李薇薇站在角落里望着会场中的新老师们，仿佛看到了许多年前的自己。这是她第六次参加暑期学院，第一次是2011年，那时她从上海交通大学硕士毕业，在此经过一个多月的培训，前往云南临沧的大寨中学支教。2013年支教结束后，她留了下来，此后每年她都作为工作人员参加暑期学院的筹备工作，今年的身份是楚雄学院的校长。从2016年12月开始，她就和吴迅、石维婧这两位同事组成了筹备委员会，在大半年时间里完成了一系列工作：确定暑期学院的培训目标，招募两地学院的工作人员，对培训课程进行梳理，确定预算，逐一考察支教地教育部门推荐的当地学校，并将两处培训地最终定为楚雄师范学院附属中学、百色高级中学。

新老师报到前一周，工作人员就兵分两路，分头前往两所学校进行筹备。负责宣传和团建的文化团队筹备开幕式；教学团队的讲师们开始备课；负责后勤保障的运营团队任务最重，工作也最烦琐，小到迎新礼包的装填，饮水机的管理，宿舍钥匙的配备，大到水、电、网络的保障，食品的安全供应，每个细节都要倾注心血。之后的一个多月，也是他们每天早晨七点就睡眼惺忪奔向教学楼，打开大门，拉起楼梯口的卷帘门，每晚十一点逐一检查各教室，关好门窗后才离开。

楚雄学院的开幕式上，李薇薇用"职、教、美"三个字概括培训的愿景：职业素养，教育能力，美丽文化。"加入美丽中国之后，大家都是员工，而不是志愿者。机构会用职场人士的标准来要求你们。"接下来的一个月,新老师们很快就对此有了深刻体会。

朱博文也在暗暗观察着一张张写满兴奋和新奇的年轻面孔,"太青春了"。他暗想,尽管自己也只有26岁。

他是刚才开幕式的主持人,也是2015—2017届的老师,支教于保山市昌宁县的耈(gǒu)街小学,曾和一位口腔医生共同发起护齿计划,为全校500多名学生检查口腔。半个月前刚结束支教,又选择成为支教项目的工作人员。他的两个更重要的身份是:暑期学院的培训主管、保山地区的项目主管,负责章林昱、樊彩莹的培训支持。

美丽中国支教对老师的支持贯穿两年支教的始终。在暑期学院,工作人员和往届老师会担任培训主管,这是一份类似"导师"的工作,每人负责几位新老师的管理,对他们的教案和试讲提出改进意见,解答他们的一切疑问。支教开始后,承担类似职责的人员变成了项目主管,他们会定期访校,了解老师的教学和生活状况,协调他们和学校之间的关系。

在朱博文的主持下,整个团队举行了第一次见面会。新老师们都有些拘谨,简单的自我介绍后便不再说话,这一局面一直持续到下午的团建。每组新老师都要彼此协作,在教学楼的不同教室做一些小游戏,每完成一项,都会得到工作人员的盖章,集齐所有章后宣告通关。也是在这些活动中,他们很快就彼此熟悉了起来。

那些天正是当地的火把节,彝族最盛大的节日。朱博文带领团队来到离学校不远的彝人古镇,夜晚的广场上生起一团篝火,许多居民围成一圈，在音乐的伴奏下跳起"左脚舞"。樊彩莹也加入了狂欢的行列，还请身旁的一位大姐教自己跳。那一晚她累得精疲力竭却也酣畅淋漓，觉得从那一刻起，自己已融入了云南这片土地。

三

7月17日，第三天，宜学习。

以下教师行为中，哪些是合适的？目的何在？
看到学生昏昏欲睡时，老师高歌一曲《青藏高原》。
老师身穿日本和服讲述日本服饰的特点。
为了加快进度，同时讲授圆柱体和圆锥体的体积公式。
所有板书只用一种颜色的粉笔。
整堂课上，眼睛一直盯着学习好的学生讲课。
课堂上给学生放和课时目标无关的搞笑视频。
……

这是暑期学院的一道练习题。培训期间，新老师们经常要面对的问题就是：怎样做才是一个合格的老师？

第一节课，讲师韦亚问新老师："美丽中国支教的愿景是什么？"下面齐声回答："让所有的中国孩子，无论出身，都能获得同等的优质教育。"韦亚点头："非常好，所以我们的一切行动，都要围绕着这个愿景展开。无论教学设计还是课堂管理，大家都要思考,你的每一个行动是否在为目标服务。"这节课上,韦亚和其他讲师一样,最先教给新老师的正是"如何确定教学目标"。

美丽中国支教一直在强调"专业支教",他们更愿意称自己为"教育工作者"而不是"志愿者",支教也绝不是单纯地"献爱心"。这一理念得到了不少教育专家的认同,有学者表示,教育是一件严肃的事情,每个细节都要由专业来支撑,也必须用极高标准来要求老师,因为他们不经意间的一句话、一个举动,都可能会对孩子产生无法估量的影响。如果没有做好足够准备就盲目去支教,反而会伤害孩子。

暑期学院的课程足以体现这种专业性,它是机构自创的一套培训体系,又经过重点学校多位名师的修正与补充。所有课程都围绕着"怎样成为一名合格教师"的目标展开,"普通教学法"则是全套课程体系的基石,它的作用是让新老师们掌握备课、授课的技能,拥有教师的心态。

这门课程的精髓在于"拆分":一名合格的教师首先要学会制定教学计划,确立每学期的授课目标、学生对知识的掌握程度,然后将其拆分成一个个单元,再到一个个具体课时,并据此进行备课、写教案,每份教案又都包括固定的五个步骤:开场、新知识介绍、指导练习、独立练习、收尾,这被称为"五步教学法"。

在一份作为范例的英语课教案中,写在最前面的是"目标",包括:100% 的学生认读 monkey(猴子),tiger(老虎),elephant(大象)三个动物单词,能理解其中文意思,记住并准确发出 T,

E、M 三个字母，听懂"What do you see"（你看到了什么）这个句型，用"I see a ____"（我看到了……）进行回答。接下来是"评估"，老师要在此设计一些课堂练习，以便确认学生已经掌握这堂课的教学目标。

这之后是计划中的课堂进程，细致到老师要说的每一句话：用1分钟时间开课；1分钟时间进行"情境导入"，给学生展示动物的图片并引出课堂主题；分别用6分钟时间叫学生上台表演猴子、老虎、大象，练习这些英文单词的发音；然后依次是两分钟单词复习、13分钟句型练习、两分钟整节课内容回顾、3分钟检测环节，最后用30秒结课。每个环节还会注明最可能出现的学生反应和课堂状况：如果学生讲话，就做出噤声的手势提醒；如果有学生喊出中文"老虎"，就提出要求，"告诉我英文"。

这份教案共有9400字，老师要写的板书内容不包含在内。

第一周，新老师们每天都要练习这样的"分镜头剧本"式教案。那些天，每天下午四五点钟课程结束后，除了吃饭洗澡等时间，老师们都分散在教室或宿舍，各自抱着笔记本电脑争分夺秒，赶在晚上九点前写好教案，发送到各自的培训主管的邮箱中，再根据主管的批示一遍又一遍修改，熬到深夜甚至凌晨是常事。

新老师们都不适应。大部分人刚大学毕业，在松散闲适中度过了大四的最后一学期，突然遭遇这样的学习强度，个个叫苦连天。百色学院第三天就有人打上了吊瓶，主管在医院一直守到夜里两三点；一周过去，足有15位老师生了病。那些天当地温度高达38℃，走出装了空调的教室，冷热交替下很容易病倒。有的女老师来了几天就开始想家，忍不住一哭，整个宿舍的女生都跟着哭起来。

　　樊彩莹的第一篇教案写得格外艰难。白天上课她尽力认真听讲，但一遍遍翻着要讲的课文《皇帝的新装》，还是毫无头绪。时间在焦灼中一分一秒过去，眼看已是晚上八点，同宿舍的老师劝她："不要纠结了，反正肯定要改的，先在最后期限前交上去。"她只好硬着头皮在最后一小时草草写了个初稿，发送后马上告诉朱博文："主管，你先不要看这个稿，我再改一稿交给你。"那一晚，她一直改到凌晨两点半才交稿，之后的每份教案都要反复修改好几遍。

　　郭晓琳遇到的困难比所有人都多。她来自香港，此前只去过内地的北京和广州，连普通话都不会，只能说英语。其他学员开始讨论问题时，她却先要了解话题是什么，再用英语夹杂着手势勉强沟通；教案也只能先用英文写，再通过翻译软件转化成汉语后逐一检查，改正那些颠倒的语序和错误的翻译，这一过程经常会花掉她三四个小时的时间。

　　还有生活上的种种不便。郭晓琳此前从未住过集体宿舍，这是头一次和三位舍友住一个房间；由于一直吃素，口味清淡的她难以适应云南菜的咸辣；作为一名专业运动员，在香港时她每天都要去游泳，如今既没有条件也没有时间；开放式的公共厕所更是平生未尝得见，更不必提内地农村如今依旧普遍存在的旱厕。她告诉自己，"不可以这样挑，到了学校，条件会更差"，却还是倍感压力，觉得自己总是落后，像个失败者。

　　章林昱倒是延续了毕业前夕的忙碌状态。和其他老师一样，每天她都要熬夜到很晚，为了尽量补觉，经常午饭都不去吃。让她焦虑的还有没能完成的论文，她向学校申请推迟到9月末交，但以现在的状态根本没时间写。第一周，她觉得时间凝滞了一般，每天都过得格外漫长。

好在也有心理准备。师兄曾告诉她："支教开始后，你会有一万个理由放弃。任何一点小小的事情都会让你动摇，萌生离开的想法。"加入美丽中国支教后，她想得最多的就是，怎样把这两年坚持下来。

更让她意外的是课程内容。从本科到研究生，章林昱学的都是教育，也熟悉各种教育理论，听课后却发现，暑期学院的课程更强调实践。普通教学法专有一门"教师仪态和口吻"课程，新老师要练习如何抓住学生的注意力，如何突出重点，如何促进学生参与课堂，连讲话方式都要专门训练：正确的语气应该是自信、关切和无敌意的，语速和音量也要适中。学员都要在课上逐一上台反复练习，并接受讲师随时提出的改进意见。

"课堂管理"更是课程格外强调的内容。农村学生绝不比城市学生更热爱学习，对新老师而言，课堂纪律必定是首要挑战。这项制度正为此提供了一系列应对策略与技巧，它将学生行为和老师的措施逐一进行了分级：最初级是学生走神和说小话，老师只要调整声调、眼神示意或走到学生身边即可；插嘴、嘲笑同学、没有准备好学习用具等行为，会被口头警告和小组扣分；最严重的处罚是请家长。体罚或辱骂是严格禁止的，连声色俱厉的斥责都不行，老师绝不能伤害学生的自尊心。

如果课堂上出现突发事件，老师将如何处理？讲师的回答是，意外情况是无法穷尽的，不可能事先想好一切应对策略，只能把握一个大原则：优先保证教学正常进行。老师很难在短时间内妥善解决意外事件，为此中止课堂更会得不偿失，所以正确做法是：暂时保留争议，课后再慢慢解决；首先应该让严重影响课堂的学生离开教室，去办公室等老师下课。

这仅仅是"普通教学法"的一部分内容，其他课程还包括针对不同主课的"分科教学法"，教授如何与学生交流沟通的"综合素质拓展"和"教育理论课"。朱博文读大学时听过教育学的网课，他评价，暑期学院的课程是把大学四年的内容压缩进了几周的时间内，很多知识甚至在研究生阶段才会涉及。

这些密集的课程，老师们当然不可能在短短一个月内全部掌握，教学团队也并不对此抱有奢望。讲师邵森孟介绍，暑期学院只要求新老师能理解这些内容，因为哪怕课上反复强调，实践中还是会有很多地方做不到位，只能在以后的支教过程中不断回顾，用理论来验证经验。

一周过去，老师们各自感受不同。樊彩莹之前从没想过，老师上课也有这么多讲究，听过培训后恍然大悟，明白了自己做的每一步是为了什么。章林昱一开始总希望让课堂尽可能有趣，培训后才明白，如果一味追求形式，有可能会失去教学重点。郭晓琳的普通话也有了飞速进步，发音依旧不标准，但已能正常沟通；她也适应了集体宿舍的生活，经常和舍友一起去逛街，连菜里的辣椒都不那么"难以忍受"了，不过还是打算到学校后自己做饭。还有老师慨叹，这一周是从 0 到 0.1 的过程，希望通过实践获得更大进步。

很快，他们就将迎来实践的机会了。

四

7月23日，第九天，宜相逢。

早晨七点半，就有老师三三两两走出楚雄师院附中的校门，匆匆搭上公交车，他们要坐上三站地，再步行800米，抵达两公里外的灵秀小学，中午十二点半再踏上归途。由于回来时经常要到下午一点左右，师院附中的食堂会为他们专门留饭。这样的行程要重复三周。

这一天的清晨，师院附中周边的灵秀小学、北辰小学，百色高级中学附近的八一希望小学，都出现了美丽中国支教老师的身影。他们并排守候在操场上，各自举着写有班级信息的手绘海报。很快，校门口出现了许多小小的身影，孩子们蹦蹦跳跳嬉闹着步入校园，在老师的招呼下排好队，跟着老师走向教学楼，如同鸭妈妈身后的一群群小鸭子。

夏令营开营了。

这是每年暑期学院的重头戏。三周时间内，新老师三人一组，共同负责一个班级的教学，以此初步体验教师的角色，积累教学经验。

章林昱留在了师院附中，面对的是初一学生。今天她特意打扮了一下，学生们刚一见到老师都很开心，这让她多了一份自信，站在讲台前并不紧张。大学时她曾在北京朝阳区的一所中学做过一个月的实习试讲，班主任告诉她："以后你干什么都好，就是不要当老师。"章林昱不假思索："我肯定不会当老师的。"如今她食言了。

这一刻,几所夏令营学校的近百个教室里一片寂静,每间教室的几十个小脑袋齐齐盯着老师,眼睛里写满好奇。他们都是本校的学生,不久前,校方向家长发出通知,暑假期间学校将举办夏令营,老师都来自国内重点高校,会为孩子带来有益身心的素质教育,夏令营全程免费,欢迎报名。在孩子们的期待中,这次夏令营本该是来尽情玩耍的。

谁也没想到,老师第一堂课就宣布考试。

孩子们在一头雾水中答完了语文试卷,下课铃响起,几分钟后的第二节课,他们迎来了数学考试,第三节又考起了英语。这是夏令营的"启动计划",意在让老师掌握学生的学习程度。总算到了第四节课的班会,孩子们都吵闹起来:"我们是来参加夏令营的,不是集中营。"老师们也暗自愧疚,樊彩莹安慰他们:"你们放轻松,这次的考试都不会有分数,不用在意成绩,只要好好答就可以。"和很多老师一样,她一直担心学生没上几天夏令营就会退出,好在最后提前离开的极少。

正式教学从第二天开始,老师们所有的问题暴露无遗。无论教案写得多详尽,备课有多流畅,真正讲起课还是会遭遇各种情况。

最常见的问题是时间分配不均衡。有的老师把四十分钟的数学课用十三分钟讲完,剩下的时间只好让学生们一直做题。有的老师忘记做开场白,上来第一句话就是:"同学们,今天我们来学某某定理。"还有位老师叫学生回答问题,因为过于紧张,一节课把三个学生反复点了十几次。王淼在科学课上给学生做"纸电话",本以为很容易就能完成,不想试验了两次都失败了,惹得孩子们在下面偷笑。董含灵批改摸底考试的试卷才发现,明天要讲的知识点学生们已全部掌握了,只能连夜紧急调整教案,把后一节课的内容并到前一节里。但三节课以后,她发现连很多好学生都没能掌握自己讲的内容,课堂效果与预期的相去甚远。

樊彩莹的第一堂课比大部分新老师的要好,可最后十分钟还是出了问题。分角色朗读课文时,她叫起来的三个孩子没有理解"分角色朗读"的含义,读起课文来声音平淡刻板,樊彩莹一直在纠结是否打断他们,最后学生们干巴巴念了足足十分钟。拯救她的是下课铃声,看看教案,后面还有一大截内容没来得及讲。

"可算下课了。"第一堂课结束,不少老师暗自长出一口气。还有女老师刚走下讲台,泪水就在眼眶里打转,培训主管尚未开口,眼泪先落了下来。王淼感叹:"教学真是一个经验积累的过程,你的想象和实际情况并不是一回事。"

学霸不一定能教好课,讲师吴泽民几年前就领悟了这个道理。他自幼深爱语文,刚成为支教老师时,自觉教这门科目肯定得心应手,没想到刚一站上讲台立刻左支右绌,他这才意识到,自己擅长的只是"语文",而不是"教语文"。"学和教是两回事,教哪一门科目,跟我们以前学得怎么样,其实没什么太大关系。学得好,是因为我们知道自己在想什么;而教不好,是因为我们不知道学生在想什么。"

宋小东对此心有戚戚。37岁的他是这届暑期学院里最年长的老师,曾无数次在上千人面前讲话,面对孩子们自然游刃有余,前几节试讲也算得心应手。有一次上课,他主动给孩子们拓展了一些课外知识,下课后,听课的培训主管问他:"你觉得刚才讲的内容,孩子们都能听懂吗?"

宋小东仔细回味,这才觉出问题。讲到"煤"这个生字时,他给孩子们讲起了煤油,顺道又讲到煤油的原料石油:"石油是亿万年前,很多动物植物的尸体埋在地里,不断发酵炭化生成的。人们开采石油后,先提炼出汽油,因为汽油的燃烧率很高;提炼到最后,剩下的杂质是沥青。"这段话已经超出了三年级孩子的理解范围。

后来他问一个孩子,能不能听懂自己讲的内容,孩子说能懂,宋小东让他复述一遍,没答上来。他明白,孩子说"懂了",只因为自己是老师,不敢说"不"。他不由得慨叹:"我犯了我这个年龄的人容易犯的错误,迫切想把自己的人生阅历告诉孩子,却忽略了他们的接受能力。"

"对新老师来说,站在学生的角度思考非常重要。"邵森孟分析,"有些在专业上钻研得很深的新老师更容易先入为主,想做到这点反而更难,落差也会更大。知识点本身并不难,如何把某个知识点进行合适的诠释,用更好的方式去引导学生掌握知识,才是教学的关键。"

章林昱的挫败感则来自学生。她初中就读于外语学校,英语成绩一向很好,却没想到,自己以为最基础的很多单词,学生根本不会。第一周的课堂每天都在重复那几个单词,一个周末过去,学生又都不会念了,只能重新教,教学进度因此慢了很多。她沮丧了两天,后来想想不行,自己的负面情绪会被敏感的学生察觉,很容易受影响,第三天又强迫自己热情起来,"我要对学生负责,否则就是在浪费他们的时间,这样会对不起他们"。

好在还有培训主管。每次上课，他们都会坐在教室后排听课，随时记录授课过程中出现的问题，下课后反馈给老师。开头几次听课，几乎每位新老师的问题都能记上满满一页纸，培训主管往往只挑出一两个最明显的问题进行反馈，如果说得太多，老师记不全也没法一次性改正，更容易失去信心；反馈时也往往要先对表现好的地方鼓励一番。课程结束后，他们再把老师各方面的表现整理成数据、汇总上报，支持团队对每周数据进行筛查，并重点关注没有达标的老师。这些数据将一直保留下来，暑期学院结束后移交给支教地区团队，方便日后跟进查询，每位老师每周的表现都能准确查到相关数据。

朱博文建议章林昱，先对学生建立正确的预期，不要总执着于十几天内就让孩子进步多少，也不必拘泥于教学计划，可以酌情缩减教学内容，这样既给学生更多时间来掌握，也能使自己获得一些信心。章林昱试着照办，把原定一周要教的四个单词、三个短语减少为两个单词、一个短语。一个孩子之前没学过英语，读单词发不出音，她想给他课后开小灶，可时间又太紧，只能在课堂上对他多一些关注。每教一个单词，她都叫孩子起来发音，再当堂纠正好。最后一周，孩子终于大声而准确地读出了单词。

其他很多老师也在培训主管的帮助下取得了飞速进步。郭晓琳的班里有一个孩子总爱淘气，她按主管的建议，课前给孩子布置了任务："请你帮我拿住这支笔，等下上课的时候会找你，你是我的神秘嘉宾。"孩子果然整节课都在认真听讲，等着老师叫自己。

随着试讲练习的不断增加，老师们在课堂上逐渐变得自信，更善于维持课堂秩序，授课也更具条理性。有老师一开始对主管的意见不以为然，遇挫之后尝试着根据建议改进，果然取得了成效；还有老师养成了不断反思的习惯，会在课后主动找主管探讨遇到的问题。三周过去，绝大部分老师都能顺利讲完一节课了。

孩子们也认可了老师。夏令营仍然是上课，但随着课程越来越生动有趣，他们也逐渐乐在其中。樊彩莹在语文课上做了许多拓展，给学生读《三体》里的童话故事，在课上举办辩论赛，读自己帮师姐做的诗歌绘本，还带孩子们把那些诗画出来。有一节课她给孩子们读诗，无意中又拖堂了，正要宣布下课，教室里喊成一片："老师老师，你再读一会儿吧。"她大为开心。也有老师领悟到："任何学生的问题，总能追溯到老师的教学上。他们不守纪律，只可能是你讲的内容不够吸引人。如果一堂课准备得很好，基本不需要刻意管理。"

章林昱的班级里，一个学生拒绝给自己起英文名字，理由是："学英语就是不爱国。"她问为什么，孩子又改口："为什么要学英语？学日语不可以吗？"章林昱没有强迫学生，而是给他写了张纸条，列了两个问题供他思考：语言有没有好坏之分？语言是不是帮助你了解世界的一把钥匙？

第二天，学生交上来满满一页纸的回复，对问题本身分别做出否定和肯定的回答，又向老师提了很多其他问题，其中一个是：生和死各是什么样的感受？章林昱用更多篇幅回答了他："生是可以去感受的，你能用眼睛去看，用耳朵去听，各种感官都是活的，能体会各种情感。死的时候，热闹的世界一下就安静了，像一种熟睡的状态，但不会再醒来，无法继续感知这个世界。"还鼓励学生,"你能想到这点很好,但要给自己一点时间,在自己的成长经历中不断去领悟,要多看书,不要放弃思考"。

"这孩子让我想到自己。"章林昱记得,自己小时候也会有很多类似稀奇古怪的想法,每天早上醒来,幼小的她都会有无数问题:如何确定自己是活着的?自己可能只是生活在梦境里,这样活着还有意义吗?那时她又不敢问,怕被父母说成是胡思乱想。"其实孩子有这种问题非常正常,我不希望我的学生也这样压抑。"那次之后,学生对老师卸下了防备,在课堂上的表现一直都很积极。

三个星期过去,夏令营即将结束时,樊彩莹打印了所有学生的照片,又给每人送了一本诗歌集,前面写了长长一段寄语,一直忙到夜里两点。第二天最后一次上课,她播放了自己大学生活的视频,告别时动情地和每个孩子都拥抱了一下,有的女孩哭了。

章林昱也给每个学生写了寄语。课间孩子们都围了过来:"老师,我的呢?我的呢?"章林昱分发时叮嘱:"这是老师给你们的悄悄话,不要让别人看到。"有孩子当了真,把头埋进书包里去偷偷看信。她还给全班表现最好的3名学生各送了一样礼物,第三名是一支英雄牌钢笔,希望学好外语的第二名得到了一本《牛津书虫》,第一名的男生想要学书法,章林昱特意去文具店选了一支毛笔、一瓶墨汁送给他。家乡就出产毛笔,小时候她自己也这样练过书法。

集体合影时,几个孩子围着老师,比画出各种手势,几乎要挡住她的脸。那个和她讨论生与死的男孩还特意跑到最后一排,只为站到老师身旁。学生们后来自发组建了班级QQ群,有孩子告诉她："老师，我想你了。"

五

8月3日，第20天，宜整装。

分校结果是在第三周周末公布的，这是那几天最受关注的话题之一，它将直接决定老师们接下来的两年在哪里度过，以及过什么样的生活。

樊彩莹和章林昱都被分到了云南保山的昌宁县，项目主管也都是朱博文。樊彩莹的学校是漭水中学，师姐支教过的地方；章林昱是耇街小学，朱博文支教的学校。樊彩莹如愿以偿，之前校长就一直在问她："确定了吗？确定了吗？"总担心她改变决定，如今一块石头落了地。章林昱的心情则颇为复杂，她曾想过去大理或临沧，对将去任教的保山全无了解，也从未考虑过那里。不过，分校结果她此前已有所察觉，公布后的第一反应就是："果然早就分好了。"

分校在暑期学院开始前就已大致确定。美丽中国支教有一套专门的分校系统，工作人员会设置好若干参数：所学专业与所教学科的匹配程度，英语四、六级或雅思成绩，毕业院校的类型，性别，特长，自身需求等，由系统自动进行分配。每所学校的支教团队都会保证相对均衡的男女比例，重点名校、海外名校与普通高校的毕业生人数大致持平，有些学校会有往届老师发起的课外项目：合唱团、美术班、球队，工作人员会优先将具备相关特长的老师分配过去，以便项目延续下来；个别老师是男女朋友甚至夫妻同来支教，也需要被分到一起。

暑期学院开始后，新老师的团队基本是按未来的支教地区划分的，不过工作人员不能立刻告知，而是要在接下来的长期相处中，逐步透露支教地情况，以便让老师们有一定心理准备，不是所有人都能接受分校结果的。

2017年，美丽中国的支教地共有云南、广东、广西、甘肃、福建五个地区。云南是历史最悠久的支教地，2009年就有第一批老师前往大理鹤庆县支教，如今规模也最大，每届老师中，去云南支教的人数几乎要占到一半；广东支教地规模次之，这里是2011年成立的，但直到2014年才巩固下来；广西、甘肃是2016年新增的；福建则是最新支教地，这届才迎来第一批老师。

暑期学院每周都会有两三节课的"区域时间"，工作人员会介绍各支教地的情况、老师们可能面临的挑战。在百色学院，支持团队负责人胡忠伟就专门解答过"广东为什么需要支教"这一疑问：

广东贫富差距很大，全省只有广州、深圳等珠三角地区属于经济发达地区，2016年，广东省GDP高达79,512.05亿元，在全国排名第一，但珠三角地区就占了85.4%，潮州、汕头、梅州、河源等地区加起来只有17,788.37亿元，潮州市一年的GDP只有1200亿元，几乎只抵得上佛山市一个南海区。

教育资源不平衡的问题更加突出。2014年，广东省公共财政教育支出达到1779.5亿元，同样在全国各地区中排名第一；普通小学的生均公用经费却仅为1851.39元，在全国排名倒数第九，由于难以突破编制，这些地区很难招到年轻教师，教师老龄化问题十分普遍；潮汕的部分地区由于文化传统关系，还存在忽视教育、重男轻女等现象。"没有做好吃苦的准备，不要来广东。"

不同地区的支教学校，情况也是千差万别。根据所处的地理环境，它们大体可以分为山区、坝区（盆地）和城区三类。山区学校最符合外界对乡村学校的传统认知，它们往往坐落在大山深处，条件艰苦、交通不便，住宿生和留守儿童都很多，也最缺老师。支教老师不仅课时多，还要在生活上关心学生。坝区学校普遍条件好很多，由于往往位于县城，基本都是走读生，但相应地对教学成绩要求也高，更考验教学能力。

最特殊的是城区学校，昆明经开区堪称典型。这里位于昆明郊区，距市中心的东风广场不到两小时车程，环境却属于典型的城乡接合部，随处可见工地、菜市场、商铺，有的学校甚至位于机场旁边。学生们很多都是外来务工子弟，由于家庭和生长环境的影响，没有乡村学生的质朴，也没有城市孩子的眼界，三四年级的女生就开始打耳钉，很多学生甚至从未去过近在咫尺的昆明市区。

不过，所有支教学校都有一个共同点：并不像人们想象的那样困顿破败。随着中国教育部门对基础设施的大力投入，以及许多公益组织、社会团体的捐赠，大部分乡村学校都盖起了明亮整洁的教学楼，也不乏电脑、多媒体等先进教学设施，伙食更是不差，不少地区的学生日常看电视、玩手机、上网打游戏都是常事。只是，所有学校都缺乏优秀的老师，这是无论多少资金都无法解决的。

老师们之前大多对支教学校缺乏了解，预期也各不相同。有人一心去最偏远艰苦的地区，想象中的学校也应该有着透风漏雨的教室、破败腐朽的桌椅、衣衫褴褛的学生。有老师选择大理为支教地，提的希望是："我想找一个洱海旁边的学校，上完课能在洱海旁走一走。"殊不知，离洱海最近的支教学校也要两三个小时的车程。

往年分校结果公布后，总会有老师哭闹着说："我不要去那个学校。"有渴望去山区的老师被分到城区，顿时觉得这样的支教毫无意义，也有老师觉得被分到的学校太偏远，条件太艰苦。针对这些情况，今年暑期学院一开始，工作人员就会强调，美丽中国支教的所有学校都有需求，来支教就应该以学校的需求为准，不要挑拣。培训主管也会在日常试探性地了解老师们的想法，并根据老师们这些天的实际表现、彼此的相处和个人意愿适当调整。

董含灵就笑称，自己得知分校结果后有些"伤心"。她被分到了广西马山县的福兰小学——当地唯一一所没有住宿生的支教学校，原本期待的白天上课、晚上陪伴学生的生活注定要落空，主管开导她："其他学校离村子都很远，才不得不让学生住宿。福兰小学就建在村里，或许你对学生的直接影响会少些，但可以更深入地融入当地，影响这些学生的家长。"这让董含灵如梦初醒，马上接受了安排。

"我们扪心自问，支教是贪图山清水秀，来游山玩水的吗？是期望条件艰苦，来扶贫救困的吗？"吴泽民写道："我们是来努力工作的，不是来体验生活的。难道因为无景可观、环境恶劣，这里的教育问题就不值得关注吗？"当年他被分到了昆明经开区，一度有些郁闷，但很快就发现自己支教的意义，也明白过来，如果对支教有足够的认识和决心，那些附加条件根本不必考虑。

或许是培训主管的工作卓有成效，今年没有再出现类似的状况，不少老师表示："其实对学校都没什么了解，所以也就没什么感觉，分到哪里都可以。"

六

8月17日，第三十四天，宜启程。

各科目已先后结课，暑期学院进入了倒计时。第一次意识到这点时，章林昱颇有些惊讶，"居然快结束了？"几周之前，她还觉得日子无比漫长。

夏令营结束后，时间开始过得飞快。第四周的周末，学院举办了"达人秀"，老师们带来自编自演的节目，这是整个暑期学院最欢乐的时刻。最后一周，他们学习了与支教相关的政策法规，与支教学校的当地老师沟通，参加一系列检测教学能力的考试。为了尽量客观，教学团队专门设计了一份《教学技能评价量表》，包括5大类21项标准，由培训主管分别打分，最后的结果只有"合格"与"不合格"两项。一旦考核没能通过，必须参加补考；如果还是没能通过，会被学院劝退。

经历这一切之后，老师们迎来了暑期学院闭幕式。

会场里，每位老师都领到一支玫瑰花，可以任意送给在场的任何人，章林昱把自己的那支送了出去，很快又收到别人送来的，再送出去又会收到，每个人都在不断送出玫瑰，也不断收到玫瑰。礼堂大屏幕上播出了楚雄、百色两地学院老师们共同剪辑的视频，改编后的《我喜欢》的歌声中，一个月的生活点滴从眼前飞速掠过：迎新仪式的大团建，篮球场上的生龙活虎，洋相百出的"广场舞"，中庭树下的"大树下音乐会"，"国王与天使"游戏中的互动，狼吞虎咽青芒和火龙果，火把节的烟火与狂欢，学校附近的米线、鸡脚和酸奶紫米露……

领取结业证书，领导讲话，大合影，为两年后的自己写信，章林昱在信中感叹："要和暑期学院里认识的许多小伙伴们分别了，两年后我还会记得他们吗？我现在只想平复下心绪，到一个清静无人的地方，修仙。"她封好信，将它交给工作人员代为保存；重新收到它时，将是支教结束后的毕业典礼上，那是2019年7月，很可能只有到那时，这届支教老师才会重新齐聚一堂。

朱博文也给团队里的老师们各送了一幅素描、一张明信片，赠言各不相同，给章林昱的那张上写着："虽然有很多不确定，但有一点是确定的，你一定会遇到一群能融化你的孩子，也愿在你的两年陪伴中，他们能开心健康地茁壮成长，愿你在荞街找到真正想要的。"

在百色学院，胡忠伟的寄语则是：努力实践，积极思考，接受失败。

"农村教育的改变是一个太过复杂的过程，受太多因素影响，也有太大阻力，很多老师对自己期望很高，但光靠两年的支教，不可能出现立竿见影的改变，老师们很可能会有心理落差，对此要有足够的耐心。"

他甚至告诫老师们，支教两个月后会遇到第一个瓶颈期，那是 11 月期中考试结束时，老师会发现学生的成绩不尽如人意，那时又是深秋时节，挫败、沮丧和孤独一同袭来，很多人会在夜深人静时躲在被窝里痛哭，那是最难熬的一段时间。不过只要挨过 11 月，马上就能迎来年终培训，同地区的老师们会聚在一起，互相吐槽、打气，重新从彼此身上获得动力，然后就是期末考试、新年、寒假，生活的车轮重新滚滚向前。

为了勉励新老师们，胡忠伟还引用了一位学者的一段话：

如果三月播种，

九月将有收获，

焦虑的人啊，

请你不要守着四月的土地哭泣，

伤感自己劳而无功，一无所获。

吴泽民也在楚雄学院做了发言："我们去支教，不是要在两年里让学生改变多少，而是在他们心里种下一个念头。我们所能做的，是力求让自己每一日中的每一个行为、每一个念头，都对得起'为人师表'这四个字，力求让这些将来终要散入人潮中的孩子，对于良善的东西，都还存着一些信仰。"

闭幕式次日的清晨，暑期学院门口重现了报到当天的盛景。老师们潮水般涌出校门，无数文化衫上的星形标识在晃动，熟识者挥手、相拥、欢笑、哭泣，然后分道扬镳，各自登上一辆辆巴士，散成一朵朵浪花。保山团队由朱博文带领，章林昱、樊彩莹等近 50 名老师分乘两辆车，驶向保山市。他们要在那里与前来迎接的各位校长会合,再由校长们带领着前往各自的支教学校。

山路盘旋,天阴了下来,雨点打在车窗上,从稀疏变得细密。同车的老师们怕晕车,都在座位上睡觉。章林昱望着窗外出神,想着来时的初心,除了上好课,她还希望在两年中对中国农村、农村学生有更深入的了解。那些辍学的学生们,在应该接受教育的年龄走向社会,这会对他们产生什么影响?在城市打工的他们无法融入城市,却又不想回到乡村,只能在灰色地带徘徊、成为边缘群体,他们会怎样看待自己的位置?自己又怎样通过教育来帮助他们?没能获得优质资源的他们,自身又怎样看待这一教育资源不均衡的现状?……她希望在接下来的两年中找到答案,"我想了解他们的生存状态,也想对他们产生正面的影响。他们这个群体,对社会很重要"。

当然,在此之前,她先要完成毕业论文。

另一辆车上的樊彩莹也在想着未来目标:当一个好的语文老师。培训中她曾觉得,教学内容和自己心目中的素质教育相去甚远,讲师告诉她:"不要在意,先把课上好。"如今她已说服自己放下这些纠结,努力上好每一堂课,先让学生们的成绩有提高,再考虑其他。

她还希望当一个好的班主任。潦水中学让樊彩莹想起自己的初中,初一时,她的同班同学有70多个人,三年间不断有学生辍学,快毕业时只剩40余人。如今她成了老师,不希望失去任何一个学生,同时希望用自己的经历让他们明白,读书能让自己有机会去选择想要的生活,让他们相信未来。由于自己将从初一教起,她已在考虑支教3年的可能,因为"不舍得把他们交给其他老师带"。

　　董含灵的学校在当地条件最艰苦，她反而颇有些开心。在美国7年，她的学费、生活费都是打工挣回来的，回国后，衣食住行都依靠家里。她感到，自己留学时锻炼出的独立性正在一点点溃散，暑期学院则让自己找回了当年的状态。每一天，脚伤未愈的她都要比其他人更早起床，拄着拐杖一步步挪向课堂。宿舍楼所有的床铺都是上铺，每天上下铺都成了艰巨任务。此前她从未手洗过衣服，第一天尝试着洗衣，发现洗后和没洗过的一样。当天夜里，蚊帐里还爬进一只蜘蛛，她发出极尽惊恐的尖叫，吵醒了所有室友。一个月过去，她的生活技能已足够熟练，也能淡定面对这些小生物，更相信，未来的支教生活能进一步洗刷掉身上优越生活的烙印，那不该属于自己。

　　远处的青山之间闪现出一片苍茫大水，那是澜沧江。章林昱知道，在未来的两年里，自己将与之长久相伴。她低下头，翻开手中的一组日签卡片，这是文化团队在暑期学院期间拍摄的照片，共有34张，每天一张，第一张卡片上写着："7月15日，宜启程。我们的征途，将是星辰大海。"

　　新生活开始了。

为了孩子，星空与爱

> 我们来自山川湖海，为了孩子，星空与爱。
>
> ——题记

为什么要支教？美丽中国支教的几乎所有老师都会被问到类似问题。尤其是，以自身如此优越的条件。

本科毕业于中山、南开等国内一流重点大学，研究生就读于海外名校，求学期间品学兼优，做过短期支教，也有过公益实践经历，毕业后放弃高薪职位或深造机会，克服家人的阻挠，选择美丽中国支教。这就是一份支教老师的标准履历。

邓婉馨觉得，这是自己从小到大做过的最正确的决定。

她是2016年美丽中国支教招募海报的主角，一件红毛衣配以粉笔勾勒出的教案、博士帽和披风，出现在各大高校的校园中，身旁是招募口号：谁说支教大材小用。

身为90后，邓婉馨的外表比实际年龄小很多，身材娇小、声音软糯，与学生们站在一起，外人会一时难以分辨出哪个是老师。白皙的脸庞上，纤细的眉眼总透着笑意，却在支教的两年间哭过无数次，因为工作压力，因为学生的顽劣，也因为对自身能力的怀疑。

只是，她从未有过动摇。

2014年夏天，邓婉馨从香港大学硕士毕业后加入美丽中国支教，此前已为这个选择做了漫长铺垫，仿佛加入前就谈了一场蜜月期超长的恋爱。她自幼在父母老师的呵护下顺利长大，始终扮演着"别人家的孩子"这类角色，直到高三毕业填报志愿，才第一次发现其他同学都有想去的学校和专业，自己却从不知道想要什么，突如其来的委屈使她在母亲面前大哭起来。

考上中山大学之后，"寻找自我"成了邓婉馨在学业之外孜孜以求的目标，她参加了许多社团组织，也尝试了各种活动，大二那年的短期支教使她体会到前所未有的成就感。一年后，她在一次宣讲会上遇到美丽中国支教，一见钟情的感觉更使她确信，这就是自己想要的。

因为父母的强力阻挠，邓婉馨没能在本科结束后立即支教，而是去香港大学读了教育专业的研究生，这是她"曲线救国"计划中的一环，2014年研究生毕业，父母终于被她的执着打动。24岁生日那天，她向美丽中国支教递交了申请，并在几个月后正式成为一名支教老师。

很多支教老师之前都有过参加公益活动的经历。本科与邓婉馨同校的许琼文曾到柬埔寨的小学支教，一个男孩在她的鼓励下喜欢上了英语课，与老师离别时还用不连贯的英语说了一句"Suvi, you, good teacher"（Suvi，你是好老师）。北京女孩鲁思凡就读于北京师范大学期间，加入了历史悠久的白鸽青年志愿者协会，在蓝天孤儿康复中心、香山老年公寓做过志愿者，大三的暑假又在贵州做过短期支教。当地水资源匮乏，志愿者每人每天只能用一盆水，她却过得甘之如饴。

"我生在一个幸福的家庭，是一个有点幸福过头的女孩，所以我想把自己得到的爱，分享给那些不太幸福的人。"鲁思凡的这句话是不少老师的心声。

张桂芝的支教则带有报恩意味。研究生将毕业时，她在网上看到美丽中国支教的招募信息，连宣讲会都没参加就提交了申请。家乡位于甘肃的一个小山村，她自幼家境贫寒，亲人还一度遭遇过不幸，天津一家志愿者协会的会长给了她家不少资助，张桂芝因此和对方保持了多年联系。大学毕业时，她应会长之邀去了天津，在二十多天里参与了协会的很多活动，也体会到做公益的快乐，会长的热情和乐观更是深深地感染了她："和阿姨相处让我彻底抛弃了过去的一切负能量，我真的蜕变了，从那以后我心怀感恩，尽自己所能去影响周围的人，也真正体会到了，助人比受助更加快乐。"

远在故乡的父母也对女儿表示了支持，张桂芝甚至不需要刻意解释，他们一家人经历了太多坎坷，父母太懂她的心情，更骄傲于女儿能有力量去回报社会。2015年7月，她被分配到广东省潮州市饶平县汤溪镇汤溪学校任教。

为了支教，杨潇选择从清华大学退学。同样来自乡村，他之前的求学经历堪称人们眼中经典的"逆袭"故事：从湖南乡村的小学，一路读到镇上的初中、省城的高中，然后考上清华大学航天航空学院，又以优异成绩保送为学院的直博生。假如没有意外，他本该从清华大学博士毕业，留在全国最顶尖的流体力学实验室，但他最终在2010年选择成为云南临沧凤庆县一所乡村学校的一名物理老师。先是办理了停学，后来索性退学，退掉博士的宿舍，交回实验室的钥匙，把北京户口迁回湖南老家……每一道手续签一个字，都像是对之前那种可预期的人生的一次告别。那几天，杨潇一边办手续一边告诉自己："这是你的选择，你不要后悔。"手续办完，他终究没舍得交回学生证，悄悄把它留下来作为纪念。

他还记得，当年到省城读高中，第一次上计算机课，班里很多城里的孩子早参加过计算机竞赛，自己却连开机都不会，只能尴尬地坐在座位上，那一刻他觉得自己好笨。这让他一直都想帮助那些和自己一样的农村孩子。

盛超前和韦亚是支教老师中唯一的一对夫妇。盛超前说，支教是自己一辈子的梦想；韦亚则想帮丈夫完成这个梦想。两人咨询过很多支教组织，只有美丽中国支教能保证夫妻俩在同一所学校。他们提前举行了婚礼，然后辞去工作，一路从湖南开车到云南，一同被分到大理巍山县的鼠街小学支教。

直到支教开始后的某一天，其他老师才得知，两人坚持被分在一起，并不只是因为感情深厚。韦亚一直有严重的睡眠问题，有时会一夜醒来十多次，只有在盛超前的安抚下才能安然入睡。

为了妻子，盛超前学会了催眠的儿歌，每次出差都要当天回来，晚上出门前也都会事先在房间中走一遍，再告诉患有夜盲症的妻子，如果下床应该踩在哪里。有一晚，盛超前特意发了一条朋友圈：“希望每天都能躺在我怀里如此安稳地睡着。"这是多年来，韦亚第一次在五分钟内入睡。

宋小东则只用了十来分钟就决定加入美丽中国支教。年近40的他原本是一名成功的商人，有着经营多年的公司，负责承接许多知名品牌的发布会。但几年前他就感到了疲惫，觉得自己的生活在不断重复。2017年的春天，他在电影院里看到美丽中国支教的公益宣传片，顺手拿出手机来搜，又顺手报了名，两天后，收到面试邮件的他马上开始为支教做准备。

"我已经站在人生的后二十年了。到我这个年纪就会明白，钱并不是什么重要的东西。其实那些赚钱的事情谁不会做呢？这个发布会我不接，自然也会有人去接，也会做得很好。我希望在离开这个世界的那天，会因为自己对这个社会做出的一些改变，感到不枉此生。"

在一片震惊的目光中，他用了两三个月进行工作交接，将自己持有的大部分股份无偿分配给员工们，公司的一切维持原样。2017年9月1日，他结清公司所有的财务，没有留下一分钱的债务和利润，开始了在云南的支教生活。

"孩子是一面蒙尘的镜子，我们去教他们，是擦亮了镜子，也可以看清自己。"他如是看待自己支教的意义。

二

不疯魔,不成活。

暑期学院让邓婉馨感到前所未有的忙碌与充实。一个多月里,她每天备课到深夜,最少时只睡三四个小时,凌晨四五点就爬起来,蹲在宿舍过道的楼梯上,借着走廊昏黄的灯光批阅并回复每个孩子的日记,白天依旧精神饱满地上课。

那段时间,她在微信朋友圈发了一条信息:"我从来没有像在这里这样,无论睡多少,每一天都精神饱满,无比投入,幸福感、成就感爆棚。每一天清晨五六点就被自己热爱的工作叫醒,每一天都生活在一个有着蓝天白云、满天繁星、虫鸣蛙叫的地方。每一天都更加地坚定,对自己的感觉更好。"

她用最短时间记住了所有学生的名字,对他们每个人的个性特长了如指掌,培训结束还为每个人写了一封信。那时的邓婉馨对未来的支教生活满是憧憬:短短一个月自己就做了这么多,接下来的两年里,肯定可以对学生们产生更为深入的影响。

美妙想象在抵达幸福完小后戛然而止。学校的名字并未给邓婉馨带来好运,这里位于云南省临沧市云县,全校学生有1200多人,邓婉馨一个人要教8个班、300个孩子的英语。她的第一反应是:"疯了,我怎么教得过来?"

庞大的班级规模是云南乡村学校面临的普遍问题。大部分农村学生都集中在当地几所中心校,每班50多人的规模再正常不过。邓婉馨参加的那期暑期学院,选在了楚雄州大姚县的金碧小学,全校同样有上千名学生,每个年级独享一栋教学楼;同在幸福镇的幸福中学，全校足有 2000 多个学生，在这里支教的范恒桢第一次走上讲台就吓了一跳，整整 70 个学生塞满了不大的教室。

这还不是最高纪录，甘肃陇南的白河镇中心小学，最多的一个班级有 101 个学生。

潮水般的繁重工作迅速淹没了邓婉馨。最初那段日子里，她早上六点半起床，晚上十二点以后入睡，每天批改一百多本作业，还手工做了数以百计的便签、卡片和海报用作教具，编写了好几版学习手册，短短一两个月就有了腰椎间盘轻度膨出。她一度压力大到快要崩溃，连着好几天深夜把自己关在屋里，孩子一样号啕大哭。一同支教的队友哭笑不得："没见过哪个大人像你这样哇哇大哭的。"

课堂管理也是不容忽视的挑战。"农村学生都勤奋刻苦"不过是人们一厢情愿的美好想象，希望工程海报上的大眼睛女孩只是少数，大部分孩子同样贪玩淘气。支教于昆明经开区的马莹莹感叹，面对一大群刚步入小学的六七岁的孩子，老师面临的真正问题不是他们"不听话"，而是根本"没在听"，他们不是不守规矩，而是根本不知规矩为何物。她所在的学校里，学生们永远少不了各种意外：这个女生被那个男生手里的虫子吓哭了，这个男生被那个女生骗去摸仙人掌，扎了满手的刺，这个班的学生因为一些莫名的理由"团结一致"去那个班"报仇"，以及数不胜数的"小 A 说小 B 拿了小 C 铅笔"之类的举报事件。

在大姚县支教的莫云雪也总结出了若干规律。课堂上，如果老师没提问就有孩子举手，一般是两种情况：一是打小报告，这样往往引来被检举的孩子立刻反驳辩解，双方随即陷入漫长的嘴仗；另一种可能就是申请去上厕所，只要老师允许第一个孩子去，马上会有一大群孩子纷纷效法，举起的手臂像小森林一样密密麻麻，如果置之不理，这些手臂就会锲而不舍一直举着。

原本活泼开朗的她因此不得不在课堂上板着脸，语气格外严厉："课下老师和学生可以是朋友，怎么开心都可以，但到了课堂上，必须遵守纪律。"更关键的是，学生会不断试探老师的"底线"，一旦稍有纵容，课堂纪律很快就一溃千里；孩子也都很机灵，能从老师的表情、声调等细节中敏锐察觉到她的情绪，所以"表演"也必须全情投入，以免露出任何马脚。

最大的难题莫过于学生基础薄弱。第一天上课，身材魁梧敦实的范恒桢侧身勉强走过狭小的过道，教室里七十双眼睛写满了好奇，只不过关注点更多在老师胖胖的身材上。课堂上，无论他怎样神采飞扬地讲着知识点，学生眼里只有茫然，偌大的教室，一个问题问出来得不到半点回应。有的孩子上了初中，连小学就该掌握的两位数加减法都不会。

张桂芝也被学生震惊过一回。有一次化学课上照例有学生捣乱，课后她让那几个学生来办公室抄化学书，学生们试图讨价还价："能不能去操场跑二十圈，不要抄书？"老师坚定地否决了这个提议，抄完书又让他们写保证书，初三的学生连"保证""睡觉""作业"等词都不会写。一个学生告诉张桂芝，从开学到现在，语文课上到哪里，自己完全不知道："老师，我在化学课上会尽量听一点的，已经很给你面子了。"

类似问题几乎每个老师都遭遇过。邓婉馨的学生连26个英文字母都记不全,"那种感觉,好像天塌下来了似的"。鲁思凡的学生上了四年级,不会乘法口诀,一道应用题的开头是"小蓓蕾剧场卖票",孩子只认识"小、场"两个字,老师只能在黑板左边写数学题,右边写汉字,解词注拼音。许琼文在保山教英语,第一次考试,班上有孩子把试卷上所有的选项都填了 B,还用红笔在分数栏下面写了一行字:"万水千山总是情,多给两分行不行。"还有老师自嘲,改作业时得在旁边放一个盆,一边改一边吐血,改完了,盆就满了。

学生的成绩因此超乎想象。幸福中学的一次期中考试,学生们的数学成绩依次为:9 分,8 分,18 分,9 分,22 分,12 分,9 分……将近 40 个人里,只有两人上了 40 分。甘肃陇南的一所中学,初三一个 50 人的班级,数学考试只有 8 个人能及格。广东潮汕一所学校,班里十几名之后的考试得分都是个位数。有老师评价,想带领这样的学生取得好成绩,难度不亚于路都走不稳,却要跑马拉松。

"有的时候,特别希望你们能进步得快一点,再快一点。"在美丽中国支教宣传片中,镜头前的邓婉馨红了眼圈,声音也开始颤抖,"但你们还太小,可能不知道老师为什么这么着急,想要你们基础打得好一点,打得再好一点。"她双手捂住脸,又哭了。

三

没人退缩。

不能因为学生不学,自己就不去教,这是老师们最简单的想法。

支教后的第一次考试，范恒桢的两个班级成了年级倒数后两名，他自嘲："其实我没什么压力，反正未来两年，我的学生成绩也不可能更差了。"玩笑归玩笑，那几天他心情格外低落，也一度怀疑自己的能力，但终究咬牙坚持了下来。之后每天中午和傍晚，他都会带着六七个学生去开小灶，基础差的就从小学数学教起，理解慢的就不断重复课堂上的知识，学有余力的就去巩固和提高。那些日子，范恒桢每周的授课时间是13.5个小时，在此之外，他给学生补课的时间还有12个小时。

学期结束，他的两个班分别进步到年级第五和第六。两年过去，学生们从倒数第一进步到全年级前三。之后偶尔听队友说到，自己的学生好像很喜欢学数学，那一刻，范恒桢感到由衷的幸福。同样让他开心的是，原本号称"美丽中国第一体重"的自己，瘦了足足60斤。

邓婉馨还是经常哭，但更多是为了发泄，每次哭够了就擦干眼泪睡觉，第二天继续保持笑容去上课。遇到困难就换一种方式去尝试克服，克服不了就继续哭、继续尝试，"就像打不死的小强"。

她改变了思路，不再像以前那样试图全方位影响每个学生，而是先争取让尽可能多的孩子在课堂上有收获。一个年级6个班，她针对每个班级设定不同的教案，光是英语课上的游戏就尝试了很多种，还在课堂之外创办了英语兴趣班，每次都介绍当月的一个节日，以及与节日相关的单词、故事，再组织孩子们唱英文歌、表演英文节目，在月末召开的英语晚会上演出、做游戏。

不少表演节目的学生一开始会紧张，后来逐渐敢于展示自己，直至乐在其中；更多的孩子则通过观看晚会对英语产生了兴趣。最后一次兴趣班，老师做了80多页PPT，用100多张照片回顾整个学期的活动，很多孩子哭了。

回顾那段时光，最让她自豪的莫过于，无论沮丧、无奈还是被气得浑身发抖，两年里她都没有放弃过300多个学生中的任何一个，支撑她的是项目主管的话："改变不一定会发生在你教他们的时候，种子种下了，也许再过段时间才会发芽。"

好几个男生被认为"没救了"，当地老师都劝邓婉馨，不必对他们白费力气，连学生自己都会直截了当对她说："老师，我笨，我不行，我就是记不住。"邓婉馨还是想试试。她把每个英文句子拆分成容易完成的短语，学生每答对一个就大加鼓励，如果还是不会就反复教，终于使这些学生逐渐对英语产生了兴趣。有的学生开始两眼放光地积极举手，回答问题的声音也越来越大。两年过去，全年级的英语平均成绩从50多分提升到80分乃至90分。

学生小石头分外瘦小，有着一双很漂亮却不敢直视别人的眼睛。他上课从来不主动举手，总是缩在座位上，被老师叫起来回答问题，也总是发不出单词的读音，成绩始终在二三十分徘徊。有一次邓婉馨想和他击掌表示鼓励，刚抬起手，小石头却本能地一躲。邓婉馨心里一揪，知道孩子的内心没有安全感，也明白，自己不能像对待一般学生那样要求他。

她对小石头表现出了更多的宽容与耐心。英语课实行小组加分，孩子们主动回答问题就能为本组加分，小石头什么都不会，邓婉馨仍坚持叫他回答那些最简单的问题。他开始依旧不敢张口，老师还是反复提供机会，只要能隐约发出相近的音，她就会竖起大拇指，"great（很棒）！加分！"

几次下来，小石头开始不再躲闪老师的目光。终于有一天，他主动举起了手，站起身后第一次大声读出了那个简单的单词，依旧不标准的发音中满是坚定。邓婉馨使劲地表扬了孩子，为他们组加上了宝贵的一分，全组同学乐开了花，坐下来的小石头羞涩地笑了。老师的笑容却比孩子更加灿烂，她知道，孩子能做到这点有多不容易。

"他每次举手都好像在心里举行一次盛大的仪式，每次起立都好像使出了所有的力气。每当看到他对于表现自己并获得肯定的渴望，我的内心都会受到强烈地触动。他让我觉得，一切都是可能的。"

在邓婉馨的反复鼓励下，小石头回答问题越来越积极，声音也变得更加洪亮，手更是越举越高，举累了也不肯放下，坚持用另一只手扶着胳膊。第一年结束，他的英语成绩从二三十分提升到了及格边缘；第二年，他考到了 87 分。

许琼文的班上也有这样的孩子。从小练习跳舞的她，在学校组织了一支小小的舞蹈队，孩子们此前从未接受过专业训练，压腿时身子总是摆不正，膝盖翘得老高，韧带不贴地，每个孩子每个动作都需要老师逐一讲解。一节课下来，身心俱疲的许琼文甚至有些怀疑，自己建舞蹈队的价值在哪里。

直到一个课间，她听到教学楼方向传来"一二三四，二二三四"的口号声，悄悄走过去发现，是舞蹈队的几个女孩在走廊角落里练习踢腿，领头的小姑娘Vivian俨然是小老师："Miss Xu说踢腿的时候不用踢得很高，但姿态一定要正确。脚要外开，不要内拐。"

这一幕让"Miss Xu"诧异。她记得Vivian是最羞涩的学生之一，每次在学校见到自己，她的眼神都在躲闪犹豫，如果是迎面碰上、非打招呼不可，孩子就会用方言飞快说声"老sei"（老师），然后同样飞快地跑掉。舞蹈队练习时，许琼文让她给同学做示范，孩子也十分拘谨，做一个动作看一下老师，许琼文反复鼓励："别怕，你做得很好。大大方方去做，没关系的。"如今看到孩子主动带同学练习，她更意识到，其实自己没必要纠结于她们的动作是否标准、舞姿是否优美。在练习舞蹈的过程中，孩子们已经收获了自信。

到了后来，Vivian已敢于在同学面前大胆展示自己，动作越来越舒展自如；再在学校里碰到老师，也会满面笑容地坦然打招呼："Hello, Miss Xu"（许老师好），连课堂上都开始主动举手回答问题。好几次，她流利说出一个有些复杂的英文单词时，脸上都会洋溢着自豪，表情和跳舞时的一模一样。

舞蹈队后来一直跳到了在上海举办的一场晚宴上，面对400多名嘉宾表演节目。至今许琼文还记得某次训练的一个瞬间，孩子们一个个背挺得笔直，腿整齐地放在把杆上，自然高举着的手臂随音乐舒展摆动。夕阳的余晖洒进教室，映照在孩子们一张张笑脸上，汗珠晶莹："这或许就是梦想该有的样子。"

支教即将结束时，邓婉馨作为优秀老师的代表做了一次公开演讲，绘声绘色地讲了个童话。大森林里开学了，老师给小动物们举行了一次"公平"的入学考试：爬树。小猴很快爬上去了，小狗慢腾腾地也爬上去了，小象用鼻子吊起自己，勉强过关，只有小鱼费尽力气也只能跳离鱼缸。大家都嘲笑它无能，小鱼也觉得自己笨极了，以至于在后面的游泳课上也表现平庸，彻底没了自信。

"这样的故事每天都在现实中上演。我们有多少人像这条小鱼一样，被并不适合自己的标准评判着，被怀疑，被否定，然后自我否定、逐渐丧失信心了呢？小鱼虽然不会爬树，但会游泳啊。其实无论是孩子还是大人，更多的关注与肯定，更多的鼓励和宽容，也许都将让他们重新去认识自己、发现自己：原来我是可以的。"

她庆幸，学生们没失去信心，自己同样没有。

四

"与其说我们是来帮助孩子的，不如说是和孩子互相陪伴，一起成长的。"这是不少老师的心声。与学生日常相处的点滴，都成为他们最难忘怀的记忆。

支教两年，鲁思凡除了上课，还要每晚陪伴住宿生。放学后，她领着孩子们做运动，晚上八点读故事，九点送他们去睡觉。后来她发现很多学生从不刷牙，还有孩子因牙疼吃不下饭，于是决定帮他们培养刷牙的好习惯。孩子一开始没耐心，牙刷刚放进嘴里就喊："老师，时间到了吧？"为了帮他们熬过这两分钟，鲁思凡规定，每天刷牙时自己会唱一首歌，歌没唱完，谁也不能把牙刷从嘴里掏出来。慢慢地,学生们开始习惯了刷牙,有时鲁思凡出来晚了,他们还会站在老师宿舍门口,用牙刷敲着牙杯:"刷牙啦,鲁老师刷牙啦。"

"这些孩子,淘气时能把人气个半死,有时候又会让人特别感动。学生若是喜欢你,他们会把你说的每一句话特别当真。你说他哪方面做得特别好,他就会反复去做这件事情。"

一个孩子摘了把桂花送给她,问"香不香",鲁思凡正忙着批改作业,随口说了句"香"。下午刚进教学楼,她就闻到满楼道回荡着浓郁的桂花甜味,"甜得都发腻了"。走进教室更吃了一惊,讲台上摆满了桂花,足有四大瓶。孩子们为了让她高兴,几乎摘光了整棵桂花树。

每个周末,也都会有学生拉着老师去爬山。他们像小猴子一样噌噌爬上树,再抓住树枝轻巧荡下来,手中已经多了几个鲜红的柿子或一大把碧绿的橄榄,全都塞给老师。还会用土块垒成"土窑",下面塞进点燃的木柴,直到把整座"土窑"烧红,再塞进用锡纸包好的鸡蛋、红薯,有时还有家长送来的整鸡,焖上一个小时,香气就会氤氲开来。有一次学生们焖了两只鸡,老师去得迟了,他们吃掉一只,对另一只垂涎欲滴,却硬是咽着口水也要留给老师们。

"美食汇"是师生们的盛大节日。中秋节那次是在学生家的房顶举办的,八九岁的孩子们自己动手,把花花绿绿的丝带绑在楼梯上,用砖头垫起小木板,做成唯一的凳子请老师坐;地上铺一块大胶合板充作餐桌,菜谱用粉笔写在鹅卵石上:烤白薯、烤栗子、烤鸡蛋、烤生菜、烤小鱼。每个孩子都自己做了一道菜,有的孩子用牙签串起紫菜寿司,有的煮了一盘玉米粒,在盘子周围摆上红黄花瓣。暮色降临,孩子们又点起蜡烛,放在橘皮做成的小碗里,师生头顶着月光,在晚风和虫鸣中欢笑、嬉闹……鲁思凡感动不已,"面对这样的孩子,我还需要什么呢?"

后来,有记者来村里采访她。整整一天,几个孩子和当地老师从头到尾跟着,始终不说话,记者要走时才小心翼翼开口:"你们会把鲁老师带走吗?"

许琼文有一次在教室里忽然晕倒,被几位当地老师轮流背到医院,吓坏了班里的孩子们。后来她回到班里,孩子们争先恐后地问候老师,许琼文开玩笑:"都是被你们气的,经常让我招呼纪律,老师吼不出来了,就晕过去了。"孩子们都当了真,那以后上课很少有人吵闹,有人在讲话,也会马上有其他同学严厉呵斥。

李煦炜班上有个学生叫湘霖,平时总故意捣乱。有一次上课,老师在黑板上写着板书,就听身后笑声一片,转过身来,她顿时目瞪口呆:孩子靠着墙边,双手撑地,脚踩在墙上,试图倒立起来。后来有一天放学,李煦炜在街上看到了他:"乘法口诀会背了吗?"学生摇摇头,不吭声。"那你回去拿书,老师陪你一起背。"师生俩坐在街边的台阶上,一人一句,不知重复了多少遍。再抬起头时,昏暗的街道上只剩他俩,远处依稀飘来炒菜的烟火气味。

"老师,我送你回去,我是男子汉。"湘霖牵着老师的手,拖鞋打在水泥路上。那是李煦炜有生以来度过的最坚定也最温暖的两个小时。孩子手心的温度从夜晚潮湿的空气中透过指尖传递过来,成了老师一生难以忘怀的记忆。那一刻,她原谅了孩子所有的捣蛋，"这世界又怎么会有坏的种子呢？"

五

为什么要支教？两年过去，老师们都有了自己的答案。

自身的成长是最大收获。邓婉馨为主角的那幅招募海报上，记录着她的一段话："我也怀疑过来这里的意义，但当我目睹孩子们从自卑到自信的转变，看到他们对知识满怀期待的小脸，就知道一切都是有价值的。只是我从未预料到，努力打通他们局限的时候，我自身的局限也被打破了，这真是一种奇妙的体验。"

2016年夏天，邓婉馨在结束支教后再度参加了暑期学院，这次是担任培训主管。和当年一样，每天十几个小时都在培训，大脑始终高速运转，每天回去沾床就入眠，一觉睡到天亮。"你问我累吗？当然累。但你问我苦吗？真的不苦。"她知道，为了实现自己的愿景，有些累就是必经的，天下没有不劳而获的事情。

这是她在支教生活中体味的道理。两年时间，面临着陌生环境，老师们要独立解决一系列问题：如何做好教学工作，如何与孩子们相处，如何适应在乡村的生活，如何处理与当地老师、学校乃至官员的关系……这些都锻炼了她们各方面的素质：勇气、毅力、领导能力、沟通能力、生活能力……回顾那段最艰难的岁月，邓婉馨发现那也是自己成长最迅速的时期，因为生怕误人子弟，她强迫自己不断地反思、成长、摸索和尝试，全力突破局限。后来，她成了临沧地区英语学科负责人，负责教师职业发展会议上的设计和主讲，反馈好评达90%以上；还代表临沧地区的小学英语老师参与教学比赛，同样获得了好评。2015年10月，原中组部部长宋平与几位优秀支教老师座谈，她是其中之一。

而在许琼文看来，教书育人的过程中，她也在不断发现新的自己。至今她还记得第一次走上讲台时的情景：台下几十双眼睛集中在自己身上，她的第一句话是："大家好，我今年21岁，毕业于中山大学。"班里陷入了长久沉默，过了好久才有一个男生悄声问："老师，你叫什么名字啊？"许琼文这才意识到，自己太过紧张，连名字都忘了说出来。

大学刚毕业时，她觉得自己还是个学生，凡事喜欢以自我为中心，遇到事情总想找人帮忙解决，后来却慢慢发现，在孩子们面前，自己就是大人，就是他们遇到事情想寻求帮助的那个人。因此从心里逐渐接受了"老师"这个称呼，学会了去接纳和包容，有了耐心与责任心，于她而言，这两年里遇到的所有人和事，所有的收获与成长，都交织成了无可替代的回忆。

即将结束支教时，她接到了香港大学研究生的面试通知，教授对她说的第一句话是："我看了你的申请，我们非常喜欢美丽中国支教的老师，你们太优秀了。所以这个offer我肯定会给你。谢谢你选择我们。"

前央视主持人敬一丹也是美丽中国支教的支持者，到过许琼文的学校，听过她的课："许老师，美丽中国支教的老师真的特别棒，你们的眼里有未来。"在她看来，老师们改变了孩子，自己也在改变。"支教两年的生活，他们也在上学，学到的、看到的，很多都不是教科书里能学到看到的。他们的目光从校园看到更广大的天地，这样的经历影响着他们未来的人生道路和处世态度。"

敬一丹还参加过厦门大学的一次宣讲会。一位到场的女生表示，自己很想去支教，又担心失去择业的机遇，在座的企业家纷纷起身："我看好这样的经历，品质比专业经历重要。"敬一丹对他们说："记住这个美丽女生，几年后，她出现在你面前时，请你打开大门，她会比现在还优秀。"

暑期学院的一天晚上，邓婉馨跑完步躺在学校的操场上，大滴的汗水沿着脸庞和脖颈滑落，晚风与月光拂去了疲惫困顿。支教时她就保持着每晚跑步的习惯，担任培训主管后依旧将这一习惯坚持了下来。

乡村生活固然艰苦，留在她心底更多的却是种种美好瞬间。晨起在田野间散步，可能遇到漫天飘洒的烟雨，低垂的云朵萦绕在连绵青山间，夜晚则是万千星光在天穹中熠熠生辉。在这里，邓婉馨第一次看到紫色的晚霞，红色的荞麦堆，对着自己吐舌头的牛，趴在圈边的猪让她想起莫言的《生死疲劳》。她也见识了村民如何做云腿、灌香肠，如何把六头猪的脂肪熬成一大锅清亮亮的油；还尝到了树花和百香果拌辣椒粉，以及让她五官都皱在了一起的酸木瓜。中秋节那天，支教老师们在网上买烤箱和原料，自己做酥皮月饼和各种甜点，一起包饺子；项目主管从临沧带来烤鸭和凉菜，再配上水果拼盘，组成了一桌丰盛异常的晚餐。傍晚，她们坐在宿舍前的院子里，躺在躺椅上看星星，用望远镜看月亮，晚风把欢声笑语送向远方暮色中的群山。

每位老师都有过类似的欢乐记忆。在绵绵细雨里参加彝族的火把节，在路边摊上大碗喝羊肉汤、大口吃烤串，穿着白依族服饰和乡民围着篝火"打跳"，新年被当地的老师和家长们轮流请去吃杀猪饭，在大丽线路旁的小店里高声谈笑，喝着七块五一瓶的鹤庆红大麦酒。在山中密林里寻觅鸡枞菌，在午夜的小镇街头放声歌唱，在简陋的宿舍楼里彻夜争论着未来、教育和理想。艰苦却也诗意的乡村生活，志同道合的同伴情谊，以及对脚下这片土地的热爱，同样是他们支教的动力。

邓婉馨至今记得在学生家度过的那个晴朗冬夜。黑魆魆的山间零星点缀着几处灯火，远处的幽深寂静中偶尔传来驴嘶和犬吠。她站在山巅，因寒冷和兴奋不住战栗，呼出的白气在清冽空气中蒸腾飘散，头顶是绚烂银河横亘天宇。核桃树的光秃枝杈映衬在满天繁星下，如同枝头缀满万千闪烁的钻石。那样震撼的景色，她平生第一次见到。

支教老师们最喜欢的歌是《夜空中最亮的星》，演唱它的乐队"逃跑计划"也成了美丽中国支教的支持者。中央电视台还为美丽中国支教做过一期专题节目，同样用了这个名字。在老师们看来，每晚生活在这样的星空之下，是生活中最大的美好之一。

"我们来自山川湖海，为了孩子，星空与爱。"邓婉馨写到。

女儿要支教

可能您会觉得支教大材小用,是个不靠谱的提议。但我不急于求成,我知道人生不是短跑而是场马拉松,坚持到最后的人才会胜利。

——题记

2016年新年刚过,庄嘉儿就决定做一件有生以来最大胆的事。打开台灯,启动电脑,输入开机密码,新建word文档。庄嘉儿用微带颤抖的指尖敲击起键盘,雪白的屏幕上逐一跳出文字。

老爸:

希望您能静下心来读这封信,还记得上次写这样的信给您,是想说服您同意我去参加海上学府。这次,我想说服您的可能更让您难接受,但还是希望您能按捺住心中可能会爆发的怒火,先看完这封信。

宿舍窗外传来隐隐喧闹,不同肤色和族裔的学生在冬夜校园中熙来攘往。地球另一面的故乡，此时正是清晨，父亲应该刚抵达公司，开始争分夺秒地忙碌。

在庄嘉儿的记忆里，父亲永远代表着强势。他来自广东潮州的一个小乡村，白手起家建立了自己的企业。多年的奋斗和后来的成功，赋予了父亲说一不二的性格，以及对效率近乎极致的追求，对四个女儿和一个儿子的教育同样如此。

15岁那年，庄嘉儿来到美国留学，后来就读于弗吉尼亚大学。选择专业时，父亲希望她去读商科或金融，庄嘉儿则选择了金融数学专业；临近毕业，关于未来的工作，父女俩又有了分歧：

> 我记得您一直都很希望我继续读研究生，但在读了这么久的书，并于暑假在新加坡实习过后，我觉得我该出去闯一闯，出去积累社会工作与实践经验了。您老是千叮咛万嘱咐，女生跟男生不一样，要赶紧先把书读完，二十七八岁还在读书，那还怎么谈恋爱，怎么准备结婚呢？其实啊，我真的不急着结婚，我觉得我是个事业心特别重的人，家庭观念也很重，所以没找到特别合适的人我不会轻易结婚。而且我也觉得走的国家多了，看的世界广了，更是很难找到一个三观匹配的另一半。阿爸，您有好几个女儿，不要急着把我嫁出去啊！

在谈完大学经历和职业人生规划中的"不想"之后，我想跟您严肃地谈谈我想做的事情。在大学毕业后，我想参加"美丽中国"。

长长的铺垫后，"美丽中国"终于第一次出现在屏幕上，四个字下面还特意加了下划线。为了敲下这个名字，庄嘉儿积攒了四个多月的勇气。

还在小时候，"当老师"就是庄嘉儿最喜爱的游戏之一。她喜欢握着长尺敲打着充当黑板的墙壁，要求弟弟妹妹们双手叠好放在桌上，认真听自己讲话。大一些后，父母都在外忙事业，她又每晚坚持给弟弟妹妹们检查作业，辅导数学和英语。

大一的暑假，庄嘉儿回到广东进行短期支教，由此关注起农村教育，并萌生了投身这项事业的想法。"我希望能把我学到的知识、看过的风景、踏过的土地、听过的道理，呈现在孩子们的面前，我希望在这个急功近利、十分浮躁的社会里让他们知道，物质上的满足并不是幸福和成功的定义，做一个合格公民，一个对社会有贡献的人才是。每每想到这里，我就热血澎湃。"

2015年9月，庄嘉儿第一次了解到美丽中国支教，突如其来的狂喜使她迅速上网搜索到它的网站，打开项目老师申请表，迫不及待地填起资料。填到一半，理智逐步占了上风，一个巨大疑问浮上心头：父亲会赞成吗？她几乎想象得出，电话那头的父亲如何用平时训斥下属的高分贝吼着："我送你出国读书八年，你竟然跟我说毕业后想回农村支教？"

这一幕带给庄嘉儿的倒不是畏惧，而是愧疚。父母一直希望自己在美国找一份工作，或者继续读研究生深造，去农村支教相当于回到了他们最初的起点，自己也势必会在最好的青春错失很多机会，这样未免太过任性。这一顾虑促使她不得不压抑下内心的渴望，默默地关掉了网页。

父母的反对，是老师们决定支教时面临的第一个难题。美丽中国支教的理事长刘泽彭见到新加入的老师时，必问的问题之一是："你来支教，父母同意吗？"相当一部分回答是"不同意"。大部分家长对子女未来的首要期望还是"稳定"，听到孩子要去支教，第一反应就是：孩子疯了。有的家长怀疑美丽中国支教的合法性，会亲自来办公室一探究竟；有的愤怒指责招募人员，认为支教毁掉了孩子的前程；也有父母不辞劳苦赶到暑期学院的培训地，直接把孩子拖回家。吵架和冷战更是再常见不过。他们实在难以理解子女的选择，这也导致相当数量已通过审核的申请者，最后都因无法抗拒家庭阻力而不得不放弃。

庄嘉儿本以为自己也会与支教擦肩而过，两个月后一封不期而至的邮件，却改变了她的人生轨迹。

邮件来自当时的海外招募经理陈思羽，她在网站后台发现了庄嘉儿没有提交成功的申请表，特意来信询问原因。陈思羽在信中告诉庄嘉儿，对于未能提交的申请表，机构一般会默认为申请者主动放弃，但她还是想向庄嘉儿了解一下，是否需要自己提供什么帮助，也对此表达了理解："对于海外留学生来说，即使有这份支教情怀，也会迫于现实的压力，不敢付出实际的行动。但我一直愿意相信，还是有很多年轻人愿意为公益事业做一点事情的，即使哪怕只开始了申请的第一步，我也觉得有必要发邮件感谢一下。"

信件的最后，陈思羽还表示："希望你不要觉得我这封略为私人的邮件有逼迫之感，你因为客观或主观原因选择继续或者放弃申请，我们都是非常尊重的。只是希望，如果你是因为申请表填写方面遇到问题而没有完成的话，一定和我联系。"

也是这封邮件,让庄嘉儿重新考虑起支教的可能。她回信告诉对方自己的顾虑,请求陈思羽提供几位校友的联系方式,以便了解他们的支教经历、说服父母的技巧,以及现在的工作状况;然后,完成了那份一度中断的申请表。

第二天清晨,庄嘉儿在校园里开着车,手机响起提示音,她瞥了一眼屏幕,看到陈思羽的第二封邮件发了过来,此时距上一封邮件刚过十二个小时。她忙把车开到路旁停下,拿起手机读邮件。慢慢地,泪水模糊了她的双眼。

陈思羽讲述了自己的人生经历。加入美丽中国支教之前,她在清华大学当了七年的老师,忽然有一天不想做了:"不想未来七年继续做同一件事。"然后辞职去纽约的哥伦比亚大学读了一年书,结果学业、工作、感情都屡屡受挫。回北京后,她意外了解到了美丽中国支教,长久以来的迷茫和挫败感一扫而空。陈思羽就此鼓励庄嘉儿:"不管你是否决定加入,视野都一定要放大。因为你也不知道什么机缘巧合的事情就改变了一生。"信件的最后,她还表示,也许这封信无法直接帮到庄嘉儿,但还是想把自己相信的一句话送给她,"The best is yet to come"(最好的还在后面)。

这让庄嘉儿深受触动。自己只是一个素昧平生的申请者,陈思羽却像对待朋友那样发自肺腑地关怀自己,还敞开心扉分享自身的经历,这不仅给了她极大的鼓励,也意识到支教并非完全不可能,"别人是否理解不那么重要,重要的是对自己的决定深思熟虑,并准备接纳自己的选择可能带来的风险,如果这样,即将面对的坎坷也不是不能战胜的"。

她开始行动起来。先是联系到从弗吉尼亚大学毕业后加入美丽中国支教的校友，以及进入金融领域的往届支教老师，了解他们的支教经历、结束支教后的工作状况，2015年底收到录取通知后，又回故乡进行了一次访校。那是庄嘉儿第一次在国内开车出远门，清晨八点的深汕高速上只有她的一辆车，盘旋的山路让她提心吊胆，好在最后安全抵达了位于汕头市红场镇的红场希望小学。

迎接她的是在此支教有一年的赵一蓉，毕业于美国加利福尼亚大学洛杉矶分校。两位同样有留美背景的女孩一见如故，赵一蓉带她参观了校园，解答了她对支教的一切疑问，还带她见了校长。走的时候，一群孩子把庄嘉儿送出学校，这让她倍感温暖。

那时，庄嘉儿的身份只是匆匆过客，她不会想到，大半年之后，命运会安排自己重新来到这里，与赵一蓉成为队友；甚至那些送自己的孩子当中，有一个后来还成了她的班长。每当回忆起这些细节，庄嘉儿都要感叹缘分的奇妙。这些志同道合者让她惊艳，和她们的接触更让她确信，参加美丽中国支教不只是一种付出，这两年也绝不是普通人印象中与世隔绝的两年。

为什么我想参加美丽中国？

我喜欢教书，但单纯地把教书本身作为一种职业，不能满足我的心愿。我想为中国的教育事业，实实在在地尽我当前的一分力量。所以我希望加入美丽中国这样一个两年的项目里。在大学毕业后，把我的激情和理想主义奉献给中国教育，过了这个时间段，我想我就不可能再回头做这么一件事了。

而且，我认为美丽中国是一个非常好的平台，能够让我去锻炼自己的口才和领导力，并熟悉国内的工作环境。教书锻炼的是一个人以理服人的能力，能让我发挥自己的自主性和提高我对自己工作的责任感，更加能够磨炼我的意志。这些能力在普通工作中也是非常受用的。

可能您会觉得支教大材小用，是个不靠谱的提议，但教育问题是人的问题，需要人并且是优秀的人来解决，许多先进社会主流价值观里的大材都是当过老师的，比如俞敏洪，比如马云。

为了谨慎起见，庄嘉儿预先把想法透露给母亲。母亲性格和父亲截然相反，对子女一向温和宽容，更热心公益。庄嘉儿小时候赢得过家乡政府发放的奖学金，母亲曾带着她去敬老院，把奖金捐了出去。她对女儿的打算表示了无条件的支持，这进一步给了庄嘉儿勇气。

为了说服父亲，庄嘉儿考虑了各种细节，如同部署军事计划一般周密：不能当面说，否则容易和父亲吵起来；要循序渐进，不能一下就把打算和盘托出，那样太突然；要抱着交流的态度，语气一定不能任性；最重要的是，要站在父亲的角度考虑，设法让他明白，支教能给自己带来什么好处，要把这些好处"像捏泥一样，贴近他开始的想法"。

回想起我的大学生涯，我就是一直在参加不同的社团，尝试不同的工作，我一直在做这些在别人眼里看起来"有的没的"的事情，但我自己知道，我的付出和我的经历会让我变成一个能力更强的人，最终厚积薄发。我不急于求成，因为我知道人生不是短跑而是场马拉松，坚持到最后的人才会胜利。

这是庄嘉儿有生以来写得最长也是最认真的一封信，断断续续近一个月的时间，她都在写这封信：先列大纲，再写初稿，然后反复删减和修改，有些格外强调的地方还会加粗字句或划上横线，用心程度不亚于毕业论文。她希望把它写得尽可能周全，照顾到父亲所有的疑虑，并在信件的最后，表达了希望父亲支持的心愿。

这是一封很长很长的信，我很用心，也花了将近一个月的时间打草稿和修改。这是我对大学这几年和毕业后短期内的一些反省、深思和规划。看到这里，希望您的心情会慢慢回归平静。我对美丽中国这个项目做了很多调查，也已有很深的了解，我相信参加这个项目能够让我锻炼自己的各方面能力，对我以后的发展会有很大的帮助。这可能跟您所设想的我毕业之后做的事情不同，但还是很希望能够得到您的支持！您觉得呢？

美国时间 1 月 24 日的清晨七点，庄嘉儿最后一次审视这封家书：6000 多字，长达 7 页。修订了若干细节后，她打开邮箱，输入地址，添加附件，点击"发送"，然后联系了父亲的秘书，请他第二天把邮件打印出来交给父亲。

一整天她都魂不守舍，越接近夜晚越忐忑，这意味着此时的中国已是白天，父亲应该看到了信。但她始终没有收到回音，一连几天都是如此。那也是庄嘉儿最煎熬的一段时间，每天度日如年，"死期快到的感觉，而且不知道什么时候会到"。她曾向秘书问起，秘书回答，信已经打印出来交给了父亲，父亲把这封信看了很久，一声不吭。

第四天的清晨，手机铃声终于响起，庄嘉儿吓了一跳，抓起手机，一眼看到是父亲打来的越洋电话，一颗心狂跳起来，手忙脚乱地接通："阿爸？"

电话那边的父亲语气很平静："信我看了，你的想法我也知道了。"

和庄嘉儿的猜想不同，父亲没有直接否定女儿的决定，而是岔开话题，谈到自己认识的几位开金融公司的朋友，表示他们可以推荐一些工作机会，庄嘉儿可以先工作几年，有钱之后再投资建一所学校。

庄嘉儿明白，父亲是在用这种方式迂回表达不认可。她鼓起勇气告诉父亲，建一所学校和真正去陪伴孩子是不一样的两件事，自己仍然觉得，给钱并不是目前迫切要做的事情，亲自去教书、了解农村教育现状、陪孩子成长才是自己想要的。

父女俩在电话里谈了几分钟，语气都很克制，但谁也没能说服谁，对话无果而终。挂掉电话的庄嘉儿还是长出一口气，心里一块石头落了地：自己毕竟把想法说了出来。她了解父亲的行事风格，只要他没有坚决反对，事情就八九不离十了。于是赶忙把那份早已签好却迟迟没发送的《美丽中国志愿服务协议》发给了陈思羽。

几天之后，父亲第二次打来电话，又讲起别的工作机会，庄嘉儿再次重申了去支教的期望，这次还主动谈起，自己在考虑选择哪个支教地区。她想让父亲感受到，自己正在把决定付诸实践，不会动摇或退缩。这次过后，父女俩依旧保持着联系，但彼此仿佛有默契一般，都有意识地回避支教这件事。不过庄嘉儿清楚，父亲的缄默本身就意味着默许，这给了她更多的信心，随即有条不紊地开始了支教准备。

后来她才知道，那段僵持的日子里，父亲自己也做了很多工作。

刚从秘书手中接过那封长长的信件时，父亲的内心是愤怒的。女儿在美国留学八年，好不容易大学毕业，如今却突然说要去支教，这完全违背了自己当初送她出国的初衷，他无法接受这个巨大落差，如果不是身在公司，他很可能会当场咆哮起来。

强忍着怒火，父亲迫使自己冷静下来。接下来一整天，他都在工作之余反复重读那封信件，尽管女儿已详细阐述了想法，他依旧百思不得其解，唯一确定的是，女儿做出这个决定是经过了深思熟虑的。在美国独自求学八年，女儿从来都是把学业、生活安排得井井有条，自己也一直对她有着充分的信任，她绝不会心血来潮就决定去支教。

考虑再三，父亲终究没有断然否决女儿的打算，转而思考起支教本身。他并不认为，单纯依靠支教就能解决中国的教育失衡问题，那是政府需要承担起的责任。女儿就算选择了支教，又能起到多大作用？如果通过从事擅长的职业，日后成就一番事业，再反过来投入教育中，肯定更有意义。

父亲逐渐平静下来,他拨通电话,对女儿说出自己的计划,不想这也在她的意料之中,甚至考虑得比自己还要周全。那次通话,他没有说服女儿,反而被她的一句话打动:"我还年轻,能吃苦,我要参加美丽中国、到农村去支教,不然以后会后悔的。"

终究是长大了。挂上电话,父亲不由得慨叹。

他开始利用各种途径了解美丽中国支教,希望搞清这个机构到底有多大的魅力,能吸引女儿和那么多年轻人义无反顾地加入。他在报纸上看到,支教老师王小青在竞选潮州十大优秀青年,于是联系了她所在学校的校长,又通过访校认识了机构当时在广东地区的执行总监廖杞南,极为郑重地提出一个很多家长都会问到的问题:"你们真的不是搞传销吧?"执行总监向他阐述了美丽中国的事业,还帮着联系了潮州市的四所小学,其中的下庄小学正坐落于庄嘉儿故乡的邻村,村民也都姓庄,庄嘉儿的父亲可以很容易地通过乡亲们了解美丽中国支教在当地的口碑。

父亲访校归来,请四所小学的支教老师吃了饭,席间了解了老师们为学校乃至家乡带来的种种变化,不由得对这些年轻人刮目相看。他自己就是在农村长大,亲身体会过教育资源的匮乏对农村孩子带来的伤害,绝大部分孩子放下书本、离开学校后,直接面对的就是异乡的工厂,舍此之外没有其他出路。他童年时如是,如今家乡的孩子们依然如是。这些和女儿同龄的支教老师的故事,也让父亲进一步理解了女儿的选择,对自己之前阻挠女儿支教也颇有些惭愧。

选择支教地时,庄嘉儿与父母有了最后一次分歧。出于"安全"方面的考虑,父亲不希望她去云南,庄嘉儿则希望尽可能离家远些,以"逃避"父母过度的关心。但最后,她还是选择了故乡潮汕,这与乡土情结、父母意愿统统无关,主要是为了方便参加机构在广州深圳举办的活动,自己和潮汕本地的学生在文化上也更亲近一些。

2016年夏末,庄嘉儿再度前往红场希望小学,这次是以支教老师的身份前来报到。报到当天,母亲和司机一同把庄嘉儿送到学校。像每位关心子女的家长一样,精于烹饪的母亲为女儿准备了五花八门的厨具器皿,装了满满一车;又仔细观察了整个校园,看到女儿宽敞明亮的新宿舍,她放下心来,还对校长提出,希望给学校的厨房添置抽油烟机。庄嘉儿有点尴尬,轻拍了下母亲:"学校是什么样子,我就接受好了。"后来,母亲还是为学校购置了抽油烟机和太阳能热水器,连带翻新了厨房。

父亲那时正在出差,没有来送行,但女儿刚支教不久,他就在中秋节给整个广东地区的支教老师送来了月饼,国庆前夕还联系执行总监廖杞南,想给每个孩子送些衣服和鞋。庄嘉儿劝阻了他,她重视对孩子们精神上的鼓励和引导,但不希望给学生太多物质上的满足,父亲这才作罢。看过美丽中国支教宣传片之后,他还主动对工作人员表示,自己这样的家长也可以在宣传片中出镜,并称:"我的女儿去支教了,希望以后我的小女儿和儿子也可以去支教。"

很多家长都像庄嘉儿父亲这样,在了解美丽中国支教后经历了思想的转变。2010年9月,开始支教后仅仅几天,梅莹就因肠胃炎在医院病床上度过了第一个教师节,在给父母的电话中泣不成声。父亲放下电话,从湖北荆州坐了三十三个小时的火车抵达昆明,又乘了八小时的长途大巴赶到临沧看望女儿:"你从读大学起就在外地,打电话回家从来没哭过,这次一定要过来看看你。"在这里,他见到了女儿的学生们,和校长聊天,也看到了一起来支教的其他年轻人。曾经视支教为"知青下乡"的父亲这次不再极力反对,临走还送了女儿一句话:"在这里生活,你一要学会自叹自解,二要学会享受孤独。"

2014年寒假回天津老家时,张悦给奶奶带去了一份日记,里面是记载支教生活的厚厚一摞照片。她自幼被奶奶抚养大,寸步不离奶奶身旁。高考本想报考北京的大学,也因为奶奶留在了天津。即将从南开大学毕业时,张悦小心翼翼提起自己想去云南支教,奶奶连着三天没和她说话。离家远去时,老人久久站在窗前望着孙女,直到汽车消失在视线的尽头。

相隔千里的祖孙两人经常通电话,有时电话那边的奶奶什么都不说,只听孙女讲,"嗯嗯""你再多说点嘛"张悦的支教梦正是来自奶奶。老人年轻时也当过支教老师,"奶奶教会我耐心、认真、仔细,也告诉我,学生最需要的是鼓励和表扬"。如今,孙女也想把奶奶走过的路走一遍,同时,"我一定要让她知道我过得很好"。

半年没见的孙女终于回来了,84岁的奶奶用毛巾擦拭着泪水:"你瘦了,我不高兴。"张悦给奶奶看日记,又打开电脑播放视频,镜头里记者问孩子们:"下学期张老师回不来怎么办?"一个女孩腼腆起立:"把奶奶也一起带过来。""奶奶过来住哪啊?""住学校,也可以住我家。我照顾奶奶。"奶奶脸上终于绽放出笑容,不再反对孙女去支教。

也有家长从一开始就义无反顾支持孩子的决定。庄嘉儿的队友赵一蓉选择支教，本身就是受父母的影响。她的表弟出身农村，父亲意外去世，父母主动承担起了抚养他的责任，表弟也因此受到了良好教育，他们用实际行动告诉女儿，只要自己有能力，就应该去帮助别人。当赵一蓉决定来支教时，他们也为女儿感到骄傲。

许琼文的母亲为了时刻关注女儿和学生的情况，特意学会了用微博，经常把女儿支教的照片发出来，也会第一时间转发各种众筹活动。听到女儿支教的打算，她立即表示支持，认为孩子这两年能收获的成长，要远多于盲目读一个不喜欢的专业的研究生。自幼练习舞蹈的女儿在学校组建了一支舞蹈队，访校时，母亲也来到舞蹈教室，走到奋力压腿的孩子们中间，帮着指导动作，许琼文在教室的光影里看着母亲的背影：" 小时候天天看着我跳舞的人，现在来帮我纠正我学生的动作，有种莫名的感动。"

与这些老师相比，庄嘉儿和父亲仍然保持着默契。定期回家时，她很少和长辈们聊起支教，只有被问起时才会回答，父亲则从来都不予置评，只是有一次再度问起女儿，是否考虑去读研究生。庄嘉儿还是给出了同样的回答：自己属于实干型而非学术型，不适合搞研究。

她也不清楚，支教结束后自己是否一定会回归金融这条父亲眼中的"正路"，不过目前已开始关注这方面的机会，甚至在考虑如何把金融与教育、公益结合起来。

但她确定，无论选择哪条道路，自己都会坚持走下去。

比分数更重要的

> 分数重要，但还有更多更重要的：追求幸福的能力，独立思考和学习的习惯，关爱他人的能力，正直的品格，身心健康……
>
> ——题记

在大寨中学的最后一个学期，24岁的陶潜当上了副校长。

上个学期期末，陶潜的班级成绩又一次名列全县第一。大寨镇的教办主任约他吃饭，席间主动发出邀请："要不要在学校留下来，当校长？"陶潜以为领导在开玩笑，婉言谢绝：自己太年轻，资历差得远。主任依旧坚持："只要你愿意，我们不会干涉你的教学思路，需要什么都会支持。"表情和语气郑重其事。

陶潜沉吟片刻："我回去考虑下，想想最后这半年，自己能为学校解决什么问题。如果有能解决的，我就当；没有就不必了，我不需要一个校长的虚名。"

寒假回家，他考虑了半个月，最终决定接受这个职位。返校后，一纸委任状使他成为大寨中学历史上最年轻的副校长。

成立近十年，美丽中国支教得以不断发展壮大、持续拓展支教学校，教学成绩的出色是重要原因。数据显示，2015—2016 学年，美丽中国支教老师任教的班级，有 61% 在重要考试中的平均分获得提高，67% 以上的班级成为所在年级的前三名。陶潜是表现最突出的老师之一，两年来他教授的班级，无论年级——初二、初三，还是学科——生物、物理，成绩都是全县第一。

不同于人们习以为常的应试教育，支教老师们的教学坚持分数、素质并重，他们首先给乡村学生带去的是学习兴趣的激发、自信的培养，考试成绩的大幅提高只是水到渠成的结果。

第一节物理课，陶潜做了个极尽文艺的开场白："物理研究的是世间万物的运行规律。掌握这门学科，就可以利用这些规律创造新东西。人类从无知发展到如今相对有知的过程，就是在大自然的漫漫长夜中逐渐睁开眼睛的过程，就像顾城那句诗，'黑夜给了我黑色的眼睛，我却用它寻找光明'。物理就是人类通往有知世界的裂缝，那是光照进来的地方。"

微风从窗外拂过，教室里鸦雀无声。50 多双眼睛集中在这位身材挺拔、相貌俊朗斯文的年轻老师身上，学生们的目光中满是惊讶和兴奋。

梅妍洁则在第一节英语课上讲起了故事。她在黑板上写下字母 B，转过身问班里："你们有没有兄弟？"孩子们喊成一片："有，哥哥弟弟都有。""好，我们看 B 这个字母，是英文里的'兄弟' brother 的首字母，假如你们有兄弟，一定要学会这个字母。"孩子们大声读了起来。教字母I的时候,有的孩子会读成短音,梅妍洁把读音拉长,还告诉孩子们,"读这个字母的时候,我们要过一个桥,从这边过到那边,请拿出你们的手,跟我一起读:I——"做了个弧形的手势,所有孩子都跟着重复起来,"过完桥才可以停下来哦"。

教授美术课的张帆告诉孩子:"我们每个人生来就会画画,画也没有好坏之分,只要表现出自己想表现的东西,就是好画。"她打开PPT,一张张壁画、岩画逐一闪过,都是用极简线条勾勒而成,来自久远的石器时代:"你们猜一猜,他们在干什么?"孩子们逐一辨认着:狩猎,跳舞,祭祀,战争。画面定格:"在我们的祖先还没有文字、不会说话的时候,绘画就有了。在这些画中,他们表现的是自己的生活。现在,你们能不能把自己的生活也用这种形式表现出来?"

这堂名为"祖先的作品"的美术课上,孩子们用黑、棕、红色的线条,画出了各式各样的简笔小人,身着草裙,手举长矛弓箭,稚拙的笔调透出形形色色的想象力。

三位老师都是2015—2017届的支教老师,陶潜本科毕业于南开大学,支教于临沧云县的大寨中学。梅妍洁和张帆,一个研究生毕业于美国布法罗大学,一个本科毕业于华南理工大学,都被分在了大理巍山县,分别在相距不远的永瑞小学、大仓小学支教。

二

陶潜最成功的一节课,是在满是乌云的夜晚带学生辨认星座。

为了讲解望远镜的原理，陶潜选择晚自习时带学生们去楼顶观星。那个晚上，夜空中乌云密布，老师却宣布观星活动照常进行，他有办法让大家看星星。孩子们不明所以，将信将疑跟着爬上教学楼的楼顶，惊叹声顿时响成一片。一幅幕布竖在天台，上面映满了璀璨繁星，一个个星座早已划分好。难以置信的学生们反复仰头确认，天穹依旧不见一丝星光，只有老师高举手机不时转动着方位，幕布上的星座随之不断变幻。

学生们好奇地凑过来，这才发现奥秘在老师的手机里。陶潜揭示了谜底：自己把投影仪搬到楼顶，连接起手机，然后打开手机里一个叫"星图"的APP，这是专门用于看星座的软件。它的工作原理是，先把天空中每一颗星星的数据导入数据库，再通过手机的重力感应去确定使用者在天空中想看的方位，星图由此显示出来。他边转换方位边对学生讲解道："这就是科技的力量。"

那一晚，学生簇拥在幕布前，争先恐后举着老师的手机，度过了一个极尽新奇而浪漫的夜晚。连楼下其他班的学生都张望着楼顶，一个个艳羡不已。

陶潜自我评价，自己的课堂一直保持着"三个百分之百"：百分之百的时间里，百分之百的学生集中百分之百的注意力。实现这一点，他靠的是无穷的乐趣。支教第一年教生物，陶潜带学生们种了许多植物：辣椒、倭瓜、花生、菜豆、豌豆。有时他还会组织田野调查，农田、草地、山林、池塘，学校周边的每一寸角落都留下了学生们撒欢的身影。他们对生于斯长于斯的这片土地再熟稔不过，却从未想到，熟视无睹的生活中竟也蕴藏着这么多知识。有学生特意把抓来的虫子给老师看，陶潜强忍着心理上的不适，装作很感兴趣的样子，陪他们一起探究手中的猎物。

第二年，他又主动向学校申请教授初二、初三各一个班的物理，每周要上近20节课，这意味着陶潜每次都要准备两套完全不同的教案，工作量翻倍。同事笑称他"除了上课的时间，不是在备课，就是在备课的路上"，即便如此，他的课堂依旧吸引人。

讲反应速度，陶潜让全班同学举起直尺，在它落下的瞬间攥住。讲到做功改变物体，他带学生搓手搓脸，感受热量。讲光的色散现象，他分发了三棱镜，让孩子自己举到阳光下，看折射出的七彩光芒。讲重心，他从食堂要来一箱鸡蛋，带领学生们用纸张做成小降落伞套在蛋壳上，再把鸡蛋从楼上丢下，看会不会碎。他还带领学生做水火箭，十几枚水火箭呼啸着掠过操场，学生们欢呼雀跃，瞬间理解了压强的概念。

教凸透镜成像那一课，大部分老师都是播放视频，陶潜却觉得，学生如果亲手做实验，肯定能更好地体会这一原理，俸校长也说过："实验器材宁可让学生玩坏，也不要在仓库里摆着。"他从实验室翻出一大堆凸透镜，用三天时间把它们逐一洗刷干净，选了一个晚自习，带着孩子们做了一整晚实验。后来的考试中，他的学生几乎没有在这个公认的"超级难"的知识点上失分。

"物理不是冷冰冰的数字符号，而是和生活有着千丝万缕的联系。"陶潜经常这样对学生说，还要求他们背下一些固定数值：人的步行速度是1.2米/秒，声音在空气中传播的速度是340米/秒，大气压强为1.01×10^5帕，"终有一天，你会在生活中体会到它们的力量"。

梅妍洁和张帆的课一动一静，相似点在于，都像是做游戏。

"给低年级上课,一定要让孩子们动起来。"这是梅妍洁教授英语课最大的心得。每节课开始,她都要设置一个情境。教授"at the farm"(在农场)这一课,梅妍洁为学生介绍了"自己的朋友"——农场主 Mr.Johnson:"今天,老师要带大家到 Johnson 的 farm(农场)里,去看一些动物。"她指着 PPT 的标题:"你们想不想看? Yes or no(想还是不想)?"孩子们欢呼雀跃:"Yes!"

讲解"horse"(马)这个单词时,老师伸出双臂、两手握拳,眉飞色舞,"我们现在骑着一匹马,拉住它的缰绳,horse, horse"。双臂跟着上下抖动,仿佛在掣动缰绳。孩子们学着老师的样子,大声吆喝着:"horse, horse!"

梅妍洁侧过身,一只手抚摸着空气,声音也变得轻柔,"马非常乖,你轻轻摸它的头,horse"。孩子们也抚摸并不存在的马头,"horse"。

"马走得有点慢,我们要拍拍它的屁股。"梅妍洁扭头,一手拍打着身后的空气,另一手依旧"拉着缰绳","horse"。孩子们同样拍了下空气,声音随老师陡然放大,"horse"。

不断地重复是为了加强记忆。梅妍洁每个单词至少要设计三种动作,再带领学生用各种不同的方式诵读:分组读,开火车(接力)读,唱着歌读……这样远比正襟危坐念单词更吸引学生,"我希望让孩子感觉不到时间的流逝,他们不是在完成任务,就是在玩"。

为了读单词,老师甚至鼓励学生在教室里随意活动。教授"hen"(母鸡)这个单词,梅妍洁一声令下,孩子们离开座位,拥挤在小组之间的过道上，模仿老师做出拍打翅膀的动作，"咯咯哒，咯咯哒——hen"，打算"下一只蛋"。教"watermelon"（西瓜），孩子们摆出怀里抱着西瓜的姿势，反复喊着单词，把"西瓜"从教室后排运到前面。热闹的游戏并未使课堂秩序受到干扰，只要听到老师有节奏地击起掌，他们便立刻跑回各自座位坐好，教室重新安静下来。

"梅老师上课好像装了电池。"听过课的其他老师评价。还有人问："梅老师，你这样上两年，不会累吗？"

累是肯定的。如同许多喜剧演员都在生活中沉默寡言一样，课堂以外的梅妍洁安静内敛，有孩子甚至觉得，"梅老师上课的时候特别开心，下课就不开心似的"。他们不知道，老师所有的激情都已在英语课上释放殆尽，课下累得连话都不想多说。

她必须这样。孩子们都太小，很难在课上一直集中注意力，老师只有不断制造兴趣点，才能持续吸引学生："课下我没有更多时间和孩子们接触交流，只有课堂上才能和他们相处，我没理由不利用好这40分钟。"

张帆的美术课则安静得多。经常有其他老师或访校者来听课，她总是笑称，听自己的课其实没什么意思。每节课开始前，张帆只用几分钟讲述主题、绘画方法，然后分发绘画材料，其余时间都交给学生们自由发挥，老师只在教室内巡视，学生有困难会帮忙解决，但不会给予太明确的指导。"人都是天生就有美感的，知道在哪个地方画出来最舒服，让孩子们自己探索出来，以后自然会画得更好。"没有技法的训练，也不会用"像不像"来衡量作品，更无所谓对错，张帆最常说的是："你们画成什么样子都可以。"

绘画工具更不限于画笔。美术课每周两节,每节课张帆都要带来五花八门的作画材料:海绵、牙刷、钢丝球、气泡膜,或是用自己的手指……这些无不是生活中唾手可得的创作材料,两年下来没有一次重复。张帆每周都要绞尽脑汁寻找新的作画材料,并把它与上一节课的内容衔接起来。

在老师的启发下,孩子们把吸管插进颜料中,吹成彩色泡泡留在纸面。把上好色的气泡膜印在纸上,充当一朵朵树叶。用废纸团蘸颜料印在纸上再折叠,配上四肢和没有五官的头,就成了衣着绚烂的模特。他们还两人一组,各自拉住毛线的一端,像弹墨线一样弹到纸上,留下水粉的印痕,再把白纸折叠、用凳子压住,然后抽出线、打开纸张,一幅幅绚烂的"极光"由此完成。张帆还经常会问学生,"这幅画你是怎么想的?"让孩子告诉自己创作意图,一问一答间,孩子的思维和表达能力都得到了锻炼。

三

比起"学到了什么",支教老师更在乎孩子们"怎么学的"。

陶潜一直认为,激发学生的学习兴趣是教学的首要任务,这来自他的切身经历。大一刚进入下学期,陶潜就陷入了迷茫,那时他同时攻读计算机、法学两个学位,参加各种学生社团,还进行了几次实习,却并不清楚所学专业会对自己未来的发展有哪些帮助,直到旁听了美丽中国支教的宣讲会,才下定决心去支教。这段往事使他不愿学生重蹈覆辙,"我曾是个没有明确方向的青年,所以当我成为一名老师的时候,我不希望我教的孩子是蒙着眼睛,没有方向地去学习"。他相信,只要让学生们体会到学习是有用的,激发他们的学习意愿,这些孩子必定会主动去学习。

他的另一个心得是,要拓展学生的信息量。在课堂上讲完书本内容后,陶潜经常会为学生播放纪录片。第一年教生物课,他在课堂上播放了纪录片《生命》全集、《人体的奥秘》、《细胞》等;第二年的物理课,他又播放了《霍金的伟大设计》《旅行到宇宙边缘》,乃至《星际穿越》《地心引力》等电影,讲电磁场,他还专门找来北极光的高清视频,配上北欧音乐 Liekkas。

决定支教后,大四一整年,陶潜把全部空闲时间花在了图书馆,大量阅读与教育相关的书籍。他专门研究过记忆原理:人的大脑如果只记一个个孤立的知识点,就会变成大海捞针,因为它们毫无规律可循,只能死记硬背;高效的记忆方法是,大脑先对世界产生最初印象,逐渐形成自己的经验,再找到事物之间的联系,从而建立知识结构、形成逻辑。

这也正是自己学生的弱项。他们平时很难接触更多信息,眼界相对狭窄,"最初印象"比城市孩子少了很多,因此难以理解课本上的知识,让他们多看纪录片,有助于搭建起知识网络结构,从中自主吸收和感悟。这样的熏陶下,农村孩子才能够领会知识。

梅妍洁看重的则是自信心的培养。她曾在纽约州布法罗市的中文学校当老师,教授当地华裔学生学习中文。那里的学生哪怕中文说得不好,仍然会主动举手回答问题,上台表演节目也落落大方;中国的孩子则不敢,"中等生和差生们从小到大都是被打击的对象，也不敢相信自己能做好事情"。

她花了无数心思为孩子建立自信，从不吝惜表扬与鼓励，连学生答错时，都会仔细斟酌如何安慰。孩子的敏感远超大人想象，如果老师只是简单一句"没关系请坐，我们再请一位同学试下"，他们都会立刻察觉到语气的敷衍，感到自己被冷落。所以梅妍洁必须保持在任何场合下都热情洋溢，用不伤害学生的方式纠正他们："John 有勇气第一个举手，回答得非常棒，只是差了一点点。"

有些成绩落后的学生有好的表现，梅妍洁更会第一时间进行表扬："某某同学已经做到五道题了，大家看看，你们有没有做到？""某某同学把这道非常难的题做对了，你们看下，这题的答案是什么？"做课堂练习，她从不问学生们错了多少，更不允许任何嘲笑别人的行为："答错了没关系，老师从来不因为大家答错了就批评，也希望你们不要有这种想法。"

班里有一男一女两个孩子，身体都有残疾，走路不方便，口齿也不太清晰。英语课上做任务，孩子们要以小组为单位，接力站起来，把单词讲给后桌。梅妍洁第一时间就想到了他俩，心里咯噔一下：这项练习需要起立和说话，他们能不能参与？做不好会不会受打击？她先让别的组做，自己暗自考虑着对策。

其他组都做完了，终于轮到这两组。学生们纷纷举手："老师，我们组有他们会输的，请别的同学代替行不行？"两个孩子的表情都很难过。

梅妍洁清楚，绝不能在这个时刻让他们伤心。她请别的孩子先把手放下来："不要这样，我们还没开始比赛，为什么就认为自己一定输？不要评价别的同学。"她来到孩子们面前，表情格外郑重："老师相信你们，试一下好不好？尽你们最大的努力。"

两个孩子仰头望着老师，拼命点头，目光中满是期待。比赛开始，他们憋红了脸，用尽全身力气站起来，使劲把英文单词说给下一个同学，梅妍洁之前从没听他们说得这样清楚。最后，两组分别得了前两名。

教室里爆发出掌声，安静下来后，梅妍洁环顾教室："没有开始比赛，你们就认为一定会出问题，请你们下次不要这样了。每位同学都要有平等的机会，就算失败了又怎么样？"

那节课过后的整整一个学期，只要第二天有英语课，那个男孩都会悄悄走过来："梅老师，明天有你的课。"之前他从未主动和老师说过一句话。女孩则经常在课间凑到老师身边，塞给她一件小礼物，有时是捡来的鹅卵石，有时是叠好的小星星或千纸鹤，有时是一块小蛋糕："梅老师，给你。"女孩细声细气地说着，脸上带着羞涩的笑容，然后一直守在老师身边，仰头听她讲话。

比起绘画技法和完成的画作，张帆更在意学生的绘画过程。"无论技法还是工具，都是辅助完成作品的手段，重要的是想法、乐趣与创造。学习技法的年龄不要低于12岁，在那之前，老师应该用色彩、材质等不同素材去激发孩子的创造力，先让他们对艺术产生一定感知。"

她是科班出身的艺术生，本科是空间设计，高中就开始没日没夜地练习素描，每次考试下来，分数更高的却是水粉这门课程。素描格外强调对笔力和线条的把控，水粉则更注重色彩，只要有创意，同样的静物也可能画出不同效果。张帆不禁经常思考,如果自己先去学色彩,会不会更好?正是这样的想法,促使她在课堂上更强调色彩,因为低龄孩子对此更有创造力。

对线条的锻炼,则是通过写生和观察实现的。开始上美术课之后,张帆就发现,无论什么主题,孩子们交上来的作品都千篇一律:一两个小人,一所房子,一棵树,右上角悬着一颗太阳。作业中还经常出现构图、颜色都近似的画作,老师一眼就能看出谁和谁是同桌。张帆明白,孩子还没有学会观察,模仿性又太强,只会按照儿童画的经典模板来画,要么就是模仿同桌。

后来上课之前,她在校园里捡了一袋树叶,课堂上每人随机发一片:"今天画树叶,你们不要想象着画,就看着发给自己的树叶来画,无论树叶上有什么,都要画下来。"每个孩子都认真看着树叶,头一次开始注意各种细节:叶片上的小缺口,虫子咬的洞,粗细不一的叶脉……并逐一画下来。

她甚至专门选出一节课,自己当起了模特。为了让学生捕捉到更多信息,张帆特意选择了一身颇多装饰的朋克风格装束,课上先用粉笔在黑板上画了一幅简单的自画像,然后擦掉,以免孩子照猫画虎,接下来的整节课,都静静站在讲台前充当模特。

那节课,学生们几乎捕捉到了老师身上所有的细节:脸上的眼镜,带有拉链的翻领皮夹克,有破洞的牛仔裤,系带的皮鞋,有的孩子甚至连破洞边缘的毛茬、老师脸上的痣都一并画了出来。这让张帆慨叹:"孩子不是不会观察,只是之前思维被限制住了。"

班里有一个患自闭症的小胖子,永远是一人坐一桌,经常上课时跑到教室外面。有时张帆正在指导别的学生,偶尔一抬头,小胖子已经出去了,走之前还会对着老师坏笑一下。有时已经到了外面,还会扒着窗户看教室,张帆招招手:"阿卿进来。"他嘿嘿一笑,又回到教室。他还会躺在教室的地上,或经常藏到食堂一个角落里睡觉,好几次差点被锁在里面。

张帆没对他发过火,知道孩子没法一直保持安静。她默许了孩子在美术课的教室内走动,只是不允许影响别的同学,还专门针对他开展了个训课,培养他集中注意力。随着锻炼的增加,孩子留在座位上的时间越来越长,跑出教室的次数越来越少,甚至能静下心来画画。

为了锻炼小胖子的表达能力,每次画完一幅画,张帆都会故意问一些问题:"你画的是什么啊?""你对这幅作品满意吗?"有时小胖子会向老师求助:"张老师你帮我把颜料拧开。"张帆拧开颜料,"你应该对我说什么啊?""谢谢张老师。"张帆这才把颜料交还他。

有几节绘画课的过程有些复杂,张帆有点担心小胖子,他的动作一向很难协调。上课时她守在孩子旁边,看着他笨拙又小心地握着剪刀。张帆帮他画了白云,小胖子自己在画上涂好蓝色,完成之后捧着作品,满脸的享受。张帆又问他:"这幅画你感觉怎么样?"小胖子一本正经地回答:"我很喜欢这幅画。"

四

分数重要,但不是最重要的。老师们都这样认为。

"分数是学习阶段要优先追求的东西,可以成为现有教育体制下，孩子们进入下一学习阶段的敲门砖，但还有更多更重要的东西：追求幸福的能力，独立思考和学习的习惯，关爱他人的能力，正直的品格，身心健康，它们同等重要。"陶潜说。

梅妍洁自称"不关注成绩"，但她的班级英语考试始终保持在全县第一第二的排名，由她教授的另一门科学课，也由最初的全县第十八名进步到第二名。她认为，教学的内容都没问题，只是教育的方法应该修正："知识就是要传递给学生，一个优秀的老师，只要教育方法正确，对付考试并不难，学生的成绩也不会差的。"

教学过程中，陶潜会严格区分应试和素质两类教学方法，平时的课上按自己的理念教学，临近考试则会增加与应试相关的内容：答题方法，答题习惯，答卷中的注意事项。梅妍洁则会告诉学生，考试其实是证明自己的机会，是为了让老师知道你们学到什么程度，不会因为答不出来就批评你们。所以考试应该是开心的，大家也不要作弊，不要为了一两分就去看别的同学的试卷。

美术课不涉及分数和考试，张帆仍然认为这门课对孩子意义很大："美学影响人的方方面面，从穿着、谈吐、气质到看世界的眼光。这门课虽然不可能让每个学生都成为艺术家，但不管什么行业，对美的理解和追求，都会让人拥有更高的生活品质。"

结束支教的前夕是巍山英语节。每个学校的学生都要根据英文进行绘画，其他学校孩子们画的都是当地小吃或景点：炸肉饵丝，一根面，饵块，南薰桥。只有大仓小学的主题是"巍山四季"，学生们把淡红、嫩绿、浅蓝、深紫等不同颜色挥洒到纸面，组成氤氲的色团、斑斓的线条，四幅画分别冠以春、夏、秋、冬的名字，在诸多"写实"风格的画作中独树一帜。在老师的启发下，他们越来越敢画了。

前几个月的上海慈善晚宴，张帆还带领孩子们在一块长长的白布上画了一幅长卷。她从镇上买来一幅近3米的白布，在会议室铺开，午休时叫来学生。看到这样大一块布，孩子们无不吃惊，觉得不可能画完，又怕弄脏会议室。老师鼓励他们："你们画过类似的，不怕的。弄脏了屋子我来收拾。"说完握着班长的小手，在布上先画了几笔，其他学生这才放下心来，举起水彩笔一拥而上，这里画一艘太空飞船，那里画个外星人。只过了半小时，将近30个孩子就完成了这幅画，一个孩子说："老师，真是人多力量大。"

永瑞小学为英语节带来的节目是舞台剧《音乐之声》。8位学生统一穿着海军服，分别扮演上校和7个孩子，玛丽亚则由梅妍洁亲自扮演。上校对玛丽亚的新式教育大为不满，打算赶她走，孩子们苦苦哀求："爸爸您根本不明白，玛丽亚是我们见过的最好的家庭教师。""平时我最不喜欢唱歌，玛丽亚老师一直在鼓励我，现在我喜欢上唱歌了。""我平时胆小，不敢在别人面前说话，现在我都敢当众朗诵我写的诗了。""爸爸您知道吗，为了欢迎您回来，玛丽亚老师还带着我们排练了欢迎节目。"《雪绒花》的悠扬旋律中，会场内响起了孩子们童稚的歌声，上校终于被打动，也和孩子们一同唱了起来，皆大欢喜。

"玛丽亚老师就是我，那些孩子就是我的学生，这是我们的故事，我和孩子们都代入了自己真实的情感。"梅妍洁说。孩子们一开始被严厉的父亲管着，自己和玛丽亚一样，带给了他们快乐和知识。

美丽中国支教把支教的影响分为不同层面：对学生的影响，对学校的影响，对当地的影响，乃至对社会的影响。优秀的老师对这几个方面都可以兼顾。被任命为副校长之后，陶潜在大寨中学成立了教师学术委员会，为学校建立起教师培训体系，并力求把各项制度系统化：每周举办一次有主题的线下分享会，日常组织老师之间互相听评课，还以委员会的名义给学校、教办提出诸多意见，许多都被教办采纳，推广到当地的中小学。

在大理巍山，由支教老师牵头的英语节也已举办到第三届。美丽中国支教2014年来到巍山县。截至2017年，共有17位小学英语老师为当地9所乡村小学、超过2000名学生教授英语，未来还将为没有基础的当地老师进行英语授课培训，保证其他学校也能自主开设英语课，支教老师们支撑起了当地的英语学科建设。

英语节宣传视频中，永瑞小学的孩子们向梅妍洁表达感谢，"Miss Mei, you teach English so well, I really like you"（梅老师，你教得非常好，我们喜欢你）。小姑娘Shirley和父母一起出镜，对母亲说，"I love you, mother"（我爱你，妈妈）。她的母亲也回答，"I love you, Shirley"（我爱你，Shirley），并腼腆地笑了起来。对这些农村家长而言，把"爱"说出口仍然是一件羞涩的事。字幕上写着：English is a new way to show our love（英语让我们大胆说爱）。

"看到学习英语让你们笑逐颜开，我们万分欣喜；感受学习英语给你们的改变与成长，我们无比骄傲；听到你们与父母说英语时的款款情深，我们感动至极。希望在未来学习英语的过程中，你们能够享受快乐，拥抱改变，大胆去爱。"老师们在英语节开幕前写到。

那一届英语节，主题正是：快乐，改变，爱。

一个都不能少

> 在这个班级待下去,不是只能靠学习。老师们不指望每个学生都考上清华北大,每个人都有自己存在的价值,只要找到位置,班级都会接纳他。
>
> ——题记

在大理南涧二中,203 班是个特别的班级。教室后墙黑板上用粉笔写着"美丽中国 203"字样,旁边配以美丽中国支教的彩色标识,下面是一句口号:We are family(我们是一家人)。

这不只是口号。

教室的格局很像教师办公室,课桌按小组拼成一片片区域,学生们围坐在一起面面相对,背对黑板的学生只有听讲时才会转过身面向老师。课堂上,只要老师一声令下,学生就会以小组为单位开始讨论问题,教室里不时响起压低的招呼:"快来快来。""我帮你。""教教我。"有的孩子还会起身走到教室另一边,向别组同学请教。班主任王鹏经常强调:"有困难不要找老师,要找同学。老师不可能 24 小时守在你旁边,但你可以随时随地找到小伙伴，先向他们求助。"

老师们并不担心教学会受影响，分组讨论没人说笑也没有闲话，气氛热烈而秩序井然。对课堂纪律普遍成问题的乡村学校来说，这样的场面殊为难得。

王鹏还记得，203班成立之初，和其他班级也没什么两样。上课时，学生们有的趴在课桌上，有的跷着二郎腿，随时随地准备接老师的下茬，逗全班哄堂大笑。他们还专挑上课时间申请上厕所，一去好几个，并对老师的恼火大为不解："老师你为什么要生气？以前上小学，我们要上厕所就直接从教室出去好了，没人管啊。"

一年过去，全班学生们一个个有如电视剧里的模范生，学习成绩更在整个年级独占鳌头。期中、期末四次大考，平均分第一，及格率第一，优秀率还是第一，班里的学生成绩几乎垄断了全年级前十。成绩最好的一次，班级平均分超出其他班足足28分。

后墙的黑板上，学生们写下了班级介绍：2016年9月1日，美丽中国203班的62位"熊孩子"和7位老师，在南涧二中相遇。教室门口贴着老师们的生活照，配以签字笔写下的姓名与学科：

　　王鹏，语文
　　崔琳杰，数学
　　陈菲，英语
　　胡冰，思想品德
　　张露，历史
　　张文峰，地理
　　段凤仙，生物

除了特岗教师段凤仙，其他都是支教老师，他们共同承包了这个班的所有课程。

实行"包班制"既是校长罗胜章的想法，也是支教老师的愿望。乡村学校普遍规模庞大，学生动辄上千人，支教老师却只有三四个，分散到各个班级，影响力十分有限，而且由于教学压力重，彼此联系也不多。针对这种情况，不少支教老师都希望共同负责一两个班级的教学，从而互相协作、更有针对性地制定教学计划，也能让学生体会到学科间的联系。在校长罗胜章的力推下，第一个"美丽中国班"得以落户南涧二中，在此支教的6位老师也第一次以前所未有的紧密，组成一个支教团队。

接手新班级之后，老师们先根据入学成绩、男女比例、身高、性格等因素，把学生分为相对平均的八个组，从而保证每组都有两三个女生、两三个成绩突出的学生。老师们也各有分工，王鹏担任班主任，总揽全局，胡冰负责各组日常表现的积分管理，陈菲负责班级文化、学生的行为习惯养成，崔琳杰管理宿舍，张露是后勤、财务总管。每位老师还要专门负责班里一个小组，关注学生的成长，定期与家长保持联系，这被称为"导师制"。

和人们熟悉的重点班模式不同，203班没有垄断全年级的尖子生。新生入学考试过后，全年级的学生完全由电脑随机分班，所有成绩公开，各班平均分的差距微乎其微。支教老师们也同样要给其他班级授课，对别班学生一视同仁，如果给203班放电影，也会在其他班播放。这源于美丽中国支教的教育理念：老师们要最大限度兼顾所有学生，并不因程度差异而区别对待。

班级刚成立不久，老师们就遭遇了一次下马威。

一天早操结束，王鹏发现班里少了个孩子，老师们搜遍了学校每一个角落，又联系了家长，还去附近村镇寻找。落日逐渐沉入无量山背后，学生始终不见踪影，望着一点点被阴影吞噬的连绵山麓，王鹏不禁心惊肉跳。校长罗胜章安慰几位老师，让他们先去睡觉。束手无策的老师们只能回到宿舍，在惴惴不安中度过了这一夜。

第二天一早，学生回来了。昨天他混在做完早操的人群里，从学校后门的工地跑回了家。老师们入睡后，校长利用自己的人脉，联系到学生同村的几位亲戚朋友，请他们一同帮忙去找，这才找到。校长自己忙到一整夜都没合眼。

后来，学生又跑了两次，每次都让老师们束手无策，直到第三次被找回才踏实下来。王鹏不敢想象，如果没有校长，自己该如何处理类似的事件。

"不要怕，你们来这里本来就不容易，有什么问题我都替你们扛着。"罗胜章这样宽慰几位老师，还经常对他们说："在这里我就是你们的父母，要为你们的未来着想，对你们的人生负责。"

校园里有一面醒目的粉墙，上面是校训：用伟大的心，做细小的事。罗胜章也一直在践行这句话，美丽中国班能落户南涧二中，他起到了关键作用，还承担起不少与家长沟通的工作。有其他班的家长怀疑学校是否一碗水端平，校长主动向他们一个个解释，也有家长希望托关系把自己孩子送进这个班，又是校长出面婉拒。

有校长做后盾，老师们再无后顾之忧。也是吸取了这次事件的教训，他们首先把精力放在了培养学生的行为习惯上。203班的班规是：相互尊重，相信自己，团结互助，诚实正直，严谨自律，勇于担当。老师也会在不同场合反复强调这几句话，上课要求学生必须举手回答问题，若有学生嘲笑答错的同学，老师会指着墙上"相互尊重"四个字："咱们班的班级文化是什么？请你重复一遍。"

有一次语文课，王鹏走进教室，班里一直在讲话，王鹏没吭声也没有任何举动，只是站在角落里看着学生们。很久之后，学生们才逐渐意识到老师的反常，教室终于安静下来。

王鹏走上讲台，抬手看表："过了多久了？十八分钟。"

没人吭声，一节课总共只有四十五分钟。

"这十八分钟意味着什么？你们的问题是我第一次强调吗？已经有两个月了，同一个问题又出现了，还是在班主任的课上。你们觉得合适吗？你们有什么理由让我相信，你们在别的课上是好好表现的？你们还想要做榜样吗？"

一片沉默。从这学期开始，203班就是全校焦点，其他班的学生无不羡慕，连附近村里的家长都口耳相传，在所有人眼中，这是全校最好的班级，学生们也因此颇感自豪。老师还经常告诉学生："很多时候，我们就是走在最前面的那一个，虽然我们是在做实验，可能会失败，但如果能成功，为什么不好好做呢？"

"把头抬起来，看着我。"王鹏对那些低着头的学生说，"我可以把这十八分钟当成休息时间，但你们损失了这半节课。你们这样，我会不会难过？我也会难过。一定要我骂你们吗？我不想也不会这样做，但你们要改正。"

那次之后，学生们又出现了几次纪律问题，老师也会不厌其烦地重复提醒，每次都有改观。如今，只要铃声响起，在外面嬉闹玩耍的学生就会第一时间进到教室坐下。如果有人说话，身边的同学会主动提醒，自习时即便老师不在，教室里也一片安静。

班上有一个全校成绩十几名的女生，爱看书，但上课从不举手回答问题，总爱抢答。语文课上，王鹏提出一个问题，她马上就在下面直接说出答案。王鹏课后把她叫了过来，先表扬几句："你的作文写得很好，超过了很多城里的孩子，可以看得出读了很多书。这点很棒，请继续保持。"然后递给她另外几个作文本，都是其他同学的："你帮老师看看这几篇作文。"

女生把作文逐一翻过，抬头看老师，不明所以。

"这些作文有错字，有病句，也有用错的标点。其他同学不像你这样有很强的自学能力和自主能力，很多时候，他们的知识只是来源于课堂。而学习是需要思考的。如果我每次上课都直接把你的文章念给他们听，他们会有进步吗？所以我们需要给他们思考的时间、犯错的时间，你觉得呢？"

孩子不吭声了。

"上课的时候，老师很欣赏你的敏捷思维，但是更多同学还在慢慢地思考，如果这时你把答案先说出来了，他们怎么办呢？老师也希望你能静下心听听别人的思路，同时培养一下自己遵守纪律的习惯，好不好？"

孩子点头答应了。后来，她课堂上不再抢答，成绩则始终保持在年级前5名。

和每个班级一样，203班同样有成绩落后的学生。刚分班时，不少孩子基础差到令人瞠目：数学连加减法都不会，"十除以二得多少"要算上一分钟。全班只有不到 10 个学生"号称"学过英语,却背不全 26 个字母,不会写英文单词。有孩子语文考试能拿满分,却不会拼音,把韵母写在声母之前,也不会写"妈妈""奶奶"这样的汉字。方言更充斥在作文、周记乃至日常交流中,有一次学生报告:"老师,我作业打湿了。"王鹏不明所以:"你晒干了不就行了嘛。"其他学生告诉他,"打湿了"是"丢掉了"的意思。老师后来才知道,孩子们六年级的一整年都是在题海中度过的,只是一味死记硬背答案,哪怕根本不理解内容,也能考到 80 多分。

对这些学生,老师一如既往地激励。学生航中个子很高,整天弯着腰,王鹏总担心他会把腰折断。每次被老师训话,航中不反驳也不辩解,只是低头沉默,之后照旧自行其是。王鹏一度拿他没办法,后来他无意中从亲戚那里得知了航中的往事,又找学生谈话。

"一直以来,你学习都这样吗?"

"不是。"

"以前呢?还记得四年级以前吗?"

航中沉默了。

"还能想起当时的感觉吗?"王鹏乘胜追击,"当好学生,老师不太管吧?每次考试后拿到试卷应该很开心吧?现在呢,是不是觉得有些艰难?"

航中低下了头。

小学四年级之前,航中一直是优等生,只是从五年级开始变得贪玩,成绩从此一落千丈。王鹏早就推断,孩子的满不在乎只是表象，内心其实依旧渴望得到肯定，于是他决定从这个突破口入手，果然收获了成效。

王鹏告诉学生："你绝对可以回去的，这太容易了。语文这门课只要努力背两天，成绩一下就上去了。只要你在乎，就努力一下。"谈话的最后，不忘鼓励一句："让老师看看你四年级时的巅峰状态。"

在那之后，航中明显有所触动，努力了不少，只是之前欠债太多，进步缓慢。王鹏察觉到他信心不足，有时会在班里说："我知道有的同学每天都焦虑，没有必要。老师也考差过，也害怕过，但后来也好了。学习的过程会痛苦，但不学习的痛苦会更深。"

慢慢地，航中的语文成绩有了起色，连字都变得工整起来。一次考试结束，王鹏看到航中的分数，难以置信地在教室里笑出了声："航中，你居然考到了96啊。"学生们一片喝彩，航中也在座位上摇头晃脑，颇显得意。

阿斌经常在课上开小差，自己也很无奈："老师我不是不想听，真的是控制不住。"崔琳杰是他这一组的导师，找他谈话："你一节课能保持多久的注意力？""最多能认真听十分钟。"阿斌答道。"我们做个约定吧，最近一个月，你每节课坚持听讲二十分钟可以吗？"崔琳杰还针对他做了不同安排，自己讲不同题型，别的同学要听三种，他只用听最简单的那种；如果课上控制不住自己，就去做练习，不强求一定做出来。

第一个学期，阿斌的考试成绩一直在二三十分徘徊，第二学期开始，崔琳杰给他定了期中考试的目标：40分，两个月后果然达标。期末考试前，她又给阿斌定了50分的目标，最后成绩出来，49分。阿斌有些不甘："老师你是不是故意打了这个分？"崔琳杰好气又好笑。

除了学习上的激励，老师更希望这些学生在班里找到自己的"位置"。他们安排爱讲话的学生维护课堂纪律，基础差的学生记录其他同学回答的问题、小组讨论的结果。老师希望让学生明白：每个人都是班级的一员，203班离不开任何一位同学。

学习之外，阿斌其他方面都好。酷爱打篮球，在班里人缘颇佳，人气极高。他还喜欢硬笔书法，桌上永远摆满一瓶瓶墨水，手上经常满是墨迹。班里要做席位卡，找他帮忙写名字的学生排成了长队。有一次全校百米短跑比赛，他本来得了第一，却因跑错赛道被取消成绩，哭得老师看了都心疼。

崔琳杰因此宽慰他："在这个班级待下去，不是只能靠学习。你基础差，但也要承认社会分工不同，老师们也不指望每个学生都考上清华、北大，你肯定有自己存在的价值。只要找到自己的位置，班级是接纳你的。"她给了阿斌一个职位：全班的"荣誉维护员"。阿斌个子高，崔琳杰让他负责贴奖状、维护班级的各种荣誉证书，帮大家取高处的东西。阿斌体育也好，她又让他带领全班做操、打篮球。

"五四"晚会上，阿斌真正找到了一回"位置"。学校要求每个班表演一个节目，其他班级都提前一周开始彩排，只有203班全无动静。王鹏当时在广西出差，崔琳杰忙着统筹整台晚会，其他几位老师也各个忙得不可开交，这事因此被搁置。

"五四"前的一个周四，有学生来问崔琳杰："老师，咱们班的节目怎么办？"本来不负责这事的崔琳杰吃了一惊，问学生有什么想法,学生们建议演小品。崔琳杰临时选了阿斌和其他几个学生,他们课间喜欢讲段子,课上也爱给老师捣乱,表现欲一向很强。几个学生都不大乐意,崔琳杰鼓励他们:"你们平时的表现我是见过的,你们是有天分的,有机会就要展现一下嘛。"

学生们还是不放心:"老师,那你能帮我们找下剧本吗?"

崔琳杰上网找到一个剧本的初稿,第二天早上交给他们:"稿子是有了,但有些内容不适合我们,我又没时间改,你们只能靠自己了。"

周末两天,学生都要回家,彼此又距离太远,没法一起排练,崔琳杰让他们周末在QQ上讨论,分配各自的角色,周日返校才开始第一次对词,几个学生照着稿子都读得磕磕绊绊,个个都很沮丧。

离晚会还剩三天,学生们只能抓紧每天的课间、餐后时间排练。崔琳杰本打算周二下午带学生排练一遍,结果还是没时间,只能最后两天偶尔问问排练进度。周三时,学生们报告:"老师,差不多了,但有时会忘稿。"崔琳杰不假思索:"没关系,可以手上拿着提词小卡片。"周四早上,她最后一次问起进度,阿斌格外神气地一挥手:"没问题,全好了。"声音都响亮了很多。

那一晚,人在南宁的王鹏内心忐忑不安,出差期间他始终牵挂着学生们的节目,也随时和队友保持着联系。整个晚上,他做得最多的就是捧着手机,不断刷朋友圈,既想看到关于节目的消息,又怕看到。

晚上十点左右,一位当地老师发的信息终于出现在手机屏幕上:晚会拖的时间太长了,我们在台下都困得不行,直到203班的节目唤醒了我。

王鹏一颗心狂跳起来，立刻私信那位老师，问起自己班的节目，对方回答："真的挺好。"王鹏将信将疑："不是只为了让我宽心吧？"

确实不是。

小品刚一开始，全校就沸腾了。203班的节目叫《超级初中生》，借用了选秀节目的形式，阿斌扮演一个不走寻常路的参赛者，被赞为"本色出演"。学生们还在节目中加入了一些地方特色的音乐、体育等元素，切合主题又贴近实际，最后还不忘把主题与中考结合起来。

演出进行到一半，很多观众从座位上起身，鼓掌声和欢呼声响彻校园。其他老师都在打听是哪个老师指导的节目，有人以为是崔琳杰策划的，其实直到阿斌他们站到台上，她才和其他老师一样，第一次把节目看完整。

谢幕后，一个学生气喘吁吁跑过来："老师，我演得好不好？"

崔琳杰指向观众席："看到大家的反应了吗？你们演得超级棒。"

"老师，其实我好紧张，你看，我腿还在抖。"

其他几个男生也凑过来："老师，其实我们刚才忘词了，有个情节没演出来。"

崔琳杰乐得合不拢嘴："没事，根本没人看出来。"

短短一年，203班学生的精神面貌有了翻天覆地的变化。去年学校举办运动会，学生们都在自顾自地打篮球、下象棋、追跑打闹，没人为参加比赛的同学加油。一年之后的女篮比赛，全班齐刷刷坐在场边，为场上的同学加油喝彩。203班女篮队的实力不强，开场不久就以0:10落后，王鹏担心学生们会起哄、责怪队员，却没想到，投进第一个球的时候，全班站了起来，助威声响彻云霄，连几个平时最沉默的学生都在忘情呼喊。那个瞬间，王鹏有些想落泪。

宣布比赛结束的哨声响起，203班输掉了比赛，但毕竟得了十来分，几个女生大汗淋漓走下场，全班齐齐鼓掌。散场后，还有学生主动收拾场地、捡起空瓶，把剩下的矿泉水抬回教室。望着孩子们三三两两的背影，王鹏觉得，他们真的成长了。

不少乡村学校辍学率都很高，南涧二中也不可避免，一年下来，初一年级几乎每个班都有去打工的学生。203班是唯一的例外，62个学生一个都不少。王鹏曾和一个成绩落后的学生开玩笑："你在班里会有负面影响、拉低平均分，要不给你换个班？"学生当了真："我不走，就要在203班。我上课不讲话了，老师你怎么对我都行，我就是不走。"

连家长都对老师的工作刮目相看。一位家长曾想让自己基础很差的孩子留级，孩子死活不愿意，家长权衡了一番，就此作罢。他告诉老师，自己也纠结，怕孩子留级后成绩更糟；更重要的是，这样的教学在一线城市都很难得，自己和孩子都对这个班格外认可和珍惜。

6位老师有4位都是支教第二年，包括王鹏在内，初一结束后，他们就要离开南涧二中、告别203班。王鹏却选择了留下，决定把这个班一直带到初中毕业。与此同时，他也申请加入美丽中国南涧地区的管理团队，这意味着，他将成为美丽中国支教史上第一个兼顾教学的项目主管，也意味着未来至少两年内，他都要肩负两份同样繁重的工作。有一次和朋友在酒吧闲聊,王鹏忽然接到项目运营部的电话,通知十五分钟后开会,他临时向服务员借来纸张、戴上耳机,在嘈杂的酒吧里找了个角落就开始参加会议……

"真的很累,很动摇,尤其是事情繁杂的时候,但每当我来到教室、走上讲台,都会获得力量,那是一种你被需要的感觉。"

晚上他经常在操场上散步,有时也会设想,假如自己去继续读书、去工作,会过上怎样的生活。他不是没有其他选择,支教第一年的暑假,为给自己举办的夏令营筹款,王鹏用了一周时间,每个下午都在烈日下奔波,游说当地一家又一家企业。拜访一位资产过亿的茶厂老板时,对方直接表示:"你不用再跑了,说个数吧,缺多少钱我来给。"之后每天给王鹏发消息,各种问长问短。王鹏一度怀疑他是要给自己介绍女友,后来老板打来电话:"别再支教了,来我这里工作吧,给你一个高管职位,绝对高薪。"王鹏婉言谢绝,老板耿耿于怀了很久,至今没有放弃劝他入职的尝试。

"如果支教半途而废,我会后悔一辈子。这是我对203班的承诺,我需要完成它。"

老师们不知道,三年过去,这个班能有多少学生考上高中甚至大学,但自己会尽力为学生带去好的影响,让这些孩子无论境遇如何,都能过得快乐和充实。

他们也希望,学生们都能在203班找到归属感。希望毕业时,学生们一个都不少;毕业之后重逢,最好也一个都不少。

拉住你的手

> 我们就好像站在悬崖边，只要我们耐心走完这段路，你们就赶上别的同学了。我会紧紧拉着你们，也请你们一定要拉着老师的手，千万不要松开。
>
> ——题记

支教两年，康瑜总是把一个纸盒带在身边。

她给它起名"心思盒"，每天上课都会把盒子带到教室，告诉学生：有任何烦恼都可以写成小纸条，放进盒子里。每天放学后，她都把纸条拿出来，一张一张地看，逐一写回信，帮学生解决这些困难。

班上有个叫晓银的女孩，平时很听话，上课也认真，康瑜却从没在晚自习上见过她。后来，她在心思盒中发现了晓银的纸条：老师，你能教我一些不怕黑的方法吗？怎么样才可以学会不哭，不怕？

老师心头一酸。她知道，怕黑是农村孩子的常态，常年在外打工的父母给不了子女太多的陪伴与庇护，每个夜晚的降临，都会成为留守儿童们最大的恐惧。"他们需要勇敢,他们必须勇敢,而我作为他们的老师,一定要给他们这样的勇气。"

那天,康瑜和晓银坐在篮球场上聊到天黑。她让孩子闭上眼睛,对她讲了很多,关于夜晚的自由,关于不受约束的自己,关于自己在黑暗里做过的奇特幻想,也关于一个人的孤独。她给孩子放了一首《月光》。晓银睁开眼睛:"老师,我觉得周围突然变亮了。"康瑜摸着她的头:"以后也这样,不要害怕,享受黑暗和孤独。"并将自己的衣服脱下披在小银身上,让她穿了回去。

第二天,晓银把衣服送了回来,右边口袋里塞着一张纸条:"老师,我可以喊你姐姐吗?等这周回家,我也把你讲给我的故事讲给我妹妹。"那之后,她再没缺过晚自习。

"看到别人不好受,我会难过得要死。"康瑜选择支教的理由就这么简单。"我看到那些生活艰辛的人、需要我的人,他们就在那里。此刻,不幸福的事情正在发生,我是否还可以幸福?"

在中国人民大学就读的四年里,她留下一长串成就斐然的社会实践经历:带队参加大学生创新试验计划,参与"千人百村"农村能源调查项目,毕业论文入选大学生创新年会,参加陶行知研究团队、台湾青年济慈志愿者团队、中国儿童慈善救助基金会,去小学支教,去养老院做志愿者……大四刚开始,康瑜就同时得到了保送本校研究生、就读香港大学经济学研究生两个机会,她最后的选择是,加入美丽中国支教。

2015年初夏,细雨过后的北京,康瑜走出美丽中国支教办公室。钢铁水泥的丛林中,车辆汹涌而过,来往行人步履匆匆。呼吸着雨后清新的空气,她捏紧手中的志愿服务协议,觉得自己可以像鸟儿一般飞向天空。

抬起头，澄澈的苍穹映出一弯彩虹。

漭水中学位于云南省保山市的昌宁县，每天清晨七点，晨曦透过云朵照亮青山的轮廓，学生们开始迎着朝阳晨跑、做早操，康瑜也会准时起床，喊着隔壁几个老师早起锻炼，和她们一同晨跑到山头，高喊着"健康教学五十年"。中午的课间，她经常来到操场上，照下学生们在阳光下奔跑的欢乐身影。

她还在学校开设了"四季诗歌"课堂，课程分为春光、夏影、秋韵、冬日四节，第一节课带学生鉴赏诗歌，第二节课上写作。有孩子把诗写成纸条，也放进心思盒，"老师，如果你是礁石就好了，那我可以变成海浪去拥抱你，可你是天上的星"。还有孩子写："星星是天上的花，牛郎每天都摘一朵，放到月亮花瓶中去，于是天上的星星越来越少。忽然有一天被王母发现，把花瓶打翻。"

"冬日"课上，康瑜举办了一次诗歌比赛，还特意邀请到了诗人王家新，这是所有学生都熟悉的嘉宾，他的诗作《在山的那边》是语文课的课文。比赛结束，诗人问康瑜："我能不能把孩子们的诗分享给我的朋友？"康瑜激动得一时语塞。

孩子们的生活并非总是光明。心思盒中有一张纸条被康瑜保存至今：老师，我想学画画。它来自班上一个叫晓峰的学生。4岁时，家里一场大火使他全身70%被烧伤，父亲卖掉了家里所有的猪和牛，借光了亲戚的钱，勉强带他去昆明做了几次手术，让他能继续上学。孩子在学校为数不多的乐趣是绘画，他的画透着独有的天赋和灵性，对美的感知也格外细腻独到。康瑜因此带着他一周做三次绘画练习，相信只要坚持下去，孩子能在绘画的道路上走得更远。

练习刚开始几天，心思盒里就出现一张小纸条：老师，我没法继续和你学画画了，爸爸不同意。孩子告诉她，父亲觉得以自己的身体条件，无法进行任何劳作，未来的唯一出路只有读书，绘画会占用学习时间，是"不务正业"。

康瑜告诉孩子："这周我们一起回家，我带着你，带着你刚画好的画，去找你爸爸。"周五那天，师生俩三点半放学后动身，翻过一座又一座山，天黑才到家。康瑜给晓峰的父亲看孩子用半个月时间画出的一幅国画，还和他聊了很多，包括孩子对绘画的天赋，对绘画的热爱，并保证，如果孩子的期中考试成绩下降，他们就停止画画，直到提高后再继续。父亲终于同意了。

又过了一段时间，晓峰从班级里消失了。他烧伤的皮肤不再随身体发育而生长，父亲又把他带到昆明就医，这次是长期住院，孩子也不知道还能否重返学校。很久以后，晓峰给老师发来那张小纸条：老师，我想和你学画画。

这张纸条让康瑜回忆起那次家访。自己在学生家住了一夜，次日清晨离别时，给这家人照了张合影。饱经磨难的一家三口在镜头里笑得分外灿烂，身后是阳光下的澜沧江，波光粼粼，川流不息。

她给晓峰寄了一盒自己最喜欢的彩色铅笔，这是孩子在病床上最方便使用的绘画工具。后来晓峰告诉她，自己在医院感到无聊、苦闷，甚至满心绝望的时候，都会拿起这套画笔，一笔一笔画着对未来的期待。

后来，康瑜帮晓峰家联系到了资助，他也终于考上县城的高中，回到了学校，孩子的父亲给她发来信息："孩子能遇上你这样的好老师，是他的福分。"

这只是康瑜遇到的无数故事当中的一个。

支教刚开始时，她分到了纪律最差的慢班，班里最差的学生又集中在最后三排，他们一起做着口型骂她："别的老师都让我课上睡觉，我爸妈都不管我，你凭什么管我？"康瑜回宿舍哭了一通，然后用一个多月的时间和每个学生谈话，每人谈了两天，每次一个多小时，之后每天用午休和晚上睡觉的时间，为他们补习两个小时的数学、物理和英语。

其中一次谈话的经历，她以第一人称记录了下来。

我叫晓强，我在课上从不听讲，打架也是常事，我和其他许多差生一样，座位被安排在教室的最后三排。这天又一次打架后，康老师把我叫到办公室。我歪头等着她声色俱厉的斥责，这样的惩罚不算什么。

老师却没有骂我，和我聊起了天。

"毕业之后你打算做什么？"

"读中专。"

"读完中专呢？"

"随便找个工作吧。"

"你觉得找个好工作，需要读书吗？读书有用吗？"

我迟疑了。

爸爸种茶叶，每周还有一晚给工厂看门，我只有每个周六的晚上能见到他。妈妈在砖场给很多很多工人做饭，每个周日上午回来，累得不能给我做饭了。她在去砖场前会给我些零花钱，拍着脑袋劝我不要惹事，家里赔不起了。爷爷奶奶年事已高，平时也不管我。但是我的哥哥在读大学，其实我是羡慕他的，我也知道，读书不会让生活太辛苦。

只不过，我不能和老师说太多，我要维护一个差生的尊严。差就差，我知错，但这是我的生活方式，你管不了，也不要插手。

"你打架吗？喝酒吗？抽烟吗？早恋吗？"老师问了我各种问题，她总是对我们的一切都很好奇。很多时候我会觉得，她不是个老师，而是个要努力和你变熟的厚脸皮朋友。

我告诉她，我打架，一个学期有七八次约架，我抽烟喝酒，我不谈恋爱，找一个女朋友显不出我叛逆，不找才是。不过，我还没文身，准备等哪天辍学之后再去。

我没想到，老师的目光中没有鄙视，只是一直在倾听。我讲完后，她轻声问，"会不会后悔？有没有想过以后怎么养活老婆孩子？"还问我如果以后我的孩子不好好读书，或者想要一个和别人一样的书包，而我拿不出钱，我要怎么办。

我闭上眼睛，求老师别讲。对一个被身边所有人放弃的人来说，任何一点忏悔和希望，带给自己的都是痛苦。

那次谈话成了晓强生活中的转折点。康瑜问："要不要试试改变？我们正经地后悔一次？"许久的沉默。

康瑜告诉晓强："我希望你能明白，其实我对你不重要，你对我也不重要。可是，这件事对你很重要，关系着你的一辈子，你才15岁。我知道这次改变会给你带来很多痛苦，但是，你至少没有放弃自己，而我更不会放弃你。只要你喊开始，我就帮你，尽我最大努力。你想结束，或者太累要暂停，我也尊重你的意愿，随你去干什么。"

　　谈话的最后，晓强终于同意了参加补习班。告别时，他向康瑜90°鞠躬，大声说了句"谢谢"，走出房间后忽然想起什么，气喘吁吁跑回来，隔着门帘喊："康老师，那我们下周一见，晚安！"再次离开时，门外传来撞倒晾衣竿的声音。

　　康瑜笑了，让他路上小心点，然后突然掉了眼泪。

　　第一天补习前，她特意给学生们做了一次集中讲话："我们就好像站在悬崖边，只要我们耐心地、认真地走完这段路，就赶上别的同学了。我会紧紧拉着你们，也请你们一定要拉着老师的手，千万不要松开。"

　　一片寂静，所有学生低着头。在之前的一次次谈话中，这是最常见的一幕，康瑜对此早有准备："你们同意的话，就用手敲两下桌子。"

　　两声轻微的敲击在教室中响起，然后是更多的"咚咚"声。学生们还是低头沉默，但每个人都敲了起来。不是两声，是许多下，绵延不绝的敲击声在教室久久回荡着。

　　第一天补习结束，康瑜鼓励学生们："你们真的太棒了，知道吗，你们认真了整整一个小时。"学生们欢呼着"这是奇迹"，一个学生还高举课本，让老师照下自己这少有的胜利。

　　第二天，补习进行到一半，老师问学生们累不累，他们反问老师累不累。

第三天，康瑜意外发现学生的笔记本上写着"语文老师、数学老师、英语老师、生物老师：康老师"。她又落泪了，自己本来只教政治。

第四天，她感到有人在身后动自己的头发，以为学生在恶作剧："你们不用想，老师什么都不怕。"转过身，只见学生背着手："老师，上课时一只大虫子飞到你头发上，我们怕你害怕，想跟在后面把虫子抓走。"

第五天，学校停了电，学生们鱼贯拥出教学楼。康瑜担心几个孩子会不肯补课，在人潮中寻觅着他们，一路逆行赶到教室，推开门，教室后三排依旧坐着补习班的所有成员，一个不少："老师，我们要不要出去读书？这里什么也看不到。"康瑜带着他们摸黑来到太阳能路灯下，一起坐在空地上读音标。

第六天，补习班从原来的12个人增加到15个。康瑜给其他班级上兴趣班，这些学生也守在老师身旁，默默坐在地上背书。一次，他们做起了奥数题，至今他们不知道自己做的是小学三年级的题，却记住了做出题时那一瞬间的快乐，以及对自己的信心。

第七天，学生们遇到了难题，又冒出退缩的念头，康瑜盯着他们的眼睛一遍遍地说："没关系，我们一点点来，扛过去就好了，我们快要赶上别人了。"还在每个学生的作业本上画了笑脸。

类似的反复是常事。学生们有时会认真听话，有时候会因落下的太多而不见进步，心情也随之失落。最艰难的时候，还有学生乞求老师放弃自己。康瑜比学生更加煎熬，有一段时间，她每晚都在做噩梦，时刻担心着学生中会有人退出。每个孩子思想上出现些细微动摇，她都要花上整整一晚去安抚。每次谈心，她自己心里都在打鼓，担心说的话不起作用，担心学生是否肯继续坚持下去。

即便如此，她依旧反复告诉学生："老师会紧紧拉住你们的手，也请你们不要松开老师的手。"也在心底告诉自己："是我给了他们希望，我就不可以让他们对自己产生失望。"

那段补课的日子里，这些早就被认为"没救"的学生，不再是学校里出名的"帮派"，成了老师眼中懂事听话的学生。他们开始认可康瑜，喊她"康老大"，主动去帮老师叫醒上课打盹的其他同学；还学会了相互鼓励，起初老师带着他们给自己鼓掌，后来只要有同学上台做题，即使没有全部答出来，全班也会有意识地鼓掌。补课更是成为习惯，每晚康瑜走到教学楼前，看到教室亮着灯，都会知道，学生们在等自己。

学生们后来告诉康瑜，从她挨个找他们谈话起就开始服老师了。康瑜问为什么，他们用当地方言回答："晓不得。"老师自己则清楚，从学生们敲桌子的那一刻开始，她和他们的命运就已息息相关。

第三个学期初，康瑜回学校晚了一周，队友给她发信息说，学生晓杰每天都会来到宿舍门口，看她是否回来了，后来有一天他忍不住了："康老师是不是不回来了？"康瑜赶忙给队友发信息："快点告诉他，我还回去，我还要教两个学期。"等她匆匆赶回学校，中午去食堂打饭，晓杰就远远看着她，还有意排到了离康瑜最近的位置，只喊了一声"康老师"，什么也没说。

参加补习班之前，他是这些问题学生中的"大哥"。

第二年开学，学校重新分了班，康瑜不再教晓杰，也很久没有见到他，只是有时会梦见这个学生，梦里只是一张侧脸。最后一次梦到晓杰，康瑜慌了，不知学生发生了什么事，也想起了始终没有回来的晓峰。

她通过其他学生要来晓杰的 QQ 号，第一次加，没有通过，第二次加，还是没反应。别的学生告诉她："老师，你放弃吧，他现在在县城里混，头发都染成了白色。"康瑜没有放弃，第三次加终于通过了，晓杰先向她打了招呼："康老师。"

康瑜问他："县城好耍（好玩）吗？"

屏幕上跳出两个字，"好耍"。

"在餐厅打工好耍吗？"

"做好吃的，哪有不好耍的。"

康瑜还没来得及再问，屏幕上已跳出一段话："老师，现在我好好学习厨艺，以后攒两张飞机票，坐着飞机飞到你家，给你做一顿饭吃。"

康瑜约他周末回学校玩："老师新换了宿舍，你要不要来看看？"晓杰如约回来，还给她带了个大橘子，告别时又在心思盒里放了一张纸条：

老师，对不起，我不继续读书了。但是，我会记得我们一起度过的那几个月。我会带着我的孩子，让他学会坚持，让他好好读书。我知道读书有用，读书才能改变现状。

那一刻，康瑜才意识到，自己教的不仅是一个学生，更是一个未来孩子的父亲。

　　康瑜结束支教的前夕,晓杰又来找老师,说自己发明了新的套餐,喊老师去吃。还告诉老师,补课的那段日子,他有一天没吃饭,老师给自己做的就是这顿饭。如今,他每天都会推着车去县城的高中门口卖这套"营养餐",还打算去市里考厨师证。

　　支教两年,康瑜足足收到四五百张小纸条,装了满满两箱,每个孩子至少写给她一张,有的还写了很多张,每张纸条背后都是一段故事。支教结束时,心思盒里又多了学生们对她的不舍,那是他们在"四季诗歌"课上写下的小诗:"老师,我们想变成大鸟,变成白云,变成风,你去哪里,我们就跟着你去哪里。"但也会理解老师:"老师你去吧,有你陪伴两年,我们已经非常幸运。有更多的小花在等待你。"这让康瑜感慨:"两年前决定加入支教时,我本想收获一片树叶;两年后,我收获了整个春天。"

　　她也希望,即便自己以后不在学生身旁,他们依旧会记得那个留着齐刘海短发、有着一双大眼睛的康老师。有朝一日,当他们的孩子也在学习生活中遇到困难,他们或许也会想起,当年康老师曾拉着自己从"悬崖边"一点点走过,告诉自己不要再轻易否定自己,再多一些战胜困难的勇气与信心。

　　然后,他们也会拉住孩子的手,慢慢向前走。

愚公移山

> 像这样的孩子,即使不能获得我们想要的成功,但当有了自己的孩子,他一定是一个更好的父母,他们在一点点改变着,哪怕这样的改变发生在下一代身上。
>
> ——题记

你是新参加支教的一名老师。

你和小伙伴们走进了大山,这里山清水秀,村民家境困顿但淳朴热情,学生调皮捣蛋却天真烂漫。校长把你安排在教室改成的宿舍里,用木板给你搭一张床,又送来新被褥。你穿着旧衣服,扎着马尾辫,素面朝天,两块理个发,5元吃碗面,每个月工资只有2000多元。你不在乎,你以为等待自己的是一段轰轰烈烈的青春,你留下一句豪言壮语:"我们来这里,是要干大事的。"

然后你就发现,自己改变不了什么。

某天,你去学生家家访,孩子的父亲骨瘦如柴,佝偻的身躯还没有儿子高,又患有眼疾,母亲早就改嫁他人。全家唯一的经济来源是政府每月60元的补助。你帮不上什么,只为他们照下一张合影。一个月后父亲去世,这张全家福也成了孩子唯一的思念——这是杨雪芹的学生。

某天,你的一个学生两三天都没来上课,你冒雨来到他家,才知道他父亲去世了。生前因为负担不起住院费,父亲在家躺了好几个月,占了一间房,母亲和妹妹住另一间。学生没地方住,一边照顾父亲,一边自己建了所小屋,一个人粉刷墙壁、安装电路——这是杨潇的学生,他上初二,绰号"爱迪生"。

某天,你得知了一个非常懂事也非常优秀的学生的身世。她8个月时,父亲入了狱。1岁4个月,母亲改嫁。她自幼被爷爷奶奶抚养,至今只见过母亲一面,以及父亲的照片——这是王珂的学生,13岁。

某天,一名学生不停打断你的课堂,无奈的你在课堂上哭了出来。课后,学生陪着你一起默默流泪,然后他就离开了校园,不再回来,音讯全无——很多老师都有这样的学生。

"没能挽留住不断退学的学生,没能阻止业已成风的少年婚姻,没能帮助大多数人考上高中……那些最终让你难以忘记的,不是燃烧青春的激情,而是不曾预料的遗憾。"支教结束后,姚瑶写到。

你不禁发问,支教有用吗?

面对这个问题,连不少美丽中国支教的老师都产生过困惑,他们目睹了太多学生艰辛甚至残酷的生活,自己能做的却极为有限。

周默在大理巍山的县城支教,班上一个乖巧可爱的小姑娘逃了学,她到古街上四处寻找,最后发现孩子坐在一座牌坊下,仰头望着天。周默问她在做什么,她回答说在数日子,周默不解:"刚学了十以内的加减法,你数得清楚吗?"女孩回答:"我就想数一数,还有多长时间过年。别人的爸爸妈妈在他们放学时都回家了,我的爸爸妈妈只有过年才回来。"那个瞬间,周默一把将她拥进怀里,泣不成声。孩子憨憨地望着老师,她只有7岁。

"留守儿童"是农村教育中最普遍的问题。与美丽中国支教有合作的乡村学校,动辄70%—80%的学生都是父母一方甚至双方长期在外打工,有教育专家认为:"如果低龄儿童在亲情上缺乏得太多,会给一生带来非常负面的影响。"

杨松曾批改到一篇自己一辈子都忘不了的周记。女孩写道:"星期六的早晨,阳光明媚,太阳叫我起床,我不想起;可是妈妈也来叫我起床吃饭,我只好起来了。但洗漱后我非常开心,妈妈做了我最爱吃的饭菜。我大口大口地吃着,吃得好香好饱。"

可是杨松知道,女孩的妈妈早就去世了,在她1岁的时候。

那个早上,杨松对着这篇周记哭了很久,笔尖久久停在纸面,除了一个"阅"字,他不知道自己还能写下什么批语,"我无法面对这种思念,我甚至不知道这究竟是脆弱还是坚强"。

而在程苇航看来,每个"问题学生"的顽劣举动都来自家庭的影响。学生小刚是全校闻名的"打架王",程苇航找他谈话,孩子依旧攥着一双小拳头,脸憋得通红。老师问为什么总是这样,他回答:"在家父母就是这样对我的,有什么不开心,或者我做错了什么,第一件事就是打我。"程苇航请家长来学校,母子俩当着老师的面在办公室打成一团。老师分开他们,孩子痛哭流涕:"老师,我不知道该怎样证明自己是对的,没有人告诉我。"那一刻，程苇航的心被刺痛了。

"很多时候，我们会觉得，这个孩子怎么可以这样没有家教，可是当你知道他们生活在什么样的家庭的时候，你会觉得他们真的好可怜，没有人来关心他们。他们的家长可能早出晚归，一天都见不到孩子，没有人去告诉他们哪些是对的，哪些是错的。他所受的全部教育只是学校里的。"

比起遭遇的各种不幸，学生们的坚强更让老师震撼。

樊超群的一个学生朝润喜欢看书，读完《纳尼亚传奇》后写道："我也要写一部儿童文学作品。"他请老师去家里吃杀猪饭，樊超群从他亲戚口中得知，朝润上次见到父亲已是前年，这些年他父亲没给过家里一分钱。6岁那年，母亲给儿子做了一顿最爱吃的饭菜，负气出走。孩子只能与年逾古稀的奶奶相依为命，还要照顾失明的爷爷。那时他才明白，朝润周记里常见的摘核桃、采茶叶，不是童年的游戏，而是撑持着一个家庭的重担。

"对不起，我看不见你笑容背后的创伤。你那没有遮拦的笑容，欺骗了我的眼睛。"樊超群写道："我知道，其实你不需要同情。你不是没有无法排遣的忧伤，不是没有远离父母的黯然，只是在一片孤独的海洋上，你一直一个人挺立，不曾放弃，不曾离去。我只是想说，我不会放弃你，你更不能放弃你自己。"

读过那篇周记后，杨松也下定了决心："身为老师，我怎么能不做更多的事情，给他们带来更多的改变？"他选择在周记里与学生们进行更多沟通，从这里走进他们的内心世界。慢慢地，有孩子肯向他提出上课的改进意见，有孩子可以不再打架和逃学，开始戒烟戒酒，有孩子体谅起在外打工的哥哥，照顾起家中哭闹的年幼的弟弟。很多孩子对他说:"杨老师,谢谢你让我可以不再害怕在学校里学习,让我努力变成更好的自己。"

"努力变成更好的自己"的还有小刚。那次谈话后,程苇航悄悄原谅了孩子,告诉他:"想让别人认可你、尊重你,你首先要尊重自己,首先要知道什么是对的,要用你的行动,而不是你的拳头去证明。"孩子后来又打了几次架,有一回还打了英语老师。程苇航再次找他,小刚低下头:"老师,我有时候真的控制不住。"程苇航提议他和自己做个约定,如果能忍住不去动拳头,每周老师都会给他一个奖励,一直坚持六周、直到期末。小刚答应了。

那一个半月是孩子变化最大的一段时间。偶尔他还会攥起拳头,但终究一次也没举起来,脸上甚至有了笑容,同班的同学也愿意和他一起玩了。到了期末,程苇航布置了一篇作文《给程老师的一封信》,孩子写道:"程老师,谢谢你没有放弃我,我自己都快放弃我自己了,我不被大家喜欢,也不受大家欢迎,我以为这样就是我的生活。但是你告诉了我,怎样做才是正确的方式。"

程苇航回忆:"我的到来,可能让他感受到了一些温暖。有爱、有信任的时候,一切就会不一样。你去打人,你可能会被打,你有打败的时候,但爱和信任是不会被打败的。"

给孩子陪伴,也成了老师们比教学更重要的事。周默慨叹:"很多学生,看过最好的书就是教科书,听过最好的故事就是语文课,有过最好的陪伴,就是老师和学生。"后来,她经常去那个数日子的小姑娘家里,放学后牵着孩子的手,像母亲一样带她先去吃饭,然后回家写作业,一道题一道题地教。她还教孩子叠衣服，收拾自己的床铺。再后来，她给孩子远在深圳的家长打电话，终于说服了孩子母亲回到县城来打工，守在女孩身旁。在美丽中国支教录制的一部宣传片中，周默与孩子都出了镜，风拂起她们前额的头发，孩子脸上绽放着灿烂的笑容。

相对学生难以预测的未来，这些付出似乎微不足道。即便能陪伴孩子们两年，给他们带来成绩的提高，摆在乡村学生面前的依旧是严重失衡的教育资源，绝大部分孩子甚至等不到"千军万马过独木桥"的高考，就已离开学校步入社会，依旧在家乡过着和祖辈父辈一样艰辛的生活，重复着相同的命运。也有当地老师安慰支教老师："我们又有什么办法呢？这么多人需要你的帮助，你又能帮到多少呢？当你们看多了，感到自己无能为力的时候，也会跟我们一样的。"

孙梦雪就曾在面试中遇到"你们的支教有什么意义"这一疑问，她为考官打了比方：海啸过后，很多鱼被冲到岸上，一个小男孩在海边不断捡着鱼扔回海里。大人告诉他，这样做没有意义，海滩上有成千上万条鱼，根本救不过来。小男孩继续捡起一条鱼，扔进海里："但是这条鱼在乎。"

"支教也是这样，我不能保证自己对农村教育带来翻天覆地的改变，但只要有一个孩子因为我，他的人生有一点点改变就够了，因为这个孩子在乎我的到来。"

苏岩则从另一个角度给出了自己的回答：

"上大学当然很重要。不过，哪个瞬间能决定人一生的幸福或成功？是考上大学？还是从大学毕业？还是找到好工作？或是工作做到某种程度？这样深究下去是没完的。"她认为，一个人未来的生活成功与否、幸福与否，都无法从单独一件事、具体一个因素上找原因，而是一连串从量变到质变的结果。老师们能做的，是在孩子童年阶段种下对其一生起到引领作用的种子。因为在这一阶段，学到多少东西，远远比不上孩子是怎么学的、学习过程中是否快乐。

"年龄越小的孩子，教育对他未来的性格、价值观养成的影响就越大，童年经历的很小一件事情，都可能影响他的性格，乃至影响他的价值观，以及日后的为人处世等方面，这是一种蝴蝶效应。我希望学生们将来不管顺境逆境，首先要成为幸福健全的人，能过上一种理性的、经过审视的、自己把握的人生。自己要有幸福感，也能带给身边人以幸福感。"

对于这种幸福感，人们观点不一：不同的人对幸福有着不同的理解，孩子们觉得乡村就是生命的全部，也许他们当中的大多数人会遵循着父辈的路线，即便辛苦也可以快乐，总比那种心里有梦，却怎么也无法实现的痛苦好得多。支教老师的到来很可能改变这一切，当学生们在他们的教育下对外面的世界有了向往，但发现自己再怎么刻苦努力，仍然无法走出大山，难免不会产生新的苦恼——世界很大，我却不能去看看。为什么要改变别人的看法，用所谓的梦想来带给他们更多的痛苦？

而支教老师认为，至少要告诉学生，可以过什么样的生活，要给他们以选择的权利。

何骁也就这样写道："凭什么就觉得他们应该止步于乡村？没有出生在大山里的人，或者没有真正与这些孩子深入接触过的人，是不能意识到机会和选择的差异的。……我们拥有应该拥有的一切，我们可以选择不要，也可以选择去获得，因为我们知道这些东西的存在，然而山里的学生无法接触到我们所接触的世界。不是说支教老师让学生'一定要'走出去，而是希望他们'有机会能'走出去。只有到更广阔的世界去探索，才能知道我们真正需要什么，才不让自己永远禁锢在自我封闭的囚牢里。"

老师们不确定有多少学生能受自己影响，真正"走出去"，但"不确定"正是教育最大的特色，也是其魅力的来源：同一位老师用同样的方式讲同一节课，教室里几十位学生从中获得的内容却是不同的。也正是这种不确定性，让老师们格外期待。

吴泽民支教时总觉得自己过于严肃，无法像其他老师那样把课上得生动活泼，课下也能陪孩子无拘无束地玩耍，因此一度压力很大。后来他带学生参加夏令营，候机时一个女孩突然开口："老师，你要是我爸爸就好了。"这时吴泽民才发现，尽管没能做到自己希望的那样，他依然赢得了学生的信任。

从此他相信，只要心怀善念，伴以持之以恒的努力，未必不会出现意料之外的惊喜收获。"即便学生们没有继续读书，却能在以后把看书当成习惯、能够尊重知识，不也很好吗？即便没有大仁大义之辈，平凡的他们日后能明辨是非曲直，不也很好吗？如果他们喜欢上一项运动，爱上一本书，偶然帮助一个人，都是因为脑海中闪过某个与我有关的念头，那样即使我不知道，不也很好吗？"

老师们唯一确定的是，"走出去"不可能一蹴而就，甚至很难在一代人的时间内实现。因为农村的改变必将是愚公移山的漫长过程，真正字面意义上的"愚公移山"。

北京师范大学的一次宣讲会上,赵巍向听众展示了一封信。作者是她的学生小彬,孩子平时听课格外认真,但即便把语文试卷全部写满,他也只能考 5 分。赵巍从拼音开始给他补课,一句一句地教他朗读课文,他仍然只能从 5 分提高到 10 分。在可预见的未来,他会像目前中国大多数乡村儿童一样,很早就步入社会打工赚钱。赵巍本人都不清楚,自己付出的努力会对孩子产生什么样的影响。

直到她给学生们布置了一项作业:写给二十年后的一封信。小彬在那封信中写道:"亲爱的儿子,相信你已经读二年级了,爸爸想送你一句话:'花有重开日,人无再少年。'你一定要好好学习,并且告诉你的子孙,学习的痛苦是暂时的,未学到的痛苦是终生的。"落款是"期待你走出大山的爸爸"。

这封信让赵巍唏嘘。"看到他这封信的时候,我知道其实我为他做的每一件事情,他都在一点点地吸收,真的就是慢了一点而已。我相信,像这样的孩子,即使不能考上大学,即使不能获得我们想要的成功,但是当他有了自己的孩子,他一定可以是一个更好的父母,可以给他的孩子提供更好的家庭教育。他们在一点点改变着,哪怕这样的改变发生在他们下一代身上。"

在那之前,老师要做的就是,持续不断地给孩子们带来梦想、希望、努力的动力,直到改变的到来。

"虽我之死,有子存焉;子又生孙,孙又生子;子又有子,子又有孙;子子孙孙无穷匮也,而山不加增,何苦而不平?"——《列子·汤问·愚公移山》。

因爱之名

> 我的愿望是，老了之后能变成一个有意思的老头，你希不希望在我身边当一个有意思的老太太？
>
> ——题记

2016年7月3日，七夕节前夕，北京。

李志伟在摄像机前坐下，擦了几遍眼镜后抬起头："可以开始了吗？"得到肯定答复后重新戴上眼镜，镜头前的他身材消瘦，脸颊略长，相貌有些沧桑，双手交叠着不住揉搓，青筋突出。

他其实并不习惯这样。要好的支教老师都叫李志伟"大师兄"，这个绰号不仅与年龄相关，也暗示着他和孙悟空的相似之处。"大师兄"平时总是大大咧咧，很少会在乎什么人或事，眼前这样严肃认真的神情堪称罕见。

这也不是李志伟第一次录制视频。几年前，他作为优秀支教老师的代表，和同事们一起参加凤凰卫视的访谈节目，与主持人许戈辉聊自己的支教生活，侃侃而谈。如今面对着摄影棚里的镜头，身后空旷黑暗的背景，他几乎刚一开口，眼眶就已湿润。

"雨轩，我自认为是一个有趣的人，当白发苍苍的时候，我依旧想成为一个有趣的老头。你愿意成为我身边那个陪伴着我的，有趣的老太太吗？"

这是一场求婚。

王雨轩当时是这段视频的唯一观众。看到男朋友的告白时，她正坐在美丽中国支教办公室准备接受采访，编导却打开了电视，画面中的李志伟让她大为意外。

"雨轩，2012年7月，你从南京大学毕业，我从北京化工大学毕业，相隔千里两个城市里的两个人，因为美丽中国支教走到了一起……"

李志伟已想不起来什么时候开始喜欢王雨轩的，但能记得第一次注意到她的情形。

2012年7月，云南临沧。

那年的暑期学院中，李志伟是个风云人物，以不肯循规蹈矩出名。一次试讲中，他模仿电影《死亡诗社》，让全班学生站在各自的课桌上。后来工作人员专门给全体老师发了封邮件：以后上课禁止让学生站在桌椅上。

即便这样，他的教学没受丝毫影响。

某个闷热的夏夜，李志伟和几位朋友在外面玩到夜里两点，然后一路大呼小叫回到校园，准备再来几局"狼人杀"。这时发现，一个身影依旧逗留在深夜的教室里，借着昏黄的灯光画着班级海报，短发，圆脸庞，眼镜后面的一双大眼睛写满了专注。那一刻，李志伟在她面前有些自惭形秽。

王雨轩对这位不速之客浑然不觉。整个暑期学院，她都和杨悦、杨雪芹等队友全身心投入到培训中，并因此成为公认最努力的学员之一。这是自幼养成的习惯，来自甘肃的她家境优越，父母在陕西做生意，还有两个姐姐、一个哥哥，从小被教育要刻苦学习，并成为全家最出色的孩子，很多男生心目中的"白富美"。来这里之前，她和李志伟一样，在各自学生时代的尾声，在南北两座古都思考着未来，然后不约而同拒绝了手中几份待遇优厚的合同，抗拒着家人的阻挠，做出同样的决定：去支教。

一个月的培训过后，两人的命运交错而过。李志伟向北，在大理州宾川县的拉乌碧鸡完小担任五年级的班主任，教授数学和科学；王雨轩向南，去了临沧市昔木村的昔木完小，教四年级的语文和思想品德。

王雨轩离开临沧市是在上午十点半，热风吹进半开的车窗，随处可见的紫红色三角梅在阳光下怒放。耕作精细的田野间不时有几棵摇曳婆娑的绿树闪入眼帘，又匆匆退出视野。几小时的跋涉后，中巴车驶进碎石铺成的小路，昔木村出现在眼前。

这一旅程，李志伟在接下来的两年里走过许多次。

这里是真正意义上的"寨子"。民居参差错落，道路起伏不定，有时会在同一方向忽然分出高低不同的三条岔路来。连绵青山萦绕着云雾，毛茸茸的绿色板栗把树梢坠得沉甸甸，拖拉机满载着边缘发黄的淡绿色烟叶，村民蹲在家门口，拿着竹节制成的半身高的烟筒抽着烟，各种毛色的土狗在小路上闲游，学生们在裸露着红土的操场上追逐嬉闹。

在这里，王雨轩和队友们吃到了清新甘甜的笋汤，和青椒一起炒的新鲜菌子，乡亲家腌制的腐乳和酸菜，也在低垂的天幕中看到了银河。后来她带着学生，在一块黑板上用粉笔临摹出凡·高的《星空》，那是她最喜欢的画家。

李志伟则守在重重大山之中，苦恼于学生的基础薄弱。五年级36个学生，数学平均分32分，七八个孩子考试成绩都是个位数。有一节课教三角形的面积，学生却不会分辨底和高；李志伟往前追溯，发现孩子不分直角、锐角、钝角；再往前，90°角、60°角也不认识；教两位数乘法，又发现孩子连乘法口诀表都没背熟。他从二三年级的内容重新教起，大半年过去，五年级的课程还没开始。

难以适应的还有食堂的饭菜。暑期学院时每晚的啤酒烤串已成为一去不再的久远回忆，早晨是饵丝米线，中午是万年不变的白水煮白菜、泡油土豆块，能用来调味的只有梅菜和既辣且咸的辣椒粉"蘸水"。短短一个学期，李志伟就瘦了好几斤。

支教的日子一天天过去，他和她分隔在彩云之南的两头，彼时谁都不会想到，第一学期结束后，两人的命运会再次交集，金风玉露，天雷地火。

二

"空间再一次将你我分隔，但有时缘分就是这么奇妙，在那次培训上，我们又一次相遇……"

2013年1月，云南昆明。

第一学期结束，云南的支教老师从乡村的各个角落赶往昆明，参加美丽中国支教在年终召开的地区职业发展会议。开会培训之余，这些年轻人经常一起去吃饭、玩游戏、聊天、打打闹闹，李志伟和王雨轩也在其中。频繁接触之下，他们发现每次和对方聊天都格外投机。

他教会了她打台球，这是王雨轩从小就喜欢，却从不敢尝试的运动，因为父母一直严禁她去台球厅。李志伟则自诩台球高手，暑期学院时就夸下海口：自己是一百多号人里最厉害的，没人能在单挑中胜过自己。不少男生不服气，纷纷发起挑战，果然逐一败下阵来。有次，他俩一组，和另两位朋友一起玩，李志伟教王雨轩如何握杆，建议她先击哪个球，王雨轩也全神贯注地学。后来那两位朋友回忆起来，觉得自己当时简直是"电灯泡"。

这也让王雨轩对李志伟有了初步好感，觉得他击球时的姿势很帅。有一晚，队友杨雪芹问王雨轩的理想型男友，还让她从现在美丽中国支教的男生中选一个，她随口答了句"好像李志伟是我比较喜欢的类型"。两个女生一起打开人人网，去看李志伟的星座，也在他的主页留下了浏览痕迹，还没关掉浏览器，就收到了李志伟的站内留言："怎么这么晚还不睡？"这也让王雨轩浮想联翩："每天那么多人去浏览，他不可能每个人都留言啊。"

培训的倒数第二晚，所有老师都去聚餐，李志伟和王雨轩也互相拨通对方的手机，交换了电话号码。

次日分别，两人在车站一同等车。王雨轩随口说了句："感觉你好像瘦了。"李志伟回答："我的学校条件太艰苦，只能每天吃白水煮白菜。"王雨轩很震撼："你是怎么撑得住的？""也没办法，那边孩子们需要很多教学上的帮助支持。"大巴车来了，他们互相道别，又一次背道而驰。

　　车窗外依旧是灿烂的阳光，飞驰的田野。王雨轩望向窗外，心头萦绕着李志伟的话语，感动于这个男生的真诚与乐观，又觉得他很可怜，"过得惨兮兮的"。那时还没有微信，她拿起手机，给李志伟发了第一条短信："生活那么艰苦，回去要注意身体，照顾好自己，多买点营养品，不要光吃学校的食堂。"

　　手机收到了回信，王雨轩点开屏幕："你是谁？"

　　李志伟忘了存她的号码。

　　王雨轩好气又好笑，在第二条短信中告知自己的身份："你怎么没存我电话？"马上又收到回复："其实我也正想给你发短信来着，但是前天晚上玩得正开心，刚要记你的手机号，被人打断了没记下来，又不知该向谁要。正好你给我发了。"

　　那一瞬间，王雨轩的心跳猛然加快，至今她仍慨叹命运的不可思议，当时如果自己不主动发这个短信，他们可能就不会产生那么多联系。

　　长达六七个小时的回校旅途中，他们一直在互发短信聊天。当晚，两人都到了各自学校所在的县城。住进旅馆，王雨轩又开始纠结，自己该不该再主动发短信？到底什么时候发更好？后来才知道，同一时刻，几百公里外的李志伟同样忐忑，也在纠结中问队友，不知道是该自己先发，还是等待对方先发。

　　犹豫了一两个小时，王雨轩决定去睡觉。此时手机忽然响起，她一眼就瞥见发件人的名字，想笑又不敢笑，只好背过身去，不让同屋两位队友看到自己的表情，心头已泛起一丝甜蜜。

两人从此一发不可收拾，之后的每个晚上都通过短信来聊天。"我们聊怎么教书，我们的学生是怎么地顽皮，之后我们又聊到了自己，聊我们的理想，聊我们的小时候。在那一次又一次的聊天中，我看到了你的纯真。"

对王雨轩来说，李志伟让自己看到了完全不一样的世界。

李志伟从小在厂矿家属大院长大，每天听着大喇叭，看着院墙上"开开心心上班去""健康工作五十年"之类的标语长大，大院里的所有家长都在同一个单位上班，孩子们从幼儿园到初中也都是同一批人。工人出身的父母对生活没有太多奢望，只求全家安稳幸福。这是王雨轩此前无法想象的一种生活，她的父母兄长各个优秀，自己也格外要强，每天上满了发条一样刻苦努力，连休息时做什么都要制定好计划，她渴望成就感，想要得到的特别多。

李志伟说，自己支教时最喜欢的消遣就是躺在宿舍的床上，看窗外天空中的云朵飘来飘去，这让王雨轩感到无比新奇。喜欢浪漫的她，小时候和哥哥姐姐一起玩，几个孩子会轮流举着望远镜看星星，争先恐后喊着"我看到了嫦娥""我看到了玉兔"，却从未追求过这样的浪漫。李志伟教会了她知足，这正是她长久以来一直在探索和追求的心境。

李志伟也从王雨轩身上学到了很多。他是独生子，从小被全家人宠爱，堂兄堂姐都让着他，这让他从小就很自我。王雨轩则善于照顾别人的感受，并教会了他同理心。两人对童年的追忆也让李志伟觉得，如果彼此没感觉，他们不会聊到这么深，人与人只有建立起足够信任才会开怀畅谈。这让他开始认真考虑，与王雨轩在一起的可能性。

李志伟从未谈过恋爱，也对这方面极为后知后觉。大学四年，他从来都是和一群兄弟上课、吃饭、打球……直到快毕业，一起玩的朋友越来越少，他才惊觉身边每个人都有了女朋友。即便如此，研究生三年，他很快又投入到和一群新朋友的新生活当中。这样的生活，如今他过够了。

在又一次聊天中，两人聊起各自的人生目标。李志伟说，希望自己老了之后还能是一个有意思的老头，过过小日子，种种花，养养小动物，过一种恬淡的生活。

后来他又加上一条：身边还要有个有意思的老太太。

无数条短信往来间，一个月匆匆而过。这天，李志伟忽然发来一条短信："我还没听过你在电话里的声音，这周能不能给你打个电话？"

王雨轩预感到了什么，心也一下提了起来，但还是很快回复："行啊，那就这周五的晚上，孩子们都走了之后吧。"随即开始如坐针毡的等待，既期待又紧张。

周五那晚，两人第一次通了长途电话，聊了整个通宵，直到李志伟的手机停机。第二天一早，他去充话费，晚上继续打电话过来，这样的状态足足持续了两周。第一周过去，王雨轩的嗓子哑了，学生们以为老师是上课太辛苦，帮她找了各种治嗓子的土办法，老师则暗自惭愧，不敢告诉任何人真相。到了第二周，李志伟几乎每天都跑到村口营业厅充话费，连收费的大妈都问："小伙子，你怎么老是充话费，你的电话没问题吧？"李志伟只能腼腆地笑笑:"没事没事。"

"你一直问我,从什么时候开始喜欢上你的?我总是支支吾吾不知道怎么去回答。可能就是在那一次次的彻夜长谈之后,可能就是在你喜欢上我的时候,我就喜欢上了你……"

第二个星期的周末,两人又聊了一个通宵,直到李志伟的手机又一次停机。亢奋和幸福感使他们各自在不眠中度过了后半夜。次日清晨,李志伟再度充好话费,这次没打电话,而是发来了短信:

雨轩,我的愿望是,老了之后能变成一个有意思的老头,你希不希望在我身边当一个有意思的老太太?

看到这里,王雨轩再也顾不得淑女形象,立刻在房间里胡乱蹦跳起来,飞奔到隔壁去问队友:"怎么办怎么办,我要不要答应他?要不要答应他?"声音都在颤抖。

队友倒是冷静得多:"还是慎重点吧,毕竟你俩没有真的在一起。你问问他,要不要在下次暑期学院一起工作?这样可以有更多的时间相处和了解。"

"这个主意好!"王雨轩马上把短信发过去。

李志伟的回复却是,那个暑假,自己准备去骑行滇藏线。

王雨轩又把求助的目光投向队友:"怎么办?"

队友耸耸肩:"你自己拿主意好了,我不能替你决定。"

那个清晨,王雨轩一直在纠结。她不断问自己,是否真的愿意答应。问过很多遍后,她回想起读到短信时自己的本能反应,终于下定决心：豁出去了，答应！

收到王雨轩的回复，李志伟的反应一模一样。他一跃而起，冲到隔壁"咣咣"猛砸开队友的门："我和王雨轩好了！我恋爱了！我有女朋友了！"满脸错愕的队友还没来得及开口，他又一阵风卷了出去，在晨曦中的校园里疯跑起来："我有女朋友了！我有女朋友了！"

这是他的初恋。

那一天是2013年3月3日，王雨轩后来一直觉得，"3"是自己的幸运数字，四年后，她和李志伟领结婚证，同样选择了3月3日这天。

她也记得，当时宿舍的窗外，满树的桃花已绽放开来。

三

所有人都觉得，李志伟捡了个宝。

那天早上，两人只和各自最熟的几位朋友说了这件事，太阳还没落山，所有支教老师全知道了。一整天，李志伟的电话和短信就没停过，朋友们的开场白无一例外：什么情况？你怎么和王老师在一起了？走的什么狗屎运？怎么把女神骗走的？……

一个文艺女青年，找了个2B男青年。老师们达成了共识。

这让李志伟颇受打击。他自我评价一向不低，千想万想也没料到，自己在别人眼中成了"屌丝逆袭"的典范。后来他总算想通了："其实，大家说的也对。"

表白之后不久，李志伟找机会去了王雨轩的学校。他特意在周五请了一天假，天不亮就起床，七点前赶上全天唯一一班的中巴车离开村子，花了两小时到达宾川县城，又花两小时到达大理市，然后用6个小时赶到临沧市，再用三四个小时赶到昔木完小。大部分时间，中巴车都是在盘旋的山路上转圈。

这是他们年终会议后的第一次面对面，尽管电话短信联系了无数，眼下却不比网友初识更亲切。双方都显得局促，进了王雨轩的宿舍，李志伟手足无措地原地转圈，不知该坐在哪里，也不知该说什么，后来才慢慢习惯了彼此。接下来的周末两天，他们在空无一人的校园里一起打乒乓球、看电影、聊天，去乡上买菜，一起做饭一起吃，李志伟也发现，王雨轩做饭格外拿手。后来他感悟："怎么判断两个人能生活在一起？能吃到一起、玩到一起、聊到一起，满足这些就可以了。"

李志伟回大理的时候，王雨轩哭了，不知下次什么时候能再见到他。

之后的大部分时间里，两人还是只能通过电话和短信传递着彼此的思念，初涉爱河的快乐也很快被现实的艰难取代，王雨轩尤甚。支教岁月里，她在学生们身上看到了太多以前不知道的问题，那些支离破碎的家庭，那些不关心孩子教育的家长，给了她太多太大的冲击。她迫切希望做些什么来帮助他们，也希望自己支教的两年过得有意义，但当日子一天天过去，始终看不到所谓的影响力产生时，随之而来的就是焦虑和挫败感。

班上有个小胖子，永远衣着邋遢，在课上除了捣乱就是睡觉，所有老师都把他当成问题学生。王雨轩深入接触后才发现，孩子其实内心细腻，也很善良，只是身边所有人都在给他贴标签,最后连他自己都接受了这样的标签。她希望改变孩子的状态,让他打起精神,为此特意进行了一次家访。孩子的家庭条件是全村最好的,家里甚至还有一台电脑,但父母整日忙于生意,根本不在意孩子,他也因此沉迷于电子游戏。家里更是遍地狼藉,王雨轩进屋后甚至无处下脚,也终于明白了孩子为什么这样不注意个人卫生。

那次,她强忍不快,谢绝了学生母亲留自己吃饭的邀请,匆匆逃离了那里,满心的绝望。

类似的见闻和感受,王雨轩都会告诉李志伟,并从男朋友那里得到了不少开导和启发。李志伟比她大4岁,和她的哥哥同龄,更丰富的人生阅历使他能读懂她。了解王雨轩的童年后,李志伟告诉女朋友,这些焦虑是因为她太希望证明自己。

王雨轩还没出生时,父母非常想要儿子,她的到来使他们有些失望,王雨轩因此从小无论做什么事都特别努力,希望让家人明白,自己不比男孩差。这份努力的确有了回报,王雨轩成了全家最优秀的孩子,但也带给她很大压力,上大学之后,她成了全家的焦点,家人都希望她以后能过上世俗意义上的好生活。她因此总觉得自己不够完美。

这恰是李志伟的长处,他善于接纳自己也能接纳别人,并以此安慰女朋友:"你的这些想法是我一开始就经历过的。现在我已经明白,谁也不能改变谁,我们能做的只是带给他人一些影响。只有放下执念,才能看到变化。"

这不只是宽慰,更是他的切身经历。支教第一学期,李志伟和王雨轩一样,急于把知识一股脑灌输给孩子,却发现学生根本无法接受。项目主管告诉他，不要从自己出发，觉得应该教孩子什么，要以学生为中心，有针对性地设计课程。

根据主管的建议，李志伟踏实了下来，先用一段时间了解学生的学习基础，发现班级里两极分化极为严重，学生的成绩或是极好，或是极差。他狠了狠心，决定实行分班教学，把全班同学按成绩分为两组，这节课，学习好的那组可以去电脑房、图书室玩电脑、看书，自己给成绩差的这组补习基础知识；下节课，两组换回来，落后生们去电脑房做习题，由其中学习最好的孩子维持纪律，自己则给优秀生们讲解难题。他还告诉学生："别和别人比，就跟自己比，看到这次考试成绩比上次好，就是你的进步。"那段时间，学生们在电脑房、图书室和教室之间换来换去，老师也在三个教室间奔波往返。工作强度最大的时候，李志伟每天要备两套课，批改两组作业，一个人做两位老师的工作。

教学以外，李志伟更对支教有了深入思考。老师们要给农村带去的，是改变还是影响？这是那几年美丽中国支教一直在讨论的议题，赞同后者的意见最终占了上风。老师们想通了一点：单凭自己的力量，不足以改变整个教育生态，但他们做的那些事——为当地装上网络，帮当地老师学会上网；努力教学、认真批改作业，让孩子看到外面的世界，给他们带去对未来的憧憬和梦想……都是潜移默化的影响。

学期结束，全班平均分稳稳固定在了60分，一分不多，一分不少，很多学生的成绩至少提高了30分。李志伟结束支教时，班里只有三四个孩子不及格。作为代价，他自己也快要透支了。

在男朋友的开导下，王雨轩重新打起了精神，她继续和小胖子聊天，寻找孩子身上的优点，不失时机地给予鼓励。这时她发现，当自己不急于全面改造孩子时，他身上的亮点反而自然而然释放了出来。语文课上，小胖子的诗写得格外细腻；孩子爱唱歌，她让他做指挥，这也给了学生自信，上台前甚至会主动整理衣着。时间一长，连他的字迹都变得工整了不少。王雨轩后来才明白，孩子以前太缺少关爱，他曾经的所有负面行为，其实都是在以不恰当的方式寻求关注。

心态放松后，王雨轩的教学反而得心应手了。有时她坐在讲台上，用一整节课的时间给学生讲故事，孩子们也热烈讨论着某篇说明文里，巨大的鲸怎样喷出喷泉一样的水柱。作文课上，她带学生看天上的云朵，教他们把云朵想象成各种事物，喜欢军事的孩子会在作文里把云朵描述成一辆坦克。不同的天气里，她在教室播放不同风格的轻音乐，再发给学生白纸，让他们用文字或图画自由记录当下的心情。有一天自习课时下了雨，王雨轩耽搁了几分钟，走近教室时听见学生们在一起自发背诵《渔歌子》："西塞山前白鹭飞，桃花流水鳜鱼肥。青箬笠，绿蓑衣，斜风细雨不须归。"童稚的嗓音回荡在风雨雷鸣声中，诗句又格外应景，那一刻，王雨轩差点落泪。

她发起的活动还在网上无意间爆红过一次。教《题西林壁》时，她讲到"不识庐山真面目"，学生问："江西在哪里？"王雨轩十分震惊，也因此开始思考如何开阔孩子们的眼界。她想到自己喜欢收集明信片，发了条微博，描述了自己的支教生活、学生们眼界的狭窄，请感兴趣的网友给学生寄明信片，告诉他们外面的世界有多精彩。本以为应者寥寥，没想到活动进展大大出乎意料。

那天语文课之前，王雨轩接到了市场部同事的电话：那条微博火了。当时她莫名其妙，又急着去上课，把这事暂时搁置到一旁。下课后打开微博，吓了一跳，自己的主页涌入了成千上万条转发、评论和私信，很多人询问：你们学校要书吗？要衣服吗？要文具吗？……她向李志伟求助，他教她挑着回复，回应不过来也不必内疚。

事后王雨轩得知，一直热心公益的演员陈坤看到了她的活动，也转发了这条微博，马上又被众多粉丝继续转发，影响力由此滚雪球一般扩大。最后，王雨轩总共收到了两万多张明信片。

昔木村不通快递，老师们开着面包车来到乡上的邮局，几麻袋的明信片装满了整辆车，轰动了全校。王雨轩带着学生把这些明信片整理了一个月，又在教学楼的过道拉起一条几十米长的绳子，把明信片分类挂满，如同五彩经幡一般琳琅满目。孩子们欢呼雀跃，对明信片上的风景好奇不已："老师，北大的校门和其他学校都不一样哎，像寺庙，我想长大后去那个学校读书。"在那之后，很多支教学校也开始征集起明信片。

有心栽花花不开，无心插柳柳成荫。这是王雨轩的最大感悟，这次活动如是，自己的教学，亦如是。

2014年9月，香港。

两年过去，王雨轩留起了长发，李志伟也更瘦了。那年夏天，两人共同结束支教，异地恋的状态依旧持续。王雨轩去了香港大学读研究生，并决心毕业后投身教育。李志伟回到北京找了份培训的工作，依旧心系云南的乡村，他已无法割舍那里的孩子和土地。

他们再次分离了一年多，也面临着新的考验，这次是来自各自的家庭。李志伟的父母很喜欢这个儿媳，王雨轩父母却不满意未来的女婿。人在香港的王雨轩因此没少在电话里和家人争吵，最激烈的时候，她一拿起电话，就和母亲在话筒两端同时开始哭。

研究生毕业后，王雨轩终于回到北京和李志伟团聚。即便这样，他们依然对共同的未来缺乏信心，只是凭着本能苦苦延续着这份恋情。两人都觉得，一旦失去彼此，自己的痛苦会远比现在更深。

"在那个时候，我们可能会彷徨，会焦虑，但是我们也相互支撑，相互鼓励。真的谢谢你，让我改变了很多……"

李志伟决心求婚。他不知道王雨轩的家庭是否肯接受，但无论结果如何，自己都要迈出这一步。他悄悄买了婚戒，准备等合适时机提出来。最终，这个机会比他预想的还要完美。

2016年7月，美丽中国支教与二更视频合作，准备采访几位优秀校友，王雨轩也在其中。那时她正要出差，仅仅和编导见了一面，就匆匆飞往了新加坡。她走后，李志伟和编导一起吃饭，在聊天中透露出自己求婚的打算，编导突发奇想："要不，就拍你的求婚？"这个主意让李志伟吃了一惊，想了想最终答应了，两人开始了策划。

他们只有一周时间。那一周，李志伟白天上班，晚上去录视频,从八九点钟一直录到夜里一两点钟,还要为求婚购置各种物件,王雨轩回来后,他更要避免在女朋友面前露马脚。编导也经常在微信里叮嘱他,不要表现出异样,还开玩笑问:"晚上睡觉,你会不会在梦话里说出来?"保守这个秘密,对一向随性的李志伟来说难度不小,那一周他只能尽量少说话,只是含糊地告诉王雨轩,这一周每晚都要加班。

王雨轩也感到了一丝异样。她注意到李志伟经常跑出去打电话,还好几次收到那位编导的微信消息,不明白这次采访和他有什么关系。事实上,她连男朋友求婚的打算都已察觉。那年春节过后,两人在家打扫卫生,李志伟戴着手套擦厨房,他的姐姐打来电话,王雨轩接了,开着外放功能举到他耳边,对面的姐姐开口就问:"那戒指送了没?"李志伟尴尬不已。

王雨轩只是没想到,男朋友做了这么充分的准备。

2016年7月3日,北京。

李志伟一早就出去了,又说是加班。按照和编导的约定,王雨轩前往美丽中国支教办公室去接受采访,编导特意在电话里强调,到了楼下打电话,他下去接。这更让王雨轩纳闷:自己对办公室再熟悉不过,为什么多此一举?

周末的办公室空无一人,拉着窗帘,房间里光线黯淡,只有摄像机前是亮的。镜头已从不同机位架好,王雨轩并不紧张,只是越发感到奇怪——对面的编导问她问题时,为什么始终显得心不在焉。

同一时刻,走廊尽头的另一间办公室里,李志伟和一大群朋友焦灼地等待着。两间办公室距离甚远,门口又有人望风,但所有人还是屏息静气。王雨轩刚来到办公室,他们就接到了前方的"线报",一旦时机来到,就要迅速出击。

"这辈子就这一次了,有点紧张。"在后来的视频中,李志伟面对镜头说,双手不住摆弄着盛有婚戒的小礼盒,笑容有些羞涩。

提问还在继续,编导游离的态度使王雨轩也不在状态,答错了好几次。编导问:"你对李志伟的印象是什么?"她没有多想:"好玩,有趣,善良。"还想再说,被编导适时地打断:"想知道李志伟对你的印象吗?"转身打开挂在墙上的电视,李志伟出现在屏幕中。

王雨轩愕然盯着视频里的男朋友,看到他在镜头前坐下,擦眼镜:"可以开始了吗?"戴上眼镜,音乐声响起。

"雨轩,2012年7月,你从南京大学毕业,我从北京化工大学毕业,相隔千里,两个城市里的两个人,因为美丽中国支教走到了一起……"

杂乱的脚步声回荡在空旷的走廊里,李志伟手捧大把的玫瑰,快步走向王雨轩所在的办公室,身后遥遥跟随着朋友们。

轻柔的音乐萦绕在办公室,屏幕中李志伟的告白也在继续,嗓音平静而深情。

"我也不知道该怎么说,只是觉得,只要我们两个人在一起就好。时间还很长,以后的路还有很长,每天下班我非常想回到家里,可以和你一起聊天,一起做饭,一起看电视剧,哪怕什么都不干,待在家里也会很开心。每当你出差或者出去玩,我都会非常想念你。下班回到家只有一个人,感觉空落落的,总觉得少了些什么,我特别盼望你能早一点回来。也许最幸福的事情就是每天早晨醒来的时候，都能够看到你。也许爱情不是轰轰烈烈的誓言，它可能真的是这种平平淡淡的陪伴……"

来到办公室门口的李志伟静静等待着，与王雨轩只有一墙之隔。她完全没有注意到他的存在，只是随着屏幕中李志伟的话语，忽而莞尔，忽而潸然。四年来的往事一幕幕闪过：两人相识、相知、相恋、相惜，支教的艰苦，异地恋的考验，家人的反对……屏幕在眼前逐渐模糊，只有李志伟的声音依旧清晰：

"你愿意成为我身边那个陪伴着我的，有趣的老太太吗？"

歌声响起——《最重要的决定》。李志伟捧着玫瑰走进办公室，王雨轩目光追随着他的身影，起身与之相拥，放声大哭。李志伟试图保持笑容，根本不可能，他的嘴角不住地抽搐着，眼泪扑簌簌落下，最后索性痛哭流涕。守在外面的朋友们说，屋里简直是鬼哭狼嚎。

求婚前，编导半开玩笑地问李志伟，到时候会不会哭？他说肯定不会，编导说，我们打个赌吧。他果然输了。

李志伟用颤抖的手打开礼盒，取出婚戒，单膝跪下，将它举到王雨轩面前："我会一辈子都照顾好你，你永远是我的好运宝宝。王雨轩，我爱你，你愿意嫁给我吗？"

还在抽噎的王雨轩点点头，泪水未干已绽放出笑容。他动作笨拙地为未婚妻戴上戒指，握紧了她的手。

屏幕上，视频已经结束，歌声依然在继续：

你是我最重要的决定

我愿意，每天在你身边苏醒

就连吵架也很过瘾，不会冷冰

因为真爱没有输赢，只有亲密

……

这首歌是李志伟特意挑选的，结束支教那年，每位老师都要录一段视频，王雨轩唱的正是这首《最重要的决定》。

他们身后，当年一起支教的老师们举着一块纸板，上面是"marry me"（嫁给我）的字样，以及两人戴着墨镜草帽的卡通肖像，那是来自他们第一次结伴旅游的照片，那次他们在路上吵了很多次，却也因此与对方的心靠得更近。

几天后的七夕节，这部以他们为主角的短片刷爆了美丽中国支教老师的朋友圈，这时他们还不敢让家人看到视频。再然后，李志伟鼓起勇气，带着父母等一大家人浩浩荡荡去了甘肃提亲，双方见面后反而消弭了分歧。王雨轩的家长觉得，李志伟的家人都很实在，把女儿托付给这样的家庭可以放心。

如今，夫妻俩同在一所私立学校当老师，依旧怀念着当年的支教生活，也期待着有朝一日重新回到云南的乡村。那里有他们共同的事业，共同的青春，共同的爱情。

他们都觉得，自己真的"嫁给了爱情"，这份感情纯粹，简单，和校园恋情一样不附加任何其他因素。就像那部短片的名字：《因爱之名》。

第二辑

课堂以外

大寨的传承

> 每位老师只能支教两三年,但一代代老师始终向学生们传授着梦想与知识。假以时日,学生也会接过老师们的使命,让这份公益事业薪火相传,生生不息。
>
> ——题记

云南,广西,甘肃,北京。如果在中国地图上把这四个地区连在一起,会获得一个不规则的四边形。何流却在一周之内,跑完了这个四边形 6000 多公里的周长。

2016 年 11 月 18 日下午,他出现在大寨中学校友分享会的现场,圆脸,黑框眼镜,灰色衬衫的袖口挽到肘部,温和自得的笑容,很少有人能从那气定神闲的仪态中看出,他是快马加鞭刚赶到这里的。校友分享会此时已持续了一个多小时,何流的名字被校领导、其他支教老师和教过的学生反复提及,如同武侠小说里归隐多年、只存在于回忆中的绝世高手。

在这所中学,他已成为传说。

大寨中学位于云南省临沧市云县,毗邻澜沧江,这条中国西南第一大河发源自青藏高原,在西双版纳出境后更名湄公河,临沧则位于它的中上游地区,坐落在海拔1500米的横断山脉。前往那里的访客经常能在山路上看到远处山谷蒸腾起苍茫云海,那是澜沧江氤氲的水汽,"云县"这个名字由此而来。

这所初中堪称美丽中国支教历史的缩影。2010年,第一批支教老师乘着中巴穿越盘桓的山路,来到这片云和山的彼端。六年过去,校舍变了,老师和学生也变了,不变的是远处的澜沧江、茶马古道、车轮下的山路、遍野青翠的茶园,以及一直在持续的支教事业。

"在老师们支教的岁月里,我渐渐明白,为了自己理想的东西,再累也值得。"

学生恩秀梳着马尾,个子瘦瘦高高,神色间还略带腼腆,但面对上百双眼睛的注视已经可以侃侃而谈。在她眼中,学校如今的教学楼更加宽敞明亮,绿化也比以前好。她还记得,校长俸清立那时是班主任,要求很严格;音乐老师穿的裙子特别漂亮;自己当时最擅长英语与化学,觉得数学与物理最难。

最忘不了的,还有支教老师何流。

六年前,恩秀和同学们迈入大寨中学的校门,大学刚毕业的何流也来到这所云南边陲的乡村学校支教。三年前,她作为那一届最优秀的学生之一考上了县里的高中,何流结束了支教。如今,师生各自回到学校,重温共同走过的时光,恩秀成了昆明医科大学的大一学生,何流的新身份则是美丽中国支教项目广西、甘肃地区的区域总监。

"感谢"成为学生们提及最多的词。同样来到现场的学生兴茴说:"以前我生活在农村,并不知道外面的世界多么精彩,直到他们到来。"学生阿月也特意发来一段视频,以前的她对外面的世界没有好奇和欲望,是老师让她有了走出去看一看的想法:"何流老师是一种榜样的力量,谢谢他给了我启迪。"

这期间,她们的感谢对象始终微笑着坐在一旁,不时调侃几句。对于自己的迟到,何流表示:"这一周身体一直在跑,脑子有点没跟上速度。"谈到重回到学校的感受:"我这么淡定的人,也说不上激动,不过确实有点高兴。"听到当年有女生因为太崇拜自己,甚至用小刀把"何流"两个字刻在肩膀上时,他用笑容来化解尴尬:"这种行为是不提倡的。"

他还提到和阿月在北京重逢时的插曲,学生仍牢记他当年的教诲:每天学习都要给自己定一个小目标。何流不记得自己这样说过,阿月复述了他的原话:"当你有了这个小目标,就要持续按目标前进,哪怕高中时谈个恋爱,偶尔少交一天作业也没关系,和目标相比,这些其实都是小事。"何流想了想:"这个像是我说的。"

笑声和感慨中,远去的时光开始倒流,师生共同的回忆在分享会上苏醒,拼凑起一幅幅图画,关于往事,关于青春,属于学生,也属于老师。

二

本科就读于北京师范大学,何流却没有想过要当老师,觉得自己"没有耐心",教不好学生。

转折出现在 2010 年的毕业前夕,陷入迷茫的他偶然在网上看到了美丽中国支教,带着汶川地震后未能为震区孩子做心理辅导的遗憾,他决定去支教:"寻找一下人生的意义。"

那时美丽中国支教刚开始第二年,几乎谈不上知名度,以至于何流一度怀疑这份工作是否靠谱,从四川老家动身前往昆明集合时,父亲还告诫他:"谨慎点,小心遇上传销。"

所有的戒备都在来到云南后烟消云散。团队第一次聚餐,项目主管王井健问他们的第一个问题是:"你们对农村教育的看法是什么?"这让何流有了知音之感,之后更觉得"这是一群做事情的人"。

报到十分仓促,学校也顾不上做太多准备,只是在两栋教学楼之间匆匆盖起四间小瓦房,老师们来时才竣工。由于地势低洼和天气潮湿,何流住在这里的三年中,房子从来没彻底干过。第一个寒假他离开学校,回来后发现,屋里所有东西都发了霉。

老师们住得离教学楼实在太近,因此经常被围观。下课后,学生们最爱做的是趴在阳台上,向房间里的老师打招呼,有的还特意跑到高一点的平台来俯瞰宿舍。老师们曾想了很多不切实际的计划来阻断目光,比如在宿舍外修一堵墙。最终,这些都停留在了畅想的阶段。现在,这几间宿舍都被拆掉,改建成了公共厕所。

每位支教老师都和学生有一段被称为"蜜月期"的时光,根据过往经验,何流很精确地把它界定为支教开始后的两个月,这期间,他们的师生关系如同主旋律青春片一般和谐融洽。学生们没见过来自大城市、出身名校的老师,敬畏和好奇会促使他们主动向老师示好，但当这种好奇心逐渐消退后，他们就会"摸清老师的套路"，各种顽劣表现随之爆炸般涌现。

那时候，无论对学生还是老师而言，晚自习是每天最大的考验。学生们要从晚上七点一直自习到九点，中间既不休息也不换老师，到了最后半小时，不少学生都会申请去上厕所，其实只是借机溜达。何流对此心知肚明，却还是会允许，这时他自己也往往快撑不住了。

许多学生都因此有意对抗老师，恩秀就是其中一员。有一次何流负责课后辅导，她和好几个同学都没去，借口是要看地理书，何流让她去教室里看，她却直接走出了教室。晚自习前，何流把她叫了出去，恩秀担心会挨骂，但何流只是解释了下自己的用意，希望她能重视课后辅导。

"这突出体现了，这届学生真不好教。"回忆到这里，何流插了句嘴，师生们同时笑了起来。

为了维持课堂秩序，支教老师们每个晚自习都会全体出动，一起监督学生，却还是无法完全杜绝纪律问题。一天晚上，四位老师同时在场的情况下，教室的窗帘突然冒起了烟，原来是一个学生在偷玩蜡烛，窗帘被引燃了。另一次，何流发现一个学生课桌上有东西在动，走近才发现，他捉了一只虫子，拔掉翅膀又在尾巴拴上一条线，让它拉着一辆小车爬来爬去。还有一个学生自己动手，把一空一满两个矿泉水瓶口对口接到一起，等老师走进教室，就把它掉转方向，让水流一滴滴淌下来，何流问这是什么，回答是"沙漏""计算一下你的课上，教室能保持多久的安静"。

诸如此类的插曲经常让何流抓狂，有时他也会运用一些策略,比如在课堂上半真半假地发飙:"你们气我是吧?我不干了。"中止上课,把自己关进宿舍。很快,阿月等几个成绩好的学生会代表全班跑过来道歉:"何老师我们错了,我们以后再也不敢了。"师生就此言归于好。这样的和平一般能持续一节课的时长,下次上课,学生依然故我。

更有挑战的是教学本身。何流刚来,校长曾想让他教语文,但他当时四川口音很重,刚读了一篇课文《在山的那边》,校长就做出了决定:"算了,你还是别教语文了。"改让他教七年级六个班的思想品德课,第二年又开始教八年级历史。

学生们普遍基础薄弱。考试有一道题是"秦始皇叫什么",有孩子回答:"毛泽东。"讲抗日战争,何流发现学生们对此的很多认识都来自"抗日神剧",看到亚洲地图的第一反应是,"原来日本没在欧洲啊"。种种细节让他哭笑不得,心理压力很大,甚至一度引起了小冲突。一次会考前,何流利用午休给几十个学生补课,管理宿舍的老师没有接到通知,在他补课时冲了进来,直接把学生赶回寝室,何流刚要阻拦,这位身材高大、脾气火爆的前退伍军人就一把将他推到墙边。双方一直闹到校长那里,各执一词争吵不休,最后发现是校长忘了和宿管老师打招呼,这才和解。

这次冲突使何流很委屈,却也让他体会到沟通的重要性。它带来的一个始料未及的好处是,学生们把此事演绎出了多个版本,其中一种说法是:"何老师把宿管老师打了一顿。"何流因此赢得了不少顽劣学生的敬畏。

第一次期末考试,何流教的班级很"光荣"地成了全县倒数第一。期末总结,校长当众念了每位老师的成绩,该读到他时有意跳了过去。坐在下面的何流表情淡定地听着,内心却是五味杂陈。

那个寒假,他郁闷不已,也开始意识到之前一些想法和做法的不妥。思想品德课本来是开卷考试,要求学生按课本答题,自己授课时却告诉学生不要死记硬背,尽量用自己的话来回答;讲到"如何处理好异性关系",他把全班学生分成两组互相讨论,课堂效果很好,却对考试没有太多帮助。当地老师也好意提醒过:"何老师,你这套课堂管理还是要谨慎些。"他却没上过心。回想起来,这些都是自视太高导致的各种误判:"我一个大学毕业生教你们这么简单的东西,怎么可能教不好?"

痛定思痛之下,何流明白了一点:无论自己如何希望提高学生的素质,最后还是要落实到成绩上,这也是对学生的负责。从第二学期开始,他把更多精力放在应试上,也虚心向当地老师求教。学期结束,学生们成绩与其他班级持平,何流稍松了口气。八年级开始,他又接手了历史课,全班平均成绩达到 70 分以上,远高于其他班级的 40 多分,"何老师终于扬眉吐气了"。

这份欣喜很快被九年级的升学压力所取代。初中最后一年,何流需要在第一学期尽快教完世界历史,然后留出时间,带学生们复习初中历史课的全部内容:中国古代史、中国近代史与世界史。这时他才发现,学生们本该初一就学过的古代史,"就像没学过一样"。迫不得已,只能在很短时间内把这部分内容再教一遍。

初中毕业,全班 60 多个学生有 1/3 考上了高中,恩秀、阿月等也在其中。直到这时,何流才如释重负:能否考上县里的高中,基本会决定恩秀们未来能否考上大学,自己的任务就是确保她们不在初中阶段被落下。如今这个任务至少达标了。

支教时间一般为两年，何流却是三年，这也在美丽中国支教创了纪录。2009年的第一批老师只支教了一年，王井健、梁姗等前辈每次聊到学生都会落泪，自觉时间太短对不起孩子，有一种"未完成感"。那时何流就有了把自己的学生带到毕业的念头："支教三年之后，他们毕业了，我也走了，相当于任务圆满完成了。"

支教结束，他依旧和学生保持着联系，有学生考进了县城的高中，也有的进城打工，眼前的路从江风拂过的山路，变成了霓虹路灯照耀下的水泥路。发到老师手机上的消息，也从学不好英语的苦恼，变成了在城市里遇到新鲜事物的兴奋。何流自己则留在了乡村，担任起美丽中国临沧地区的总监，然后又是广西、甘肃两地的区域总监，为一届又一届新的支教老师提供支持与帮助。

2016年的整个夏天，何流在南方的梯田、北方的山垄间奔波，在烈日和蝉鸣中挂念着遥远的云南。三年的高中苦读后，曾经的学生们迎来了高考，他和他们在一起等待成绩的公布。

手机响起，何流第一时间打开屏幕，长舒一口气，他那届支教老师的学生中，共有5人考上了大学。恩秀、兴茴留在云南，分别考上了昆明医科大学、云南财经大学，阿洋被武汉的华中科技大学录取，阿月、开敏则来到北京，一个考上了北京航空航天大学，另一个是北京师范大学，这也是何流的母校。

三

何流之后，杨悦是又一位支教三年的老师，也是大寨团队历史中承上启下的关键人物。

她其实不愿被称为"何流第二""女版何流",听到新一届老师"啊,你就是那个'第三年'"的惊叹时,她总会觉得:"我没有自己的名字了。"

杨悦在 2012 年来到大寨中学,与何流和 2011 届的李薇薇、汤乐思共事了一年。2014 年即将结束支教时,她决定也延长一年支教。2014—2015 学年,上届同届的队友都离开了学校,新队友一年后才能报到,整所大寨中学只剩杨悦一个外来者,每当她独自去参加地区职业发展会议时,孤独感都会格外强烈。支撑她坚持下来的部分原因是何流树立的榜样:"他以自己的选择告诉了我,支教三年的可能性。"

作为回报,她也获得了巨大成长,何流就是见证人。杨悦刚来学校报到,他担心"小女孩文文弱弱的,会不会被学生欺负?"何流和李薇薇预先为她讲了学校的各种情况,教她如何对付那些不听管教的学生,也使她成功避开了不少"雷区"。

一年后,何流结束支教、成为临沧地区的总监,回来访校时发现,杨悦已开始牵头做起各种项目。在何流的建议下参与了募资部门的兼职后,她连衣着打扮都"职业化"起来,这让何流大为惊讶,他自己直到支教第三年才穿起衬衫和皮鞋。

杨悦与前辈们最成功的合作,莫过于"美丽大寨"奖学金。当时,李薇薇、汤乐思联系了一些资助人为学生提供资助,但都感到这种一对一的形式很难持续,一旦结束支教,资助很可能因失去中间人而中断,必须设法形成稳定机制。这种担忧在 2013 年 5 月,也就是她俩与何流结束支教的前夕越来越强烈。

后来整个大寨团队聚餐,不知谁说了句:"我们设置一个奖学金吧。"一顿饭吃完,杨悦马上拟写奖学金的方案。那年9月,何流等人结束支教后,"美丽大寨"奖学金随之定了下来,分为学业、励志两类,前者奖励学习成绩优异的学生,后者奖励每学期进步最大的学生。

每学期的奖学金总额定为5000元,杨悦负责最关键的筹款任务。一开始并不顺利,已经工作的何流、李薇薇每人掏了1000元钱,有过工作经验的罗宏春也利用自己的人脉四处联系,总算凑齐了第一期奖学金;到了第三期,老师们在网上发起众筹,终于筹到足够的金额。再后来,学校又与云南一家餐饮企业实现了合作,最棘手的资金问题迎刃而解。

第一次发放"美丽大寨"奖学金,杨悦造足了势。此前,学校既有贫困生补助也有奖学金,但实施效果并不好。只按家庭条件来补助,容易陷入"比惨"的局面,奖学金数额则不超过50元,学生们甚至不愿去领钱,觉得上台会很难堪。"美丽大寨"彻底改变了这一现状,颁奖仪式现场挂起了横幅,老师正式宣布颁奖致辞,奖金都装在信封里,每位获奖学生都能得到捐赠者的寄语和签名。

宣布奖金数额的那一刻,学生们都被震撼了。一等奖500元,在当地,即便对成年人也是个不小的数目,一时间,操场上此起彼伏响起方言发出的感叹:"阿怪!阿怪!"(天哪!天哪!)连当地老师都在打听:"真的有500元?"

截至2016年,大寨奖学金已持续四年、发放七期,奖金总额也提升到了每学期7000—8000元,累计40000元以上;每位赢得奖学金的学生能得到100—500元不等,累计200多名学生从中受益。

这个项目不仅激励了学生,更激励了杨悦本人,后来她在保证教学成绩之余又发起了一系列课外项目。当她结束支教,新一届的老师陶潜、罗悦悦来到大寨中学报到时,眼前的一切让他们惊叹不已:奖学金、图书馆、广播站、净水系统、给近视学生配眼镜……所有这些,都是杨悦一个人做的:"简直是女超人。"

两位新老师没能见到前辈本尊,此时杨悦已加入美丽中国支教的募资部门,每天忙得团团转,所有的工作交接都是通过电话完成的,每次通话时长动辄以小时计。这位前辈给罗悦悦的印象是,对大寨中学的情况无所不知,大到学校的总体情况,小到校长性格如何,怎样与学生、当地老师相处,乃至种种日常生活的细节,罗悦悦的一切疑问都能从话筒那头找到答案。

后来,罗悦悦继承了杨悦创办的图书室,发现整个图书管理团队、各种规章制度都很完善,管理图书的学生也对整套流程驾轻就熟,还经常有孩子跑到图书室问:"罗老师你认不认识杨悦老师?她什么时候能回来?能给我们她的电话吗?"即便如此,杨悦仍然挨个给学生打电话,要求他们像拥护自己一样支持新老师。对罗悦悦的希望则是:"只要你觉得目前的制度有不合理的地方,都可以创新,但如果涉及制度的改革,要和我讨论。"直到罗悦悦真正进入角色,她才放下心来,全身心投入更加繁重的募资工作。

这次的分享会,杨悦没能来到现场,而是出现在教室的大屏幕上,面对镜头向昔日的学生打招呼:"最近大家过得怎么样?我已经听到一部分同学过得不好,因为非常想念我。"

屏幕外,学生们静静望着镜头前的老师,眼睛亮亮的。

"初三的生活很辛苦,希望各位同学能多多进行自我复习,比如说唱一唱之前我们学过的'历史朝代歌'。现在让我们来复习一下,老师会在屏幕这边唱,请同学们跟我一起来。"

《两只老虎》的曲调响起。"商周秦汉,商周秦汉,隋唐宋,隋唐宋,元明清和民国,元明清和民国,毛泽东,毛泽东。"一开始,只有屏幕中的杨悦在唱,很快,教室里也回荡起歌声。老师和学生隔着屏幕,隔着岁月,也隔着万水千山,一同唱起这首凝结了共同回忆的歌谣。悄悄的啜泣声弥散开来,很多孩子声音哽咽,红了眼眶。

分享会之后,全班学生集体给杨悦写了一封信,"老师,今天我们看了视频,大家都有唱得很好哦!也哭了哦!我们都疯狂地想您。出自您手的那几首歌,有我们共同的回忆。虽然我们不在一起,但是我们之间深厚的情感不能把我们分离!一定要记着我们,期待与您相见"。信纸的背面,所有孩子都签上了名。

四

"各位同学,大家中午好,欢迎收听大寨中学'梦想之声'广播站午间十分钟节目……"

早晨是《我爱你中国》,中午、晚上的大课间是《月光下的凤尾竹》,周三、周四晚上是点歌台,周五晚上是访谈节目。对大寨中学的学生来说,杨悦创办的广播站已成为校园生活中不可或缺的一部分。

那时，她在全校通过"海选"组成了播音员团队，又在全校范围内征集广播站的名字，最终确定了"梦想之声"这个名字。如今的负责人陶潜则使广播站进一步规范，他用了一个月时间教学生掌握播音设备，又用两个月培训他们做节目，还给孩子们听了大量的轻音乐以培养审美。此后，广播站的日常事务都由学生们自己运行，从更新节目单到录制节目，陶潜都不会干涉。后来他组织了一次"校园十大歌手比赛"，这极大地激发了学生们的热情，最后的冠军是一支校园乐队，一曲歌罢，全场女生一片尖叫，兴奋程度不亚于歌星演唱会上的迷妹们。

距广播站只有几十步距离的图书馆历史更加悠久。何流支教时，学生们既没有读书的习惯，普遍不富裕的家境也不允许他们买太多课外书，小镇上唯一一间新华书店卖的则都是教辅教参，学生基本不去。为了培养孩子读书的习惯，何流早在那时就开始自掏腰包，每个月从自己2000元的收入中捐出300元，和队友一起为学校购置图书，在每个班级建成了图书角。杨悦则把图书角升级成图书室，不仅继续募集书籍，还买来管理软件，实现了电子化管理，并从学生们当中招募了图书管理员。

现在的大寨中学更拥有了真正意义上的图书馆。28,000余册藏书分门别类摆放在60平方米的教室内，这里有着最先进的图书管理系统，学生们甚至可以通过APP美化自己借书证上的照片。开馆那天，借阅的学生从图书馆门口一直排到广播站，最高纪录是一小时内借出360多本。初一一个叫晨好的学生每天中午都会第一个过来借书，他借的是，《毛泽东选集》。

管理图书馆的是罗悦悦，以及杨悦培养出的团队。偶尔孩子出现懈怠偷懒，罗悦悦就会为他们鼓劲，把几万册图书按单价折算成钱数："你们要想想，自己可是在帮学校管理几十万元的资产。"她自己更是"忙成了一团沼气"。校长倖清立有一次夜里一两点钟查寝，发现她还在为录入图书信息加班。另一次，她因为推迟了午饭时间，再加上轻微的低血糖，晕倒在厕所里磕破了头，老师们全体出动，把她送进了医院。

依托图书馆，罗悦悦还开展了"陪读项目"，将58名大学生志愿者和本校学生联系到了一起，双方约好共同读一本书，每周定期通电话、手写信件，告诉对方自己的读书进度，交流读书心得。一位学生给志愿者写信："这段时间里，是你教会了我应当怎样抽出更多的时间去阅读和做作业，是你教会了我应该怎样合理地安排时间，让我接触了第一部外国名著……"

学生阿荣是改变最大的一个。以前，他上课总是懒散地坐在教室角落里，教书半年，罗悦悦都不敢直接看他："不是因为长得帅，而是看他两眼我就想睡觉。"为了劝说阿荣加入项目，罗悦悦费尽了口舌，她知道孩子喜欢打篮球，于是告诉他，导师可能是一个篮球高手，如果能坚持到结束，还能得一份礼物。

百般游说下，阿荣终于勉强同意参加活动，罗悦悦特意安排自己的高中同学来担任阅读导师。他带着孩子读《汤姆索亚历险记》，给他的生活和学习提了很多建议，还介绍了外面的世界。慢慢地，罗悦悦发现学生上课听讲的姿势端正了很多，如今看到自己甚至会笑："像是注入了元气。"

活动结束，每位同学都得到了一份礼物：一张奖状，一枚徽章，一把小扇子。数据显示，38%的学生与志愿者建立了长期联系，72% 的学生成绩得到了提升。

2016 届支教老师刘今则办起一所心理咨询室。与何流一样，她也毕业于北师大，在校期间辅修心理学，并考取了心理咨询师的三级资格证。支教刚开始，她就向俸校长提出这一想法，青春期的学生已开始认识反思自己，这一时期都会感到迷茫无助，农村孩子则因眼界的受限、家长的忽视等原因，苦恼会更多。校长分外痛快地答应了，专门为她提供了一间办公室，一套桌椅、一台电脑、一个双人沙发和一方茶几，就组成了这间名为"馨悦倾心屋"的小小心理咨询室。

学生们的热烈反响印证了刘今的判断。咨询室成立只有短短十天，就有 20 多位学生填了申请表，有 4 位学生按约定时间开展了心理咨询，其中一个女生先后约了 4 次。这种咨询活动，即使是单纯的倾诉，也会为学生们纾解很多烦恼。

对于心理咨询的内容，刘今一律保密，连班主任都不会告诉："学生来我这里，只是为了倾诉，我必须对他们负责，保护他们的隐私。"

五

"我们太喜欢美丽中国的老师了，希望能再给我们多派几位。"校长俸清立感慨。他在这所乡村中学工作了十八年，在他看来，恩秀、阿月这批学生是"建校以来最好的一批"，这也和支教老师们的努力密不可分。

六年时光，15 位支教老师，13,000 节课时，1,500 人次受益学生，600次以上家访，不计其数的课外项目。如今，大寨中学每年都有70%—80%的学生考上高中；2016年，有32名学生成绩达到重点大学标准，6名学生高考成绩达到600分以上。对一所乡村学校而言，这样的成绩殊为难得。

更为难得的是，支教老师带给学生们一生的影响。

在北京，何流与学生阿月、开敏重逢后问："你们觉得，自己现在呈现出的样子，支教老师当年起到的作用有多大？"学生们分别给他打了5分、6分："你当时教的历史课对我们考试的帮助有限，不过，你给我们买的书对我们知识面的拓宽很有帮助，带我们去临沧玩的经历，也带给了我们努力的动力。"

"十年树木，百年树人，看到自己的学生长大的那一刻，自己做过的某些事情得到她们亲口肯定的时候，我觉得就看到了教育的意义。"何流说，他不喜欢讲自己对学生有什么翻天覆地的改变："学生的成长是一个完整的历程，他们最终走向哪里取决于一个大的图景，而非其中一个节点，我们能做的只是补充好老师的那一部分而已。"对于"老师的那一部分"，他的主张是："帮他们看到更多东西，然后自己做出什么样选择、怎样看待这些东西，都是自己的事情。"

也是在分享会上，陶潜作为现任支教老师的代表发了言，谈到对学生的期待，他引用了史铁生的《我与地坛》：

> 但是太阳，它每时每刻都是夕阳也都是旭日。当它熄灭着走下山去收尽苍凉残照之际，正是它在另一面燃烧着爬上山巅布散烈烈朝辉之时。

那一天,我也将沉静着走下山去,扶着我的拐杖。有一天,在某一处山洼里,势必会跑上来一个欢蹦的孩子,抱着他的玩具。

当然,那不是我。

但是,那不是我吗?

⋯⋯⋯⋯

说到这里,他忍不住当场落泪:"我看到这些已经考上大学的学生回来,就像看到几年之后我现在的学生。我相信,在轮回中,有些好的东西会传承下来,造福这片土地。"

诚然,太阳每天都会落下,每天都在死去,但每一天也都在升起,每一天都是新的一天,带给世界的光和热永恒不变,周而复始。支教老师们每人只能支教两三年,但一代代老师始终在向学生们传授着梦想与知识。老师们会离开,学生们会毕业,但这种传承依然在继续。

那次分享会过后一个月,何流的母校——北京师范大学为美丽中国支教举办了一场校园分享会,考入这所学校的开敏做了发言:"和何流老师他们接触后,我渐渐地明白,除了我们眼前的世界,外面的世界更加广阔,我们的人生会有更多的选择。我希望在大学毕业之后,能够参与支教活动,能够为和我曾经处境相同的农村学子们,做出一点贡献。"此时,他已加入校园主管团队,尝试着与老师们一同努力,让这份公益事业薪火相传,生生不息。

不知开敏说出这番话时,会不会想到几年前那个停电的夜晚，支教老师汤乐思领着晚自习的学生们坐到操场上，每人点起一支蜡烛，一同朗诵俄国诗人康斯坦丁·巴尔蒙特的诗："我来到这个世界，为的是看太阳，和蔚蓝色的田野……"晚风在暮色的群山间低吟，烛光在操场上摇曳，与夜空的万千星光交相辉映。这样的光芒点亮了每个孩子的心灵，带给他们希望，以及对梦想的渴求。

终有一天，这样的光芒将洒遍大地。

我们来自山川湖海，

为了孩子，

星空与爱。

快乐的园丁与花朵
——陶潜与学生在一起

我的核桃星球
——张帆学生的作品

守护
——郑雪飞与孩子们在一起

帅气爱笑的语文老师
——保山河头中学支教老师杨松

与纯粹的人做善良的事
——陈玉佳（一排左起第六）等老师的访校之旅

交流是爱的开始
——美丽小学校长王珂与家长的互动

"老师老师，我们坐好啦，快帮我们拍美美的照片"
——崔琳杰与孩子们的互动一角

在支教中遇到彼此
——李志伟与王雨轩结缘支教

结伴害羞二人组
——同桌俩，一个爱笑，另一个也爱笑

"谁把老师逗乐了？"
——樊彩莹的课堂欢乐多

"得到老师的表扬了呀"
——美术课上的章林昱和孩子们

我们是舞台上的小精灵
——许琼文给孩子们上舞蹈课

温柔耐心的庄老师
——庄嘉儿在数学课堂上

钢丝球与海绵擦出的"火花"
——张帆学生的创意作品

我们阳光帅气的李老师
——大理拉乌碧鸡完小课堂上的李志伟

浓浓民族风
——大理鹤庆县支教老师郝琳硕（左三）

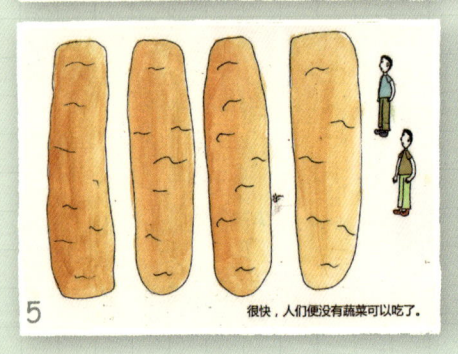

1. 很久很久以前，在一个美丽又平和的世界里，生活着一些很美丽的鸟。

2. 那些鸟不仅美丽而且聪明。所以生活在那里的人们都很想要那些鸟。

   就是因为这种贪欲，人们捕杀了很多鸟。

3. 因此，那种鸟就濒临灭亡了。但这并没有让人们停止捕杀鸟类。渐渐地，这种鸟便灭绝了。

4. 没有了鸟类，住在这个世界的虫子就疯狂地吃各种花草树木。

5. 很快，人们便没有蔬菜可以吃了。

6. 吃完了花草树木的虫子越长越大，接着他们又开始吃其他的动物。

《鸟的存亡》
——满玉五年级时绘的画作

7 连动物都被吃光了后，它们就开始喝水。
没过多久，所有的河水都被喝完了。

8 渐渐地这个世界里除了人们和虫子就没有其他东西了。

9 人们没有东西可以吃，还有可能成为虫子的下一个目标。大家心里非常恐惧，经常哭泣，哭声震地动山摇。

10 "如果我帮你们恢复以前的世界，你们还会捕杀鸟类吗？"自然之神严肃地问他们。

"绝对不会的，求您救救我们吧！"人们哀求着。

自然之神听到了他们的哭声，便从天上下来帮助他们。

11 于是，自然之神帮助人们恢复了以前的世界，鸟类回来了，消灭了一群又一群的虫子。

12 世界又恢复了平和，美丽的风景都回来了，人们和鸟类和平地相处着。

"蜗牛背着重重的壳,一步步往上爬"
——石婧零距离家访

"3是15的___。"
——张懿心在数学课上

"山路十八弯"
——李郁青的家访之路

"编呀编,编花篮"
——程苇航与学生在操场上"编花篮"

我和老师抢镜头
——郑霭伦的语文课上

兴趣是这样激发的
——赵奕在音乐课上展示尤克里里

春风化雨
——刘晓慧在课堂上辅导孩子

习字如做人
——康瑜给孩子们上书法课

海啸后,很多鱼被冲上岸,
一个小男孩在岸边不断捡起鱼,
然后扔进大海。
大人说,这样做没意义,
成千上万条鱼你救不过来。
小男孩继续捡起一条扔进海里:
"可这条鱼在乎。"

创造村校"标准"

> 任何一种教育,都无法预测人生旅途的下一站在哪里,我们的老师只是日复一日地精心缝制一副伴孩子们远走的行囊,里面装的只有:健康与毅力、智慧与包容、精神与信仰。
>
> ——题记

11月的兴隆村,清晨六点半仍一片漆黑,只有校园里的几盏路灯在氤氲雾气中透出模糊光亮,映衬着校舍影影绰绰的轮廓。

黄家驹粤语版的《海阔天空》响起。宿舍楼一阵骚动,一间又一间屋子亮起灯,和衣入睡的孩子们下了床,把被子摊到地上叠起来,握着与自己等高的拖把擦地,在值周老师的指导下洗刷厕所。

房门不住开合,学生端着脸盆牙杯进出,带着体味的烘热气息飘出房间,消散到清晨的寒冷空气中。山村学校不通暖气,烧煤炉又有安全隐患,好在这里的冬天也并非冷到无法忍受,靠着抱团取暖总能挨过去。一个个小身影在宿舍楼、水池之间的雾气与黑暗中穿梭，操场很快变得喧闹。

凡红梅走出毗邻水池的教师宿舍，在房门外的土地上开始了洗漱。这是她在兴隆完小任教的第十六年，2000年从大姚师范学校毕业后，她就被分配到这里，第一个月的工资是634元。这位乡村教师还记得，2002年，离兴隆村最远的水塘村小被并入学校，有些家长不放心孩子住校，自己和校长前去劝说，在泥泞的山路上走了三个小时才到达那里，让正在田里犁地的学生洗洗脚，穿上鞋跟自己回学校。

十几年过去，泥土路变成了水泥路，兴隆完小先后换了四任校长，学校的名字改了，身边的同事也变了。

早晨七点前后，住宿生在值周老师的带领下活动、跑步、吃早饭。食堂阿姨戴着一次性手套守在不锈钢饭桶前，抓起一把把米线放入孩子们的碗中，再淋上带有雪菜的浇头。昏暗灯光下，一层晨露凝结在围墙的白瓷砖上，闪烁着晶莹光芒。

天边透出一抹曙光，夜色与雾气逐渐消弭，学校在晨曦中展露出本来面目。它坐落在一座小山的半山腰，校园很小，只有一栋三层教学楼和一栋宿舍楼，操场不到两个篮球场大，"食堂"是一处带有顶棚、由矮墙围起的小院，站在教学楼的阳台，足以将这里的每个角落收入眼底。校门口的牌匾上刻着新校名：分众美丽小学。

铁栅校门外响起门铃声，老师们到了，此时是早晨七点二十。他们住在离学校十几分钟车程的镇上，每天由当地的司机师傅开车接送，先从东瓜镇到兴隆村，再穿越一条掩映在稻田间的水泥小路，几经蜿蜒起伏后抵达学校。在办公室休整片刻，各年级的班主任便向自己的教室匆匆走去，琅琅读书声响起，学生们开始了早自习。

凡红梅第一次见到这些年轻新同事，是在 2016 年 8 月底，新校长王珂带领整个教师团队来到东瓜镇，向当地老师阐述美丽小学的办学理念。当时她觉得，这位小自己近 10 岁的年轻人沟通能力很强，知识渊博，智商情商都很高，自己被他们衬托得"像一张白纸一样"，听他们讲课"就像仰望星空那样够不到"。

那时她已知道，受楚雄州、市教育局委托，美丽中国支教承办了兴隆完小，新学期开始后，这所乡村小学的老师将以支教老师为主体，自己是留下来的为数不多的当地老师之一。

凡红梅或许不知道，为承办这所小学，美丽中国支教已筹划了一年多。

2015 年夏天，美丽中国支教在楚雄举行暑期培训，楚雄州教育局的局长李能主动与机构的高层进行座谈，表达了对机构在楚雄工作的认可，并提出新期待——双方能否进行更深入的合作？机构高层研究后建议：希望按美丽中国支教的教育理念，在楚雄当地办一所乡村小学。

美丽中国楚雄地区负责人是李国飞，他向负责对接的工会主席施自荣提起这一想法，对方马上回答："国飞，你一定要尽全力把这个项目引到楚雄来。"双方第三次见面，已经开始讨论起如何办学。李国飞刚介绍了美丽小学的基本概念，李能已经把学校的相关细节阐述清楚，甚至很快按要求选好了学校——位于楚雄州东瓜镇兴隆村的兴隆完小。

这所学校的人数符合乡村小学 180—200 人的最佳标准，既有走读生，也有住校生和留守儿童，师生比大致在 1:10 的理想规模。办学条件刚好中等，既不是集中了最多资源的中心校，否则没有示范意义；也不是最穷最差的学校，这意味着办学成本太高。此外，这里位置不算太偏远，时间成本、交通成本都较低，又离东瓜镇的"教育均衡发展示范区"很近，可以向周边地区辐射自身的影响。双方很快就选定了这所学校。

签合作协议，与兴隆完小的原教师团队沟通，为新老师联系住处，几乎一整年，李国飞为美丽小学的筹备忙得不可开交。项目进展出乎意料地顺利，李能中途调离了岗位，新上任的教育局局长唐聆燕同样对美丽小学大力支持。李国飞评价："这也得益于 2014—2015 年美丽中国支教在楚雄当地的表现，我们得到了领导的认可，他们在后期的支持力度非常大，可以说是完全的信任。"

2016 年 4 月，美丽中国支教上海慈善晚宴现场，分众传媒董事长江南春宣布，向美丽中国支教捐款 2000 万元，其中相当一部分用于美丽小学的建设。资金问题迎刃而解，自此，第一所美丽小学也被命名为"分众美丽小学"。

二

上午九点五十，全校 160 多个学生集中到小小的操场上，只填满了篮球场的一半。

升国旗，唱国歌。行队礼时，一个孩子举起了左手，在林立的手臂中颇显突兀。国歌结束，一位高年级女生做国旗下的讲话，稚嫩童音通过大喇叭扩散开来："做有礼貌的新农人。"

学生们按年级排列，形成由高向低的坡度，老师们排成一列站在一年级的"坡底"旁，总共16位，13人来自美丽中国支教，3位是留任的当地老师。

分众美丽小学的会议室摆放着一排画架，上面是学生为老师画下的一张张卡通肖像，画风清奇，旁边是各色水彩笔抄下的个人简介：

"我叫苏岩，过去的五年中，从西南边陲到西北重镇，从小学到初中，我几乎教遍了所有能教的课程，作为一位母亲、一名教师，我相信童年经历所蕴含的力量和儿童身上无限的可能。"

"我叫任盼，不长的职业生涯里，教学是自己的最爱，蹦蹦跳跳的孩子是自己的能量源泉。"

"我叫张旋，张旋的张，张旋的旋，来自湖北武汉，是个不算很辣的辣妹子。支教的两年让我更加热爱教师这样一份职业，也让我体会到了做自己喜欢且适合的事情是多么的幸福。"

…………

筹备工作初见眉目，教师招募也提上日程。王珂是机构高层最早敲定的人选，加入美丽中国支教的六年里，他当过支教老师，做过项目主管，主持过暑期培训，"教过初中生，也教过支教老师，还教过支教老师的老师"。丰富的经历使他在机构里深孚众望。早在支教时，他就有过类似"美丽中国班"的构想，希望和其他支教老师共同负责一个班的教学。这个设想当时没能实现，王珂耿耿于怀："在每个寂寞的夜里总忍不住梦回青春，去进行各种假设。"

美丽小学的落成使他一偿夙愿。王珂将其形容为"一个人青春时候在黑夜里苦苦追问的理想","这份理想撑起的是,更为广阔的天空里,更多人关于未来的梦"。他被任命为执行校长,2016年春节后发布招聘启事,逐一联系起自己认为合适的往届支教老师。

计划公布,支教老师一片振奋,许多往届支教老师都递交了申请。苏岩紧随王珂加入,成了新学校的教务主任。她拥有着同等量级的号召力,又兼备超强的实践能力、组织能力和谋划能力,做事标准也极高。在复旦大学、伦敦政治经济学院各获得一个研究生学位后,她于2011年前往临沧支教,在那里结识了现在的丈夫。2016年初收到老友王珂的邀请时,夫妻俩已有了孩子,正在西安的一家基金会从事教学。对她来说,放弃这份高薪工作并不困难,家庭因素却必须考虑,一段时间的权衡后,她还是加入了新团队。

"和性格有关,我天生对赚钱没什么兴趣,可能也是因为从小不太缺钱。我只是想做公益,因为只要和别人在一起,我就希望对方也和自己一样快乐,做公益就是在帮助需要帮助的人。"说到这里,苏岩语速飞快,完全不假思索。如今她举家搬到了东瓜镇上,丈夫在家全职照顾孩子。

学生工作主任师旌议曾在临沧支教两年,又在大理地区担任了两年项目主管,仍然对当老师一事心心念念,"在学校教书的那两年过得特别开心,我喜欢和孩子相处,特别想回到讲台上"。他身高1.81米,有着西北大汉常见的魁梧身材,嗓音却格外轻柔,脸上也总带着憨厚笑容。他还是一位资深骑行客,2013

年从云南临沧出发，用3个月时间骑遍了西藏和新疆，最后抵达家乡石河子，全程总长6732公里。王珂觉得他像老马一样靠谱："他性子比较慢，但会一直往前走下去，非常靠得住，让人很有安全感。"

其他老师的经历各不相同。陈玲、任盼、邱籹佳同样由管理人员转为老师。陆翼、王漩的情况类似苏岩，都曾离开美丽中国支教，在其他机构工作一段时间后回归，希望重温支教岁月。王倩、程哲、张旋、刘芝君则是刚结束支教后加入新团队。开学典礼后不久，最后一位老师王海月也从一所公立中学辞职，来到美丽小学。至此，这所乡村学校集结了美丽中国支教史上前所未有的豪华阵容：全部老师至少都有两年的支教经历，将近一半兼有教学、管理两方面经验。

"你有一群可以一同深入合作的老师们，去想着如何一起解决问题，一起进行教育创新，作为一个整体营造统一的校园文化。"王珂如是展望团队的未来，"更重要的是，能够让学生沉浸其中。他们在学校每一分钟看到的每一件事，说的每一句话，都是奔着统一的教学愿景去的。现在有一个团队，愿意跟你一起做这件事，想一想都会觉得很酷。"

二

"葡萄架下有一只狐狸。"二年级的语文课上，班主任陆翼念到。身旁一个孩子把纸团向上抛去，落到了后桌，他顺手把纸团没收。

八岁的天艳小步跑上讲台，手里拿着语文课本。她身高刚及黑板下沿，有着一双清澈的大眼睛，小嘴微微翘起。伴随着老师的朗读声，她蹦跳着想摘到黑板上的"葡萄"，失败后就指着粉笔画的"葡萄架"，"这葡萄是酸的，不能吃。"声音稚嫩。

"小松鼠"和"小白兔"相信了她，直到"小猴子""爬上葡萄架"，"摘下一串塞进嘴里"。这是个留着和尚头的男孩，身后拖着一条红领巾充当的尾巴。他亲口尝了"葡萄"后，确信这是甜的，两位小伙伴放下心来，也跟着做出吃葡萄的动作："啊，真甜！"

表演结束，教室内掌声四起，孩子们鞠躬谢幕，下一组登台，再度演绎起"狐狸与葡萄"的故事。

类似的场景，每天都在分众美丽小学的课堂上出现。

2016年9月1日，经过老师们一整个暑假的忙碌之后，全新的校园在孩子们面前展现。教学楼粉刷一新的白墙上手绘着哆啦A梦、樱桃小丸子、麦兜和小黄人，午休广播中会播放《大王叫我来巡山》，不同教室的墙壁涂有蓝、绿、黄等颜色，楼梯间的墙上是一幅卡通风格的世界地图，几个主要国家的位置配有说明文字，地图还单独标出了"云南"，"都说，这个地方的人爱吃米线"。城市的现代文明与乡村的古朴生活，在分众美丽小学实现了融合，使这里宛若一处小小的乌托邦。

每个需要安全和文明提示的角落，都出现了一个叫"小美"的卡通女孩。校门口，她把课本盖在头上抵御噪音，戴上口罩防备烟味，文字提示是"禁止鸣笛""禁止吸烟"。花坛前，她骑着扫帚，告诫"不踏草坪"；水龙头上方，她端着一盆水，文字是"节约用水"；楼道里，她挨着"靠右行走"上楼梯。装有喇叭的铁柱旁，抱着柱子下不来的她一脸懊悔地喊着"help"（救命），"禁止攀爬"。

开学不久，学校组织过一次"校园寻宝"活动，老师启发学生们找出学校的新变化。学生们很快交出各种答案：校门口装上了门铃和路灯，花坛经过了剪修，篮球场被拓宽，浴室得以重新装修，教室过道摆着分类垃圾桶，楼道立着一台水质净化器，有的教室还装有数字电视，连双杠的高度都被降低了许多，下面又垫上厚厚一层细沙，以防孩子玩耍时摔下来。

开学典礼也足够别开生面。学生们统一穿着作为校服的橙色T恤，向各路来宾赠送纪念品，为他们系上红领巾，与来宾偶遇时，每个孩子都会主动敬礼，说句"老师好"。六个年级各自献上了一个节目：朗诵诗歌，呼啦圈表演，用空饮料瓶敲出《我有一只小绵羊》，演出舞台剧和小品，与来宾和同学一起"我做你猜"……演出结束后，孩子们自己揭示：节目各自对应着德、智、体、美、劳、好奇六个主题。

起初，习惯了苦读的学生对这些活动有些不适应。有孩子在周记里写："我们学校这一周都在给同学玩，比如什么看电影、玩游戏等，不知道什么时候能学到真本事。我真担心，怕学习下降，怕课跟不上。希望老师们赶紧收回玩的时间，让我们回到学习的世界里吧！"

老师们却认为，学习远不止停留在课堂上，"知识不仅仅是语文和数学，'真本事'也不仅仅是考高分"。日常生活中的每个细节，都可以让学生受到教育：学校体育器材场地上有杂草怎么办？怎样减少学校的垃圾，减少环境污染？怎样摆放教室里的桌椅？……学校把这种理念归结为"生活即学习，学习即生活"。

教务主任苏岩认为，"和城市相比，农村在这方面有天然的条件。学生可以在日常生活中接触到生产劳动等方面的技能。我们可以在生活的场景里，用生活的素材直接教学。我们希望传达给学生的是一种意识：整个人生都是快乐学习的过程"。

秉持着这种理念，老师们经常在教学之外带孩子们做各种"游戏"：一起进行垃圾分类，在中秋节做月饼，在玻璃瓶上画出鬼怪、把水稻梗做成"扫帚"，在教室和走廊的粉墙上涂鸦，办起广播站。未来他们还计划开辟生态菜园，和孩子们种菜。不少学生都有贫血、营养不良、寄生虫病等状况，有的孩子在操场上站的时间稍长就会晕倒。为此，老师们制定了高出国家标准很多的营养餐，引入了净水系统，又建造了浴室和水厕，培养孩子健康的生活习惯，还计划建成科学的垃圾污水处理系统，希望能保护环境。

学校把这归纳为三个"回归"：回归生命，保证孩子的身心健康和生命安全；回归生活，培养孩子洗澡、刷牙、洗衣等习惯，让他们过上"有尊严的文明生活"；回归生态，让学校在日常运营的方方面面实现环保，保护当地的生态环境。

不少学生的变化凡红梅都看在眼里，很多孩子的语言表达能力、绘画能力、动手能力都有进步，以前他们从不敢找自己，如今好了很多。天艳就是个最好的例子，凡红梅记得，她原本是班上最胆小的孩子，老师们必须弯下腰，把耳朵凑到她嘴边才能听清她说话。如今她开朗了很多，在校园里遇到自己会主动上前打招呼。另一次，几个四年级学生在操场上跳绳，硬是拉着凡红梅也过来跳,而她上一次跳绳还是几十年前读小学的时候,面对学生们的盛情相邀,她颇感窘迫,却还是和孩子们一同玩了起来。

凡红梅自己也有改变。她几乎听过所有年轻同事的课,头一次意识到课还可以这样教;之前也没想到,教室里还能随意布置。有时和其他老师看法不同,她一般会仔细倾听对方的想法,听到最后,觉得还是自己应该改。"这些教师充满激情和活力,对待学生有耐心、有细心、有责任心,我也会受他们的感染。能在这个团队里,真的很幸福。"

老师们还试图把同样的理念传递给家长。开学后的第三个月,学校推出了"家长开放日"活动,请家长抽出半天时间访校,了解孩子的学习和生活;考虑到他们忙于生计,还提供了三天六个时段以供选择。对大部分父母来说,这是一次新奇的经历。多年以前,他们当中的许多人都就读于这所小学,如今旧地重游,眼前的一切已截然不同:"和我们过去比,是想都想象不到的。"

在王海月的导引下,家长逐一参观了浴室、食堂、宿舍楼、教学楼,最后聚在画于墙上的一棵用作公告栏的"大树"前,上面贴满了孩子写给家长的话,主题是"爸妈听我说":

爸爸妈妈,你们能来到这个分众美丽小学看一看,我觉得很高兴。你们觉得美不美?我觉得很美。

你们每天干活很辛苦,苦得满脸都是皱纹,希望你们能来我们学校放两天假。

希望你们不会再变老，和我们一起快乐生活，不会离我们而去。

谢谢你们多年以来的付出，我会考一个好的分数，长大以后我一定会找到一个好工作，报答你们，不会让你们过苦日子的。

…………

在随后的亲子活动中，家长在王倩的美术课上和孩子一起绘制盐画，体育课上比赛跳绳和"二人三脚"，科学课上一起用空矿泉水瓶来分离蛋黄蛋清，五年级一个孩子主动走上讲台，在全教室目光注视下成功完成实验，他的母亲激动得热泪盈眶。

"老师们太会讲课了，这样的课，我们也愿意上。"之后的家长座谈会上，一位短发的年轻母亲说："以前送孩子上学，孩子会哭，现在特别爱来学校。"另一位家长说："在这半年多里，我感觉孩子听话、懂事了不少，每个星期天回家，看她兴高采烈的样子，我真高兴。"

也有家长为学校提出了改进建议。两位家长希望学校为周日下午报到的住校生提供晚餐，有人建议学校配备校医，还有人希望老师"严厉一点"："王老师的脾气太好啦，孩子们都说他太温柔啦，感觉都有点不怕。"

更多家长只是单纯表示认可和谢意：

感谢你们对孩子们做的一切，不管在哪方面，我自己觉得是百里挑一了。

我对学校很满意了，没有什么可说的，我们兴隆是上天给的恩泽。

老师好，小学好，所有看到的很好，非常好，满意。

"影响家长"是分众美丽小学的长远目标之一，这几乎和教育孩子一样重要。支教老师中流传着一句话：5+2=0。意思是，学校每周教孩子五天，成果却很可能在周末回家的两天被抵消。几乎每个问题儿童背后都有家庭的影响，太多的农村家长并不懂教育，最常见的做法是把孩子托付给学校，无条件地信任老师，却不知自己才是教育孩子的关键。老师们希望，"家长开放日"能成为改变的开始。

学校也离不开当地的支持。东瓜镇承担了老师们的一部分工资，还赋予他们颇大的办学自主权：允许学校自行组织期中考试，甚至对教学成绩也暂时没有提出硬性指标。学校筹备阶段，镇中心校的老师除了帮忙把关工程质量，还在后勤、财务制度等方面给了不少指导，对他们来说，这些都是再熟悉不过的日常工作，但仍然愿意手把手地教支教老师们。

兴隆村的村支书麦启章就是一位重要支持者。刚到兴隆村不久，王珂、苏岩几个人跟着前任校长去拜访，村支书面无表情地接待了他们，没有寒暄也没有闲话，惜字如金。会面结束将近中午，老师们试图谢绝他留自己吃午饭的邀请，麦启章沉默着听完各种理由，冒出一句："还是吃吧。"

那次工作餐，老师们坐了一桌，村支书和另一批客人坐在另一桌，整个饭局只过来一次，撂下一句"吃好"就回到座位。这也让老师们忐忑不已，冒出各种猜测。前任校长解释说，村支书并非不欢迎他们，只是单纯不爱说话而已。

开学不久的一个周末，两位食堂阿姨忽然提出辞职，而学校周一就要开伙，王珂一时间无计可施。中心校的后勤老师带上他们来到村委会，对书记说明原委，麦启章只打了几个电话，就为学校联系到了新炊事员。从得到消息到解决问题，全部过程只用了半个小时。

老师们后来才知道，学校施工的那些天，麦启章悄悄来过很多次，远距离观察老师们的进出忙碌，早已认可了自己的付出。

四

美丽小学的一天中，傍晚是最安详宁静的时刻。

下午六点，日头开始偏西，阳光不复午后的炙热，校园广播里传来《平凡之路》的旋律。走读生已放学回家，老师们走向食堂，苏岩的丈夫带着两岁的女儿毛毛来到学校，加入了他们。晚饭是山药炖排骨，西红柿炒豆腐，清炒西兰花，紫菜蛋花汤，都是用柴锅烧的。学校定期会有专车拉来木柴，每次老师都会和高年级学生一同上阵搬柴。

食堂的凉棚外，吃过饭的住校生在操场上嬉闹，一个胖胖的小男孩提着水管，神情专注地为小树浇水。他身后，食堂阿姨们手挽手悠闲走过。教学楼的二楼，几个学生扒住阳台，探出小脑袋俯瞰校园。晚风送来柳树的沙沙声，婆娑树影投射到操场的水泥地面，在夕阳下摇曳不止。

一所小而美的学校。开学典礼上，老师们如是阐述办校理念，在课堂上大胆提问、大声发言，关心帮助同学，在生活中发现有趣现象，把学校的故事报告给父母，都是在创造和享受美。"让分众美丽小学真正美丽起来的源头，就是生活和学习。"老师对学生们的期许也是，"让每一个孩子，都能拥有美丽的童年"。

这不是个容易达到的目标。老师们坦言，办学依旧处于探索阶段，如何平衡学生的素质与成绩，是学校未来面临的最大挑战之一。他们并不赞同用分数作为衡量学生的唯一标准，但又不能忽视分数，毕竟这是衡量教育成果的最直观指标。怎样平衡学生成绩与教学理念？学校未来是帮尽可能多的孩子考上大学，还是让他们只要生活得平安快乐就可以？一旦学生的成绩没有达到预期，会不会动摇分众美丽小学的生存根基？这是老师们考虑时间最长，但至今仍没有得到根本解决的问题。老师们唯一坚持的理念是，"成长比成绩更重要，有了成长就会有好的成绩"。

不过王珂相信，时间会给出答案。他格外关注那些一年级新生，他们是分众美丽小学真正意义上的第一批学生。经历了学校六年的全方位教育之后，这些孩子的学习能力、学习态度乃至身体健康状况，都将为衡量教学成果提供重要参考："六七年之后，这批完全由美丽中国支教培养出来的学生，会有多大的不一样、多大的进步？想想还是挺兴奋的。"对外分享办学理念时，他经常会在 PPT 中展示一张丰子恺的漫画：一群人在田间拉着石碾奋力向前，旁边是更多的人在围观，漫画题目是《大道将成》。

老师们更重要的任务是，在三年之内探索、创建出一套可行的农村办学标准：一所乡村小学，老师应该有什么特长背景？享受什么待遇？怎样授课？学生要有什么样的生活？学校应实现什么样的教学目标？推而广之，学校需要配备哪些硬件设施？卫生标准什么样？安全标准如何？……为此，他们已在有意识地拟写各种规章制度。

2017年9月，第二所美丽小学在大理州魏山县落户。还有不少其他乡村学校联系到美丽中国支教，希望在本地区建立更多的美丽小学，这套"美丽标准"势必会进一步推广。老师们为此已开始定期总结经验，以便将已成熟的标准随时推广，因为"孩子们等不起"。他们相信，未来十年，中国最美丽的学校将在农村诞生。这里有最接近自然的环境，任何一所城市学校都不具备类似的条件，它将引领中国教育创新，走向世界教育的最前沿。

"有时候我觉得，我们做这件事好像是一种良知的救赎。为什么农村孩子生来就受不平等待遇？为什么他们上学需要走很远的路？为什么他们在营养健康方面和城市孩子差距那么大？我觉得这是我们整个社会的责任。长远来看，要彻底改变农村面貌，而不是抛弃农村，要让农村学生有体面、有尊严，让农村教育有公平、有质量。"有机构高层这样表示。

太阳还没有完全下山，大如银盆的月亮已在群山背后升起，这一天是"超级月亮"。二年级班主任陆翼把晚自习的学生领到操场上，望着山间夜晚的奇异景致，孩子们叽叽喳喳提出各种问题：黑洞是旋涡的样子吗？地球有多大？从学校用四个小时能走到北京吗？西藏和新疆是不是挨着的？陆翼有的能回答，有的毫无招架之力，只能反复重申："老师在网上搜一下，再回答你们。"

晚上七点半，夜色笼罩了周遭的山野，孩子们向教室走去，开始准备洗漱就寝，银色月光下的校园一片静谧。在他们当中，以后或许会有人去亲自探索这些问题。

开学典礼上，每位来宾都被赠予了一份宣传材料，其中一篇文章是《美丽小学开学记》：

> 任何一种教育，任何一所学校，都无法预测人生旅途的下一站在哪里，更无法预告那里的环境和天气。我们只知道，孩子们会慢慢长大，慢慢离开家乡、亲人、师长去远行。他们所行的路上总会遇到风雨和坎坷，他们一定会面对今天无法预料的挑战、压力和惊涛骇浪。
>
> 我们的学校和老师只是日复一日地精心缝制一副伴他们远走的行囊，行囊里没有保其事事如意的秘籍，里面装的只有：健康与毅力、智慧与包容、精神与信仰。
>
> 一针一线，我们的责任只是默默地为每一位孩子缝制行囊。
>
> 一笔一画，他们要前往的是自由的天空、无垠的大地和辽阔的海洋。

从家乡起航

  学习不仅意味着离开，更意味着回来，回来用自己的智慧和能力，肩负起改变家乡命运的重任。

——题记

  天空飘起了雨丝，脚下的黄土变得泥泞，郝琳硕和几位队友不时手脚并用，攀上湿漉漉的乱石，很快累得气喘吁吁。

  她们坐了一小时的车，又在崎岖曲折的山路上跋涉了两个小时，终于来到了昔久村——离学校最远的那个村子。学生银华住在这里，已经逃了一个月的学，老师们希望能劝他回到学校。

  群山环绕的村庄一片寂静，只有牛羊归栏的蹄声在回荡。学生家没有围墙和院子，只有两栋粗木搭建的房屋，木头间的缝隙有两指宽，没有窗户也没有钉子，房梁歪插在屋脊和横梁之间。几头牛和猪是全家仅有的财产，他们平时种玉米和小麦，全年收入不到1000元，由于干旱，连水稻都无法成活，唯一的水源就是储存雨水的水窖，窖底的积水混着泥沙。

　　银华的父亲口中只剩一颗门牙，说话总是捂着嘴，十个手指因为剥核桃染成了黑色。母亲穿着破烂的对襟衫，彩色头巾已发白褪色，有着很深的鱼尾纹与腮纹。她12岁母亲去世，16岁失去了父亲，在那之前，14岁就被嫁给了现在的丈夫，21岁才有钱办一次结婚酒席。"我的命已经很苦了，让孩子好好去念书，他就是不去。"她用纸巾揩拭着眼角的泪水。

　　银华头发蓬乱，披着件粉红外套，背对着母亲、老师蜷在一旁不吭声，家中的大狗卷着尾巴走来走去。郝琳硕问他："没有知识可以吗？"孩子沉默着摇摇头。"妈妈希望你有些知识，能够自力更生，闯出一片天地，对不对？"孩子点点头。"你想回学校吗？"孩子沉默着，既不摇头也不点头。

　　那次，老师还是说服了学生回到学校，银华的母亲硬是从邻居家借来一只鸡杀掉，款待老师们。临别前郝琳硕拿出100元钱，她坚决不收。

　　在鹤庆县支教的两年里，郝琳硕走访过松桂、西邑两个镇30多位学生的家庭。跋涉在云南乡间的山路上，她偶尔会有恍惚之感，仿佛自己仍然在纽约的街头喝着咖啡，吃着三明治，姿态优雅。

　　第一天上课，郝琳硕穿了一身西装套裙，让学生们大为惊讶。在那之前一个月，她还以交换生的身份在哈佛大学的校园里生活，更早是在罗切斯特大学读经济金融学本科，其他经历还包括在纽约瑞银公司实习私人财富管理，在金融机构做投资分析实习生。在旁人眼中，这位北京女孩理应成为华尔街来去匆匆的无数商务精英中的一员。结果，她站在云南这所乡村中学的教室内，成了一位支教老师。

鹤庆二中位于大理市鹤庆县的松桂镇，也是最早与美丽中国支教展开合作的几所学校之一。这里有着湛蓝天空和绵延山脉，翠绿的梯田间散布着正在耕地的水牛，白墙灰瓦的村舍冒起袅袅炊烟，拖拉机从土路上突突开过，惊走满街游荡的猪狗牛羊，清新的空气混杂着泥土和牛粪的湿润气息。

"我想了解自己的国家，去看看它鲜为人知的那一面。"身边其他同学大多选择去投行或金融机构工作时，这样简单的念头驱使着郝琳硕加入美丽中国支教。2010年9月，她拖着行李箱，拎着一只塞满床上用品的黑色口袋，和队友们从临沧市坐了八小时的大巴才来到鹤庆县城。第一天上课前的那个晚上，她辗转反侧，思考着"课上应该保持笑容还是严厉点好"之类的问题，正式上课后，原定四十分钟的内容还是在半小时内就全部讲完了。

支教老师很快就适应了新生活并乐在其中。早上七点二十的晨读，她教学生们唱英文歌。课间，学生请老师吃涂上"蘸水"（辣椒粉）的酸木瓜条。中午，师生一起在教室或宿舍吃饭。晚自习过后，她去女生宿舍和学生们聊天，临睡前为她们掖好被角、互道晚安，再回自己的宿舍备课、批改作业。有时，她会出门吃一碗路边阿娘卖的米线，雨季里跟着学生上山采蘑菇和松茸、放羊。

学生福根的成绩是全班最后一名，平时也几乎不与任何同学说话。郝琳硕来到他家才得知，孩子的父亲六年前就已去世，母亲靠打零工勉强维持生计,姐姐退学去了昆明打工。与福根母亲聊天时,郝琳硕听说孩子喜欢跳舞,鼓励孩子在学校的艺术节上表演,还带着他去找音乐老师编舞、排练。演出当天,1700多名学生齐声高喊着福根的名字,表演结束后送上一颗颗代替鲜花的糖果,现场如歌星演唱会一般热烈。捧着满满一大把糖果,福根低着头腼腆地笑了。

后来,孩子在作文中写道:"郝老师来到我家,那是第一次有老师来我家。她帮我学跳舞,告诉我能行。那天比赛,我永远忘不了那掌声和同学们送我的糖,甜甜的。我感觉在学校也有人爱我了。谢谢你们,我爱的人。"这篇作文得了全班最高分。

这些家访的经历让郝琳硕沉思。和中国许多地方的农村一样,她的学生们重复着父辈甚至祖辈的生活,每个周末步行几小时的山路回家,种庄稼、种烤烟,养蚕,放牛,养鸡,喂猪,上山采蘑菇,为家人做饭,去过最远的地方就是鹤庆县城。在学校,他们普遍厌学,更不会去主动思考如何改变自己的生活、家乡和未来,最常听到的说法也是:"好好学习,然后离开这里。"大部分学生因此初中毕业后就去城市里打工,再也不回家乡,少数考上高中的孩子同样以"逃离"为目标,教育成了送他们"出去"的工具,家乡却只能在持续的人口流失中一天天衰败下去。

"教育改变命运,孩子的命运可以改变,大山的命运谁来改变?我想,要让孩子们明白,学习对生活是有帮助的,也要让他们懂得,学习不仅意味着离开,更意味着回来,回来用自己的智慧和能力,肩负起改变家乡命运的重任。"

这样的想法,成为"让家乡的明天更美好"项目的源起。

二

按照郝琳硕的计划，这是一次调研活动。八周时间内，学生们将被分为若干个小组，分头考察当地的历史地理情况，寻找村里的问题，再据此制定解决方案。老师们希望通过活动让学生们关注家乡，愿意以后建设家乡，也让他们面对困难时有解决问题、改变命运的勇气。

活动一开始差点夭折。

郝琳硕把计划提交给校长段宏江，校长又上报到县教育局，没得到批准，领导担心影响学生的生活和学习。老师们尝试给县教育局打电话，还通过美丽中国支教的工作人员给县教育局发函，都没能成功。郝琳硕一度感到沮丧和动摇，但回忆起那些家访的经历，很快又重新振作起来。

她还记得，一次家访归来，自己给班里的每位学生写了一封信："虽然你们出生在山村，但是你们的天空是整个世界。真正会失败的人，不是梦想没有追到的人，而是一开始就放弃的人。只有做梦的人才可以圆梦。只有那些勇敢镇定的人，才能熬过黑暗，迎来光明。"如今，自己同样不能放弃。

"我不害怕困难，我就是为解决困难而存在的。"多年后，她成为美丽中国宣传视频中的主角，视频一开始就面对镜头这样说。

她决定亲自去一趟教育局。

那天，郝琳硕一大早就出了门，坐最早一班中巴车到了鹤庆县城，守候在县教育局门口。惴惴不安地等到七点多，终于等到局长来上班。她快步迎上去，用最简短的语言做了自我介绍，

"局长,我想找您聊一聊"。还没来得及往下讲,就被局长打断:"你先回去找你们校长谈吧。"

那一刻,郝琳硕自己也不知哪来的勇气,紧盯着局长的双眼:"我可以等,我就在这儿坐着,我跟您聊五分钟就行。"局长顿了一下,重新打量起眼前这个女孩:"你跟我进来。"进屋后给她倒了一杯水,仔细听郝琳硕讲完了计划,当场给段校长打电话表示同意。

首战告捷,老师们马上开始了活动的筹备。孩子们不知道什么是调研,连电脑都没用过,学校为此开放了机房,老师每天中午教孩子使用搜索引擎。孩子不了解村中的历史,就指导他们去问当地老师、村干部和村里的老人。有学生觉得任务太难想要放弃,老师就每周分享励志故事,增强他们解决问题的自信心。

郝琳硕本以为,孩子们会找一些诸如种庄稼缺水等显而易见的问题,各小组交上报告才发现,学生们的表现超出了预期。她和一个女孩去当地一座金矿调研,孩子主动和工作人员聊天,问了不少"犀利"问题,如"在这里开矿,会不会破坏当地环境?"问得对方不知该怎样回答。郝琳硕在旁边为学生捏了把汗,却也暗自佩服。

一份调查表上,学生写道:"地处较低的七坪村和地处较高的响水河村同用一处的水源。祖辈留下一个规定,白天上午七点到下午七点,水源归响水河村所有。下午七点到第二天早上七点归七坪村所有。但是由于在较小源头水的制约下,已远远不够两个村的使用。所以导致地处下面的七坪村民,每到小麦灌溉时节,必须要到海拔在上的响水河村去看守水源……"字迹稚嫩而整洁。

其他小组也不乏让人眼前一亮的选题。有的小组调查了水污染，有的调查村民的赌博行为，也有选题是"保护传承白族服饰与舞蹈"，还有学生意识到，当地许多家庭都种烤烟作为经济来源，但烟草损害人体健康，该如何评价其中的利弊？郝琳硕评价："这就是很好的批判性思维，这些孩子的创造力、想象力都蛮强的，思考问题有两面性。"

评选会那天，十五组学生依次上台，用各种方式展示自己的调查结果和解决方案：做实验，表演小品，朗诵诗歌，展示海报……以前和老师说话，孩子们都低着头，如今面对着上千名师生，他们声音清脆而洪亮。这让郝琳硕振奋："原来只知道死记硬背的他们，现在懂得用自己的思考来阐述和解决问题；原来只知道生活在学校和村子两点一线中的他们，现在认识到学习和家乡有着密不可分的重要性。从参赛学生们的话语中，我听到了希望，也听到了属于这片土地的未来。"

连校长都惊讶于学生的表现，他在当地任教近三十年，还是头回见到这些腼腆的孩子们在公众场合大胆发言，当即向老师们表示："如果你们想把项目做下去，我们支持。"还在学校建起了垃圾池，对垃圾进行分类管理，此前，当地从未有过"垃圾箱"的概念。

获得第一名的小组还赢得了去北京游学的机会，孩子们都是第一次走出鹤庆，从坐飞机到住宾馆，对沿途每个细节都感到好奇，第一次见到自动门时兴奋地说："我发现，宾馆的门是可以动的，我们走到它面前，它就会自动打开。这些科技的力量是我们从没见过的。"

还有很多孩子写下了活动的感想：

>在我们组多次的考察中，我看到了家乡的美，真正理解了罗丹的那句话："生活中并不缺少美，缺少的是发现美的眼睛。"

>以前，我总认为改变家乡是大人的事，与我无关。现在我明白了，改变家乡，人人有责。我们要担起这份责任，为了家乡的明天，我们要尽最大的力量。

>在活动中，我明白了团结的真谛，那是一种 1+1>2 的力量。世界本没有完美的人，可当我们在活动过程中一起奋斗时，我明白了，完美是存在的，当我们将我们的长处都发挥出来的时候，我们就是一个最完美的整体。

>我能，我看到了理想给我的无尽力量，我好像又有了崭新的生命。我们能，相信自己，就能创造奇迹，即使我们只有十四岁。十四岁的我们无所不能，因为我们有时间，有能力，有青春，有激情，我们敢拼敢闯，失败，又怎样？

二

活动大获成功，深受鼓舞的老师们第二年又举办了一届"让家乡的明天更美好"项目，声势更加浩大。

这次，她们众筹了 80000 元资金，附近两所学校也参与了进来。每个小组还有一位当地老师负责指导，他们大多任教多年，对当地特色了如指掌，更对这别具一格的活动形式感到新奇，因此分外投入。

这次活动的主题定为"家乡的物产与文化"与"身边的职业"。各小组调研结束后，学校专门腾出一间教室用于展示成果，展品琳琅满目。有学生探访了镇上的"国公庙"，介绍了明朝将领傅友德的生平，调查造纸工艺的学生带来了造纸的原料、原浆和竹筛，调查养蚕的学生带来了桑叶和蚕茧。一个女孩调查了"村宴厨师"这个职业，晒出各种云南菜的照片，"让家乡明天成为美食的天堂"。三位傈僳族的学生穿着民族服饰，在会场中当起了模特。几位调查打工者的小学生甚至专门借来了安全帽，满是稚气的脸上画上了一副小胡子。

从此以后，"让家乡的明天更美好"项目作为鹤庆当地的特色教学活动固定了下来，每年一个主题。2013 年的主题是"职业"；2014 年的主题被定为"创业"；2015 年是"家乡现有环境问题"和"家乡的昨天，今天与明天"；2016 年，参赛学校各自设计主题，如"美丽乡村，难忘乡愁""家乡的美好与问题""家"；2017 年的活动主题是"咱们鹤庆好风光"，学生们以旅游业为线索，调查家乡的景点：黄龙潭、草海湿地、马耳山、石宝山等，每一处风景都留下了他们的足迹。

2014 年那次，学生们除了了解家乡的环境、特产、文化，还把这些变成了创业点子。他们自己动手，用硬纸板糊成各种建筑模型："鹤庆梦之缘蚕丝制品有限公司"要生产一系列蚕丝、蚕沙制品，从而"带动家乡蚕桑种植业、桑蚕养殖业的发展，同时还能解决少部分家乡人民的就业问题"。在计划中，这家"公司"建筑面积约为400平方米，总投资201.6万元；"舌尖上的松桂"项目顾名思义，是一家经营特色小吃的餐饮公司；"松桂阳光医院"准备"以患者为中心，提供好的医疗技术、服务、态度、休养环境"。

"新源垃圾变身处"则是针对当地乱丢垃圾、污染环境的现状设立的，"该项目采用闪蒸矿化处理器将生活垃圾快速化、无害化、无剩余化、资源循环利用化处理。进来的是垃圾，出去的是产品"。

活动的最后，孩子们不仅获得了去昆明游学的机会，还在那里举办了一场义卖会，拍卖那些来自家乡的特产：有着上千年历史的鹤庆新华村银器，近乎失传的白族手工扎染制品，孩子自家的白族手工刺绣，当地村主任亲自把关生产的野生松茸干片……在家乡人的踊跃支持下，拍卖共收入12000余元，除了用作这次昆明之行，还作为以后活动的资金。

很多学生都因这一活动而受到启发。老伞村的孩子看到村前的漾弓河受了污染，打算制定保护水源的方案。和乐村的学生觉得家乡环境优美，想办一家旅游公司，让城里人周末来村里玩。傈僳族姑娘开始向村里的老人询问民族服饰的来历。本就熟悉山间一草一木的"山野小行家"们真正深入了解起家乡的野生菌、烤烟、板栗、大麦、核桃。

鹤庆二中的学生小盛之前一直是学校政教处的常客。2013年，他看到活动的主题是职业调研，只是觉得"好玩"，便和同学报名参加，还担任起组长，他们调研的职业是建筑工人，这正是父亲的工作。组长的头衔让他不得不以身作则，培训时开始带头认真做笔记，课后还主动找指导老师沟通。周末则召集队友开会，一起讨论采访提纲，设计调研报告的框架，整合搜集来的信息，并安排两个文笔好的女同学执笔拟写调研报告。制作小组海报时，他还东奔西跑去冲洗照片，把字写得好的同学借过来，向老师索要各种资料。活动评选时，他的小组获得了二等奖。

小盛在总结心得时写到，这次采访父亲，才发现在太阳底下做建筑工的他有多么不容易。那天晚上，父子俩罕见地坐在一起边吃边聊，儿子问，怎样才能做好一个建筑工，父亲告诉他，自己当初是如何跟着师傅一砖一瓦地学。工资一开始很低，练了很久，技术熟练后才慢慢涨起来。灯光下，父亲黝黑的脸庞上满是艰辛岁月的刻痕。

"我第一次意识到，自己经常在学校打架是多么不负责任。"学生写道："父亲靠体力活支撑一个家本就不容易，我还在学校惹一堆麻烦让他来承担。这次项目使我跟爸更亲近了，也觉得家乡没那么虚，没那么远了。"

在他们小组的海报上，小盛还写了一副对联赞颂建筑工：风吹日晒造新舍，雨洗烟收扶子孙。

这是心里话。

四

2012年，结束支教的郝琳硕选择去哈佛大学读国际教育政策的硕士,这与她此前的金融专业去之甚远。

改变学生的同时,老师自己也有了改变。郝琳硕还记得第一次"让家乡的明天更美好"项目结束后带学生去北京的场景。在美丽中国支教办公室,工作人员围住几个孩子问长问短,一个学生告诉他们,自己去了故宫、长城、国家博物馆,还在北大、清华和哥哥姐姐们聊天,"以前这些只有在课本上才看到"。郝琳硕默默听着,湿了眼眶:"昨天他们还在田里拔麦子,今天就可以来到北京。我们只做了这么一点努力,却让他们看到这么多原来没机会看到的东西。也许他们的人生,就可能因为这样的一点小事有所改变。"

也是这样的想法,使她选择了教育专业,之后又加入世界银行,为其下属机构 IFC 做发展中国家教育项目投资的研究和评估。在这里,她要解决世界上因贫困导致的各种问题,支教生活就此改变了她的人生轨迹。至今她都觉得,在松桂镇和学生们在一起的那两年,是自己人生中最美好的时光。

她依旧和学生们保持着联系。30 多个孩子自发建了微信群,每天用白族话和方言进行语音聊天,很多内容老师依旧听不懂,却觉得带有一种生疏的熟悉感。2013 年她回到了学校,和几个学生见面吃了饭,归途中,有学生给她发信息:"郝老师,那一年有你真好。"老师心里涌起阵阵暖意。

这些学生当中,有人考上了大学,自己做小老师,带大一新生。也有孩子在昆明的师范学校就读,以后同样想当老师。福根初中毕业后来到昆明,报考了一所艺术专科学校的舞蹈班,几天的考试和焦急的等待之后,他收到了学校的录取通知书。字莉萍是郝琳硕当年的英语课代表，小小的个子，消瘦的脸上一双灵动的大眼睛，乖巧而安静。她觉得自己当年"心态很不好"，很多事情不敢去做，在老师的鼓励下，逐渐敢于大声告诉别人自己的想法。2015年高考，这位傣族女孩以603分的成绩被华北电力大学录取，为此还特意给郝琳硕打了电话："老师，我终于要来北京了。"

"都说支教是奉献，其实正好相反，我们的收获其实比学生的收获还要大。在美丽中国支教的两年，让我有了在欠发达地区工作生活的亲身经历，也有了动力来做对世界有意义的事情，还让我能够在更大的平台上影响和帮助更多人。在带给孩子们改变的同时，我也收获着自己内心的那份成长与成熟。"

郝琳硕还记得，离开松桂镇那天，班里那个调皮的男生帮她拎着行李送她上车，眼睛红红的，"郝老师，你吃碗米线再走嘛"。这句话从此留在郝琳硕的记忆里。

而她发起的"让家乡的明天更美好"活动，如今已扩大到整个鹤庆县：松桂中心小学、三庄小学、金墩中学、六合小学……六年活动累计影响学生近4000人。活动还有了自己的专属标识：一只黑色老虎，它是当地的工艺品"瓦猫"，许多白族民居的房顶上经常能看到，每个学生对它的来历、用途、传说都如数家珍。

郝琳硕知道，学生们想要把这些计划付诸实施，还有太长的路要走，他们目前的任务仍然是学习。不过长大后，这些年少时的想法仍有可能为他们建设家乡提供动力与方向。改变也许很久以后才会到来，但首先，老师们要改变孩子的内心："我们有很多改变这个世界的方式：环境保护、基础建设、医疗等，改变人心才是最大的一种改变。"这也正是美丽中国支教这些年来一直在做的。

2014年那次活动,老师们还提出一句口号:与其在别处仰望,不如从家乡起航。举办那届活动的支教老师李准写道:"我们坚信有一天,当我们在这深山里看到了一片无比茂盛的森林,不必惊奇,那一定是我们的孩子们,他们已经成为参天大树,哺育着幼小的生命,呵护着年迈的双亲,守护着由他们建设的最美的家乡。"

念书，为了不被轻易取代

> 即便在工厂里，也要说出自己工作的意义。学习是为了让自己变得更有竞争力，不要轻易被别人取代。
>
> ——题记

支教两年，陈骁最尴尬的一次经历是，被自己的学生问住了。

分为四五层的架子上密密麻麻挂满了 S 形小铁钩，一双稚嫩的小手正将更多的铁钩整齐地挂在上面，动作敏捷娴熟，让人想起正在快进的卓别林电影《摩登时代》。挂满之后，铁钩连同架子会被一起拉去用喷枪上色，负责下一道工序的工人将取下这些铁钩，装配到颜色相同的女性内衣上，架子则会浸泡到硫酸溶液中，褪色后再取出来重复使用。

这就是学生小红的日常。学校里还有不少同学和她一样，每天下午四点放学后，回家或者去作坊里做工，一直做到晚上七八点钟。

望着学生周而复始的动作，陈骁有些感慨，他劝孩子："你这么辛苦工作,也赚不了多少钱吧?还不如好好读书,以后去考大学。"女孩咧嘴笑了:"老师,我暑假挂一个月内衣扣赚的都比你多,你读那么多书又有什么用呢?"

那一刻,陈骁不知该如何回答。那时他每月的补助不到3000元,小红每挂满一个架子,可以拿到5元钱的报酬,一个暑假就能挣到这个数额,"读了十几年的书,被一个孩子问得哑口无言,这是多么尴尬的瞬间"。

生长在皇城根下,毕业于全国最好的中学之一——北京四中,陈骁却在南方度过了足足六个年头。前四年他就读于浙江大学,后两年则作为支教老师来到广东的潮汕地区。在一般人眼里,"来广东支教"似乎是个奇特悖论,事实上这里也确非贫困地区,以陈骁所在的沟湖学校为例,教学楼、大礼堂、多媒体教室、实验室一应俱全,远比大部分乡村学校的条件要好。

落后的主要是观念。

沟湖学校位于广东省汕头市潮南区陈店镇,当地以内衣加工业闻名,街道上最常见的是鳞次栉比的工厂,大到几栋楼组成的厂区,小到只有一个房间、一两台机器的家庭作坊,每天都有难以计数的女性内衣被生产出来,穷尽各种颜色式样,由此流向全世界。金钱的气息时刻在空气中翻涌着。这里没有剧场,没有图书馆,书店里几乎全是教辅书,这也是大部分学生唯一看过的书籍。如果你去问孩子们未来的梦想,得到的回答十有八九都是"当老板,赚大钱"。

内衣的生产工艺并不复杂,只要经过简单练习,任何人都可以在作坊里打工,这也促使许多家长为了多挣钱,让孩子也跟着干活，他们并不认为子女有接受太多教育的必要。陈骁在的时候，沟湖学校九年级每个班都有不少学生辍学，其他家长之所以允许孩子读完初中，一个十分普遍的理由仅仅是，上学不要钱。

那些离开学校的孩子，大部分的选择是去珠三角地区打工或开店，也有些留在家里，帮家人或亲戚打点生意，即便初中顺利毕业，也大多会选择各种中职学校。上高中的是少数，上大学的更少，家长觉得既花钱又耗时间且没意义，这也导致那些还想继续读书的孩子，经常在内心意愿和家庭要求之间摇摆不定，不止一个学生问过陈骁："老师，我不知道是读高中好还是打工好？"

与小红的那次对话使陈骁陷入了沉思。上高中、读大学，真的不如去打工挣钱？念书到底为了什么？学习的意义何在？不仅是学生们，连他自己都是第一次深入思考这些问题。

陈骁想起自己的大学时代，和眼前的孩子们一样，那时他和不少同学都对毕业后的出路一片茫然，一门名为"职业生涯规划"的课程解答了他们的不少困惑。它会帮助学生们分析自身的长处、兴趣、能力，为他们的择业提出建议。这也给陈骁提供了灵感，尽管无力扭转辍学的情况，但他觉得至少可以告诉学生们，除了打工开店，他们还能干什么。

经过近三个月的准备，2014 年初，属于沟湖学校的"职业生涯规划"召开了。这组被命名为"益学成长·沟湖职业讲坛"的系列讲座共分六期，第一期旨在让学生们"了解自己，了解职业"，包括一些职业测评、性格测试等。第二期针对当地重男轻女的普遍风气，推出了女生专场讲座"妳可以很出彩"，三位女老师分享了自己的成长过程与职业经历。接下来的几期，老师们先后介绍了初中毕业后可以选择的各类学校,从高中到中专、职高,直到大学。

这组讲座获得了出乎意料的热烈反响,几乎场场爆满,连当地不少老师和学生家长也来旁听。在陈骁本人主讲的"初中毕业求学路"那期,原定120人的教室挤进了150多人,只好在教室后面又多添了不少条凳。

讲座的开头,大屏幕同时出现了"中职""技校""职高""中专""大专"五个词。陈骁介绍了这几类学校的基本差别,并安排了几个情境,队友谢晨颖以学生身份提问:我学习成绩太差了,初中毕业后还有学校能上吗?我觉得读书好烦啊,想先去挣两年钱再回过头来上学,可以吗?工作两年后不读中职上大专,可以吗?初中毕业后能考公务员吗?……针对这些问题,陈骁逐一进行了回答。

他还介绍了几所知名度较高的中职学校。"新东方"的标识在屏幕上出现,下面有学生接茬:"这是教炒饭的学校。"陈骁纠正:"这是教英语的那个。它不是中职学校,是培训机构。"说着切换了屏幕,大红的背景中,一位厨师在学生们眼前亮相:"这才是你们说的新东方。"然后他又介绍了蓝翔技校,演员唐国强带着标志性笑容出现在屏幕上,教室内一片哄笑。

第二年的职业教育,陈骁和队友又在学校举办了一场"创业家挑战赛",学生们分为四人一组,目标是在镇上开一家属于自己的店铺。这次反响更加热烈,第一天就有上百人报名参与。比赛的第一个阶段是调查学校周边的所有零售店,学生会通过抽签决定自己调查的产业类别,然后采访相应店铺的老板。刚开始,他们往往不得要领,有孩子去店铺里,第一句话是:"老板,我要调查一下你。"也有孩子过于羞涩,进了店一直不说话,老板以为他们是来买东西的。还有孩子刚好赶上老板最忙碌的时候进店采访,自然被一口拒绝。没过多久,他们只能纷纷求助:"老师,店主都不理我们,采访做不成怎么办?""老师,我们只剩下采访没做了,好难,能不能不做?"为避免再出现类似问题,老师们特地教授了一些与陌生人沟通的方式与技巧。

调查之后是画地图。每个团队都要用不同颜色的彩笔,在街道的对应位置标注出同一类产业的店铺,各种颜色的店名拥挤在一起,有近50家之多。学生还要据此写出市场分析报告:附近有多少家店、主营哪些业务;为避免竞争压力,不要开哪类已有的店铺;哪些店目前还没有,可以列在考虑范围内。

在第一阶段的基础上,学生们需要完成"创业计划书"。它由学商科的谢晨颖设计,陈骁等导师则会在起草过程中进行指导。

"依米之梦"队准备在镇上开一座五层的购物中心,他们的计划书分十二个章节,包括"调查与发现""创业背景""市场分析""营运组织设计",以及"施工进度""财务计划"和"预计盈利"等情况。孩子们甚至特意绘出了大楼每层的平面图,从百货到健身房、咖啡屋、KTV,一应俱全。

"哈哈队"的计划是办一所幼儿园。创业原因是:"一方面为盈利,但更多的是考虑到给孩子们提供一个好的幼儿园,让他们的家长不担忧。"为此"服务肯定要好,幼师性格不能暴躁,以免对孩子造成影响。用心去跟孩子们交流。上课时,提问题如果对了的话,就给他们一些奖励,如小红花、糖果等"。团队还认为，其他两家幼儿园"装饰简陋，游戏设备少，安全也不是很全面，我们的游戏设备多，防范意识高"。启动资金"可能需要100万左右"。

经过一个月的紧张调研与考察，各队迎来了最后的高潮——"展示自我"环节，他们需要轮流上台阐述创业计划，从而获得资金支持。"梦想之家"队准备在镇政府对面开一家健身房，为了打动观众与评委，两位男生当场各自做了五个俯卧撑。"阳光天使"队表演了一场情景剧，模拟了导购员向顾客介绍硅藻泥的情况，队员们娴熟地操着各种专业术语，称硅藻泥"是一种天然环保的内墙装饰材料，优点源于它独特的分子结构……"

每个团队阐述完毕，坐在台下的"天使投资人"会就创业计划提一些问题。他们当中有一半成员是当地的几位店主，出于兴趣而参与活动；另一半是学校领导和支教老师，如今他们都有了新身份，当时还担任项目主管的任盼就成了"在云南和潮州发展事业的农民企业家任老板"。

一些精彩对话往往出现在这一环节。面对健身房计划，有投资人问："我是投资人，我的家属有打折吗？"回答是："这个没有。""信念团"队卖的是代步车，投资人问车的最高时速是多少，成员迟疑片刻回答："比一般电单车快。"投资人建议他们："卖车送保险。"

"最初梦想"队准备卖饮料，投资人问饮料有什么品质保障，回答是："有的。"进一步追问下，他们又说，店里会设有质量检测员，如果消费者还不放心，"可以先自己喝给顾客看"。投资人继续问："是不是每一位顾客来，你都要喝给顾客看？整天都在试喝，你受得了吗？"孩子们只能在满场笑声中强调，这种情况只有在顾客实在不放心时才会发生。

比赛进行到"投资"环节。每位"老板"手中都有20万元"资金"，用"益学成长银行"发行的玩具钞票来代表，通过投票形式支持自己认可的创业计划。一时间，会场内不断响起"第八队投4万块""投给'梦想之家'两万块"等声音，负责计票的学生随之将对应数额的"钞票"贴在计分板上。一位投资者宣布"阳光天使，十万块"，会场内第一次响起了鼓掌欢呼声。最终，这个团队成为获得优秀奖的两个团队之一。

这些尝试大获成功。在此之前很多家长都对讲座的内容闻所未闻，之后不约而同准备给孩子报考那些中职学校。陈骁收集的学生反馈也显示，不少学生或是去关注中职学校，或者埋头备战中考，希望能考上高中，"月收入比老师还高"的小红就是其中的一员。听完讲座，她打算考幼儿师范，也暂停了每天挂内衣钩的工作，开始潜心备考。另一位学生小璇此前对未来没有任何规划，也不清楚学习是为了什么，听完讲座经常主动来找老师，探讨未来的学业。她中考没能考上自己梦想的高中，但也在一个不错的中职学校学习电子商务。

两次职业教育之后，陈骁还带一些学生和家长进行了游学，地点分别是汕头大学和中山大学。这些孩子此前大多没出过汕头市甚至陈店镇，家长也从未来过大学，两次游学给了他们无数新奇感受。一个男生平时不爱说话，却永远走在队伍的最前面，随时关注老师们买地铁票、旅社办理入住、餐后结账等各种细节。几个女生手里永远拿着小本，听到任何新鲜事都记下来。在中山大学参观时，校园里刚好有几位大学生穿着学士服拍毕业照，他们很开心地接受了合影的邀请，一位大学生还把学士帽戴到了一位女孩的头上，孩子自述，那一刻自己"感动得想哭"。离开汕头大学的归途中，还有家长在旅游大巴内站起来，主动与其他人分享心得，表示这次参观对自己帮助很大，愿意供孩子继续念书。

还有学生写道："小时候，我总觉得有本钱就可以做生意，再大些，我又觉得抓住时机便可以经商。现在，我认为商界是一个神秘的小宇宙，里面的学问无穷无尽，等着我去探索。这就是差别。如果仅拥有做生意的本钱，那么顶多就只是一名小商人，而仅抓住时机，也同样是不够的。唯有不断改进，不断探索，才能走得更远。"

一两次活动并不能达到一劳永逸的效果，陈骁清楚这点，当地长期以来形成的风气不可能短时间内出现立竿见影的改变，即便是进行了职业教育，仍不乏有选择退学的学生。他班里的一位学生每次考试都在班里名列前茅，考高中完全不是问题，本来是陈骁眼中"最不该退学的学生"，却还是在初三上半学期的期末离开了学校。大为意外的陈骁去了解情况，才得知她尽管成绩不错，其实对学习没什么兴趣，反倒更愿意和家里人一起在镇上开服装店。

"直到她走的那一刻，我都想不出她为什么退学。我花了那么多时间做挑战赛，带学生出游，却并没有好好了解我自己班里的孩子。"陈骁回忆，"不敢说她选择去赚钱，就一定没有继续读高中好，但我希望，每个孩子都尽可能真切了解到足够多的人生选择后，再去做出自己的决定"。

另一位女生同样成绩优异，自己也对学习有着浓厚兴趣，家长却坚决反对读书，一心要她留在家里做手工花边。陈骁和女孩的父母兄姐逐一谈过，都表示"家里没钱"，他又推荐了北京的一所专门收农民工子弟、全免费的职业学校，得到的结果仍然是拒绝，这让学生十分痛苦。两年后，陈骁得知了孩子的近况，她的家庭经济状况已有好转，父母也已同意孩子继续读书，学生却改变了主意，希望先积累几年社会经验，"不在学校学习知识，就学学社会知识"。陈骁告诉她，只要愿意继续读书，自己一定会全力支持。

这件事也给了他很大触动。"支教要去了解当地人的想法，在当地那些家长、老师看来，我们都是外来者。我们也会不自觉带着一些先入为主的观念，其实，我们和当地人的生活环境一直不一样，不能轻易把自己的价值观安在他们身上。所以我们不要轻易判断一些事的对或错，不上学未必是错误的，可能背后另有原因。"

如今，陈骁已结束支教生活，但依旧和毕业的学生保持着联系。有孩子会询问高中学习方面的问题，有的会讲自己生活情感方面的困惑。曾想做幼儿教师的小红因为种种原因，最终选择了在一家超市做收银员，但心态已有很大变化，每次和老师联系，她都会兴奋地分享自己的现状：工作如何，怎样受老板的赏识，老板向自己推荐了哪些书，教自己怎样开店，还强调自己"每天都很开心"，自始至终没有再提挣了多少钱，达到了老师"希望她达到"的状态。

这也让陈骁多少感到欣慰。尽管没法让所有孩子都考进高中，但他知道，自己的努力并未白费。与学生相处的两年里，陈骁一直强调："无论你们上不上学，无论你们到了哪里，都不要放弃学习。"如今与学生们的沟通中，他仍然经常这样说："即便在工厂里，也要说出自己工作的意义。学习是为了让自己变得更有竞争力，不要轻易被别人取代。"

今天，我终于成了你们

> 就这样，一年，两年，支教时间结束。
> 老师，遇见你是我小学最大的幸运。
> 相信在日后，我们仍能遇见。
> 到时候，我想大喊一声"晓慧老师"，
> 之后我们还会……拥抱。
>
> ——题记

  刘晓慧一直珍藏着学生的一张照片。

  照片上的女孩叫满玉，梳着齐刘海，坦然直视着镜头，笑容自然而大方，毫无乡村孩子常见的腼腆忸怩。她双手举着一张手绘的"个人成长足迹"，记录了自己小学六年的经历。

  照片摄于2016年6月，夏校小学六年级"星空班"班长满玉以全镇第一的成绩考进了县城中学；再往前，2015年10月，北京的一场慈善晚宴上，她的手绘作品《鸟的存亡》拍出了6万元的高价。这一切正像她身后黑板上的彩纸贴着的那八个字：璀璨星空，我最闪耀。

仅仅是两年前，面对着同样的相机镜头，满玉和同学们的反应全然不同。他们的眼神不断躲闪，以致刘晓慧迟迟无法按下快门，费了很大力气才给全班拍下一张来之不易的合照。照片上的11位学生，有的望向别处，有的直愣愣盯着镜头，没一个人脸上有笑容。那时候，他们大多学习基础薄弱，缺乏学习热情，对未来更没有任何打算。

这一切持续到2014年开学前报到的那天，支教老师刘晓慧走入他们的生命中。

五年级的教室位于楼道拐角，刘晓慧还没走近就察觉出一丝异样，校园里每一处都充满了喧嚣，老师必须费很大力气才能让孩子们保持安静，这里是唯一的例外。

走进教室，眼前的孩子们沉默着各自打扫卫生，刘晓慧尝试着向几个学生打招呼，他们像没听见一样走掉了。陪同的当地老师叫来了班长满玉，这也是师生的第一次见面，女孩的气质和整个班级保持着高度契合，淡定面对着新老师的每一句问话。

一片寂静中，刘晓慧开始了第一堂课，她尽力热情地介绍自己，在课堂上展示事先准备好的视频和照片，问学生们："你们有什么喜欢的事情？"一片沉默。"你们喜欢什么样的课？""你们喜欢语文、数学还是英语？""你们喜不喜欢语文？"问题从问答简化为选择，再到判断，学生始终没反应。

一切沟通的尝试都宣告无效，空气中充满着一股"尴尬"的气氛。孩子们有的茫然望向她，有的低头紧盯桌上的调查问卷，那是刘晓慧为了解他们的兴趣爱好而精心设计的。很少有人在上面写字，为数不多肯作答的，要么字迹难以识别，要么语句根本不通顺。

满玉也是沉默的大多数中的一员,"其实她心里什么都知道,只是不愿意说,习惯了"。刘晓慧能感觉到,当时班里的同学都充满了对陌生人的提防,长久以来自信的极度缺乏更加深了这点。

新老师没想到会遭遇这样的场面,她有些手足无措,但还是在冷场中按预定计划上课:介绍班规,让学生做自我介绍。被点名的孩子有的能说上两句,有的站起来也不知该说什么。好不容易熬到下课,刘晓慧默默收拾起材料,走出教室,没人理会她。

支教前,有当地领导对她叹息,这个班在全镇都有名,你不容易。如今刘晓慧对这句话有了切身的体会。

夏校小学位于广东省潮州市饶平县浮滨镇。学校在山里,交通闭塞,村民多以种茶为生。刘晓慧来的时候,全校共105名学生,人数最多的班级有24人,最少的只有4人,五年级的11名学生集中在一个班,刘晓慧后来把它命名为"星空班",她是班主任。孩子们大都只会讲潮汕话,听不懂普通话,认识的字也十分有限,好几个孩子难以读出完整的句子和段落。全年级语文平均分一般保持在30分左右,只有两个学生能及格,满玉是其中之一,"居然"能考到85分。

刘晓慧没有退缩。眼前的一切——群山,村庄,学校,还有学生,对她来说并不陌生,她就是在类似环境中长大的。

出生于安徽一个小村庄,刘晓慧对农村教育资源的匮乏感同身受。她初中的学校也坐落在山里,只有一栋教学楼是三层,其他都是瓦房。不足20平方米的宿舍分为上下两排的大通铺,三四十人拥挤在一起,屋里也是黄土地。每周她都要从家里带饭菜去食堂蒸,夏天菜吃过两三顿后就会馊掉,她们只能用白糖和辣椒下饭。高中是全县最好的学校,即便如此,每班也只有寥寥几人能考上重点大学,为了争取这一渺茫机会,所有人的高中生涯除了学习,几乎再无其他。

直到 2010 年考上南开大学,刘晓慧才平生第一次坐上火车,走进校园更切身体会到城乡教育资源的巨大差别。大二那年暑假,刘晓慧参加了一次短期支教,给孩子们上阅读课,也对公益行业有了初步了解。大四时她旁听了美丽中国支教的宣讲会,由此做出了长期支教的决定。她想起小时候几位来家乡支教的大学生,在他们办的夏令营中,五年级的自己第一次知道了"大学"的存在,仿佛看到一个美丽新世界:"我想以后变成他们。"

出身农民的父母并不清楚"支教"是什么,他们本来希望孩子在城市找一份稳定工作。刘晓慧将工作性质解释了一番,他们依旧不大理解,出于对女儿的信任,还是同意了。后来每次通电话,父亲都会叮嘱:"做什么事情都要坚持下去,要好好教孩子。"

2014 年,刘晓慧从南开大学商学院毕业。这一年,全中国 727 万名本科毕业生拥向一线城市,她则转过身,走向潮汕的乡村。

二

下课铃声响起,满玉像往常一样背起书包走向校门,却意外发现,那位大家都害怕的新老师主动来到自己面前,表示要送她回家。

其他孩子不愿回应自己,刘晓慧决定一个个单独交流。她觉得相比其他学生，班长还算易于沟通，因此从她这里开始。

这是满玉此前从未得到过的待遇，她沉默着接受了新老师的善意。漫山遍野的茶树掩映着一大一小两个身影，刘晓慧和她聊了很多，满玉的家庭，班里的同学，她喜欢的课程，日常的爱好，脚下的这片土地。也在闲聊中得知，满玉的母亲文化程度不错，姐姐学习也很好，受家庭因素的影响，满玉每次考试分数都很高，但她仍然觉得学习很无聊。

这次谈话成了师生关系改善的开端。刘晓慧不再强求学生与自己当面沟通，而是鼓励他们把想说的话写进周记，什么内容都可以：愿意说的心里话，生活中的趣事，自己对事物的思考。如果实在写不出来，做笔记摘抄甚至画画都可以。

在老师的再三强调下，学生们开始尝试着写一些不同于作文的内容。学生小婷描写了家里的黄皮树："我热的时候，它为我挡热，下雨的时候为我挡雨，所以我们要好好珍惜植物。"还在周记中夹了两片树叶："老师这是我给你的黄皮树叶，请问老师你的家乡有黄皮树吗？你们的黄皮树是这样吗？"另一次，她记载了刘晓慧给自己家打电话的经历："那时，我心里非常害怕，是不是来说我成绩？我被吓得魂都丢了，原来是找我妈妈。""我听着妈妈的语言，我忐忑不安，心想是不是我在学校做了什么事，还是我考试不及格了。"

学生小纯则记下了老师的一项教学尝试。为了提高阅读能力，刘晓慧要求学生们反复读课文，上课读，放学也读。因为无法放学后监督每个孩子，她决定募集二手MP3，有人质疑这是否太奢侈，刘晓慧解释，这是为了让学生们在家录下朗读课文的声音，上课时供自己检查："后来，MP3 到我们手上了，您也让我们每人录了一段语音，这一段语音就是送给捐 MP3 给我们的那些人。"

满玉的周记一直是字迹最工整，内容也最丰富的一个。她会在周记中思考如何与同学相处，探讨人生乃至死亡的意义，还会把课文《我的伯父鲁迅先生》改编成剧本。有时她会摘抄古诗或收集成语，用水彩笔勾勒出边框，在空白处配上自己画的蜻蜓、西瓜、荷花。

在一篇周记里，满玉记下了"护蛋"的故事。刘晓慧带来了 11 个生鸡蛋，要学生们保护一整天。孩子们给鸡蛋包上袋子，或者包上一层棉花，还有的两样都包；有衣袋的藏衣袋，没有的拿在手里，其他年级的孩子笑话时，他们会说："这是我们的责任。"当满玉不小心把鸡蛋磕到栏杆时，"我都不敢看那蛋了，生怕看到什么蛋白还是蛋黄流了出来"。"所以我就用手去摸，摸摸看还有没有那个蛋的形状，因为如果坏了，我是摸得出来的。"直到确认鸡蛋安全后，她才敢看它。

这篇周记后面，刘晓慧用红笔写下长长一段评语："看到你们分享的这些护蛋的趣事，老师也觉得好好玩。我的眼前仿佛都能看到你们俩那时担心的样子和表情，写得太生动太棒了！尤其在这么有趣的活动中还能让大家体会到'责任'那个词的重要，老师这 11 个蛋真是买值了。"

学生们的每一篇周记，刘晓慧都会认真回复，尤其是满玉的。她的红字经常会比满玉的黑字更多，有时还会和孩子分享一些自己的趣事，师生在不期然间结成了秘密的笔友。

除了讲授课本的知识，刘晓慧也开始给学生讲故事。她给二年级的孩子看《三个强盗》，他们画出了彩色的强盗，"我给他涂成彩色的，因为他是好的强盗"。四年级的孩子听她讲完《失落的一角》，自己创造出了《小可怜历险记》。五年级看的是《最想做的事》，一个有听读障碍的孩子主动指着书，大声念着："黑……脸……脚……"

这些表现让刘晓慧决定建一个图书室。她记得幼时就读的希望小学就有这样一间屋子，那里是自己童年时的心灵家园。"天堂应该是图书馆的模样"，她相信博尔赫斯的这句话，更坚信阅读对孩子的重要性。

刘晓慧从自己参加过的公益组织那里得到了帮助，还通过网络募集了6000元资金，书架桌椅都由她和队友鲁思凡亲手组装和搬运，她们经常要把装着100多本书的小书架搬来搬去，到了后来，两个女孩已经可以轻松抱起装有50多本书的书架。有6个小书架，卖家发货时忘了打孔，她们因此又学会了打孔技能。

一番忙碌之后，"故事小屋"建成了，这是刘晓慧在全校征集后确定的名字，它分为低年级阅读区和中高年级阅读区，配备了高矮不同的桌椅，地面铺上了泡沫爬行垫，桌椅也都选择了可以折叠的样式。

"小屋"的落成，成了这所小小的乡村学校的一件盛事，也让许多孩子找到了乐土，五年级的小东就是这里的常客。作为住宿生，他此前放学后的主要消遣就是坐在旗杆下无所事事地发呆，"故事小屋"开放后，他安静依旧，只是每天雷打不动地坐在图书室的一角，看自己喜欢的大百科全书，还常在周记中用磕磕绊绊的语句记下收获，开头往往是："老师我今天看了大百科全书，认识了这些动物/植物/军舰/建筑/食物……"后面是"报菜名"般不厌其烦列出来的一长串名单。即便如此，只要肯写周记，刘晓慧都会一如既往地对他加以鼓励。

改变在悄然发生，尽管慢了些。小东的周记慢慢从两三行变为几行、十几行甚至两三页；看书最多的小佳，平均一个月能看四五本字书，有时一个月能看3000多页。其他许多住宿生们也会主动和刘晓慧聊起书里的角色：青蛙弗洛格，花格子大象艾玛，小兔古纳什……

孩子们的阅读、写作和表达能力都有了提高，新想法也涌上刘晓慧心头。

三

除了语文课，刘晓慧也教授美术，她决定把两门不同的课程联系起来，为此在学校里办起了自制绘本活动，教孩子们自己创作故事，再进行分页，用铅笔绘制草图、扫描、上色。不同于以前上课时的漠然，如今孩子们已经可以满怀自信地前来报名了："老师，你看我可以不？"

一份又一份充满童稚想象的画作交了上来。惜敏的作品是《好饿的毛毛虫》——一只"贪吃蛇"般弯曲着身体的毛虫被各式甜点、水果环绕。丽霞的《大树爷爷的四季图》描绘了小白兔与大树爷爷一年四季的相处。秀文和苗如在一块块心形硬纸板上画出了《鱼儿的世界如此渺小》，讲述了鱼妈妈为保护孩子们牺牲的故事。

满玉的画作成了最大的惊喜。活动期间她几乎从未找过刘晓慧指导，交上来的绘本却讲述了一个环保故事：人类的捕杀使鸟类灭绝，肆虐的虫子吃光了花草树木和各种动物、喝干了河水，即将成为下一个目标的人类悔不当初，最后在自然之神的帮助下，回归的鸟类消灭了虫子，世界恢复了平静，人类和鸟类从此和平相处。

这个名为《鸟的存亡》的故事，灵感源自满玉的一次亲身经历。那次她刚捡到了一个鸟窝，一只小鸟就死掉了，出于对这个逝去小生命的惋惜，她创作了这个故事。此前从未学过构图和配色，她却把每个元素画得栩栩如生。刘晓慧觉得，孩子对色彩非常敏感，更难能可贵的是，这幅作品表现了孩子对艺术的热爱，对环保问题的思考。

2015年的夏秋两季，《鸟的存亡》开始了自己的奇幻漂流之旅。六一游园会上，它和其他绘本在夏校小学展出。7月，它被推荐参加了饶平县组织的"美丽家园·绿意"青少年绘画比赛，并获得小学生组的一等奖。暑假期间，它又参加了"画说"公益画展，在厦门、合肥、桂林、郑州四个城市展出。

那年10月，《鸟的存亡》入选了北京木木美术馆一场慈善拍卖晚宴的拍卖名单，并被意大利菲亚特家族继承人Lapo Elkann以6万元人民币的高价拍得，Elkann对它赞不绝口，称这是此次中国之行收到的最有意义的礼物。这笔善款也将用于支持乡村儿童在艺术层面的实践，以帮助像满玉一样的孩子。

对这些荣誉，满玉一如既往地宠辱不惊。母亲对她说，最重要的不是拍了多少钱,是大家喜欢你的想法,你的画会帮助更多的小朋友,你是在做一件好事。

因为这次得奖,她获得了一次游学机会,刘晓慧带着她和另一位同学小悦来到北京和天津。时候是寒假,从小生活在南国的两个孩子第一次见识了北方的冬天。她们用老师借给自己的相机,拍下每一棵只剩光秃秃枝杈的树木。只要在路边看到积雪,她们就会过去摸一摸,踩上一脚。站在未名湖的冰面上,两个孩子既担心冰面会裂开,又对双脚站在冰上的感觉新奇不已,直到穿着冰鞋在滑冰场滑开步子,这份紧张才完全消失。

孩子们还跟着刘晓慧来到了她的母校。她们在南开大学的主楼前展开美丽中国支教的旗帜,瞻仰周恩来总理的雕像,抚摸着南开校钟,读着"允公允能,日新月异"的校训,对"长得像纸筒"的教学楼和"很有艺术感"的路牌好奇不已,更惊讶于大学里竟然还有银行、便利店和小吃店,这些都是她们坐一个多小时的车去县城才能见到的东西。

旅途的最后,同行的另一位老师问两个小姑娘,参观的四所大学里最喜欢哪一所,她们异口同声回答"南开大学",还感慨,以后要努力考上这里,成为老师的学妹。

四

支教最后一学期的植树节,刘晓慧带着孩子们来到校园里一棵大树旁,挖出从前埋在树下的一只盒子,那是升入五年级后老师带领他们埋下的,刘晓慧摄下的那张合影也在其中。

看到照片上自己当年的表情,孩子们笑得前仰后合:"也是醉了,太后悔看了!真的太丑了!"满玉还找到了那时写给现在自己的信:"简直太搞笑了,看自己给自己写信的感觉太奇妙,而且里面的语言好无聊哦!"

变化的不只是孩子们的表情,还有他们的成绩。全年级语文平均分从三四十分提高到及格线以上,有一次还拿了全镇第一。满玉也有一次考到了 97.5 分,她曾怀疑老师是不是改错了:"都想捏一下自己,看看是不是在做梦。"

周记还在写。小悦流露出当老师的愿望:"老师,您说我这样写周记,您会不会觉得我太抬举自己了?我有点这样觉得,嘿嘿!"还对老师表示同情:"其实您教到我们这一班是挺惨的,因为所有教过我们的老师都说我们是全世界最难教的班。听了这些话,我们其实挺沮丧的,但是您来了,您没有这么说我们,反而鼓励我们。在这里,我很真诚地对您说声:谢谢!"

小东如今可以每天写三页日记。他会用不算通顺的语句写下对过去的反思:"至(直)到我五年级上的时候一经(已经)太夜(野),六年级上我才认真学习,这一切是老师们的教育,六年级我一定加油努力。"并请求老师:"老师你以后要加我 QQ,不会的我问你。"前一年的感恩节,他还悄悄递给老师一个手折的爱心,拆开后里面有一句话:"老师,谢谢你教我读书,我会加油。"

临毕业的时候,学生们自己编写了一本班级纪念册,其中一个版块由满玉执笔,她以罕见的细致,记录下了所有同学两年来的进步:小婷从前不愿举手发言,后来"发言很小声",再后来

"主动举手发言,尽管声音很小",最后"又主动,声音也很大了"。小纯一开始"有创造力,但不愿意积极分享""慢慢地与别人沟通自己的想法",后来他当上了文艺委员,"有想法都乐于分享"。小悦则从"偶尔举手发言"到"经常举手发言而且理解很切中中心",直到"积极参加诗歌朗诵比赛并得了第一"。为自己记下的变化则是:作文语句很死板——懂得多看优美语句——学习写作方法有哪些——作文写得很生动——有了"作文小能手"头衔。

"作文小能手"也有了梦想。刘晓慧以前问她:"以后你想干什么呢?"她总是摇摇头飞快逃开。如今再问,她会笑着说:"我要当个科学家。"她发现科学实验很有意思:"有机会到了大城市看看,发现科技让人们的生活变得更加便捷、舒适了,我想多学学这些奇妙的知识,让人们的生活更方便一些。"

2016年6月,夏校小学六年级"星空班"的师生一同迎来了毕业季。满玉将在镇里继续读初中,刘晓慧也将结束支教。离校那天,老师为每个孩子准备了一个毕业礼包,里面包括他们各自的周记、毕业照、班级纪念册等,用来录课文的MP3也装在一个个小包里,包上面有她亲手绘出的每个人的名字和班级口号。很多孩子哭了,小婷不断给坐上车的老师发短信,"老师你走了吗?""老师你会不会忘记我?""十年后会忘记我吗?""如果你真的忘了我怎么办?"……

满玉没有哭,她抱了抱老师,交给她一封信。离校的车上,刘晓慧把信拆开,看到对折的信纸外侧写着:"老师请边看边回忆,请保持笑容,毕竟笑起来的老师更好看。"

在这封信中，孩子用简笔勾勒出了一大一小两个小人的轮廓，让他们摆出各种动作，连环画一样描绘出自己与老师相处的点点滴滴：自己来学校后听说有新老师到来，在新老师面前十分害羞，只听课不举手，与老师逐渐熟悉，和老师聊起了天，直到天天上办公室找老师，毕业都敢主动拥抱了。

就这样，一年，两年，支教时间结束。
老师，遇见你是我小学最大的幸运。
相信在日后，我们仍能遇见。
到时候，
到时候，
到时候……
我想大喊一声"晓慧老师"，
之后我们还会……拥抱。

伴随着最后一句的，是两个保持着拥抱造型的简笔小人。刘晓慧终究没能保持住笑容，感动和思念的泪水伴随了她的整个归途。

离开广东，刘晓慧在旅途中度过了22岁生日，那一天，她的QQ空间被孩子们的祝福刷了屏。这些年来，她的好几个生日都过得很特别。四年前，早上两年学的她在去厦门参加暑期支教的火车上度过了18岁生日。两年前，她在云南的暑期学院度过了20岁生日。如今，她同样马不停蹄赶赴暑期学院，为的是培训新一批支教老师们。

大二支教时，刘晓慧总会想起儿时的自己，以及来家乡支教的那些大学生："画面交织，今天的我终于成了'你们'。"

或许许多年后，她的学生们当中，也会有人成为明天的她。

摩梭孩子的最好未来

　　十年后，他们会在哪？在做什么？是否实现了当时的梦想？他们的人生是否也绽放出了自己的光彩？我们希望，他们有最好的未来。

——题记

　　黑暗中亮起大屏幕，嘉宾们停止交谈，晚宴现场静了下来。

　　男孩的身影出现在镜头中，他用粉笔画下一道道短线计算着日子，帮奶奶向土灶中填进木柴，守在火盆旁烧水，黝黑的脸颊被火苗映得通红，手腕上的银镯流动着光泽。

　　"我叫爱翁六斤，我住在阿汝瓦村，这是一个摩梭人生活的地方。"会场内响起略显生硬的汉语，声音稚嫩。男孩站在炽烈阳光下，红领巾随晨风舞动，"我的爸爸妈妈在泸沽湖边工作，我平时和爷爷奶奶生活在一起。山的另一边我不知道是什么样的，我想去看一看。"孩子的目光惆怅迷惘，他仰起头，高亢寥廓的歌声在泸沽湖上空荡漾。

　　汽车沿山路迤逦而行。飘舞的长发，秀美的脸庞，石婧望着车窗外若有所思，注意到了那个在旷野中徘徊的身影。几乎同时，爱翁六斤向汽车投去不经意的一瞥，未来的师生二人看到了彼此。

宴会厅后排的黑暗中，石婧和队友孙梦雪，陪伴着参加美丽中国 2016 上海慈善晚宴的数百位嘉宾，静静看着这部以她们和学生为主角的短片。

从丽江到宁蒗要三个小时，从宁蒗到温泉完小也要三个小时。六小时的车程，足以区分开两个截然不同的世界。丽宁公路的这一头，是被现代文明浸染的旅游胜地，酒吧、艳遇和文艺青年；那一头，是泸沽湖、格桑花与摩梭人，千年不变的古老生活。

2015 年，两位老师来到了这所山村小学，她们至今记得支教开始不久的一段小插曲。有学生在课堂上调皮捣蛋，石婧让他把父母请到学校，来的却是舅舅，这让她们颇感意外。后来才知道，这与当地的"走婚"习俗相关：青年男子每晚来女方家中同居，第二天清晨回自己家中，双方始终不在一起生活。如果有了孩子，则由母亲的家庭来抚养，舅舅扮演着父亲的角色，生父抚养的是自己妹妹的孩子。当地户籍部门也因此进行了变通，只要有母亲的名字，孩子就可以上户口。

类似的独特风俗，在这里不胜枚举。

温泉村的摩梭语称呼是"瓦拉别"，位于海拔 2700 米的宁蒗县永宁乡，离泸沽湖只有半小时的车程，几公里外的村子就属四川省，有学生在日记中写："今天放学后，我们一起去四川玩。"摩梭人信仰达巴教和藏传佛教，许多人的名字都是喇嘛起的，带有鲜明的藏式风格。学校旁边是学生央卿卓玛家开的民宿客栈，院子里拉起道道经幡，五彩小旗在湛蓝天穹下掣动。校舍背后的田垄上，村民赶着肥大的黑猪走向篮球场，站在教学楼的阳台就能看到隔壁院落，鸡群啄食着遍地的玉米粒。

两位城里来的女老师在这里学会了喝酥油茶、"苏理玛"酒，课间操和学生拉着手围成一圈跳"甲搓舞"，也适应了山村生活的种种艰苦。她们每个周末去一次乡上，买回下周的蔬菜和生活用品，冬天提着桶打来冰凉的地下水，手上经常起冻疮。宿舍没有供暖设备，就用小太阳和电热毯应对山里的寒夜。彝族新年那些天，石婧生了病，只是吃了点药，在宿舍躺了四五天，最近的医院也在几十公里以外。

比起学生带来的惊喜，这些都不算什么。

最初几节音乐课下来，石婧已经感受到这些摩梭孩子的音乐天赋。他们的嗓音"像天使一样"，音准、节奏感和模仿力也不比受过正规音乐教育的城市孩子差。一年级的孩子学新歌，一遍就能学会。好几个孩子跟着老师一句句地模唱，声音毫不走样。摩梭人各个能歌善舞，央卿卓玛家的小院经常会传来悠长歌声，学校里都能听到，那是她的家人按本民族的习俗在欢迎客人。

这些使石婧进一步确信，可以开展自己计划中的课外项目了。

早在来这里之前，石婧就准备在支教的学校建一个合唱团。她在厦门大学读的是音乐教育专业，既参加过合唱，也给其他学院的合唱团做过辅导。毕业后，与合唱相关的回忆依旧是同学们维系彼此感情的重要纽带，她知道这种形式可以凝聚人心。更重要的是，这些山里的少数民族孩子同样需要接受音乐教育。

学生们一脸懵懂地听着老师的计划，他们对合唱团全无概念，只是单纯地喜欢唱歌。音乐教室在三楼，每到上课，不少学生会以百米冲刺的速度从班里跑上来，边爬楼边大喊："音乐课！音乐课！"后来合唱团排练，不少没被选上的孩子仍然趴在窗外，向音乐教室里好奇地张望。

  第一轮"海选"由石婧主持。音乐课上，她叫孩子们依次上来试音，先是让学生跟着她拍掌，再弹几个单音，由学生跟着哼出来，最后老师唱一句，学生跟着唱一句，以此分别考察孩子的节奏感、音准和音色。节奏感不太好的孩子会越拍越快，直至听不清节奏。音准不太好的孩子唱 do、re、mi 都是一个调。"海选"结束，孙梦雪也加入了进来，两位老师共为合唱团选定了近 30 名成员。

  2015 年 10 月起，孩子们每天都要在音乐教室训练半小时到一个小时，他们散坐在魔方块般的彩色箱子上，由老师带着练声，分声部练习，石婧指挥，学过钢琴和古筝的孙梦雪弹电子琴伴奏。根据"达尔克洛兹"教学法，石婧让学生根据不同节奏拍打自己的头、肩、腰等部位，还要求他们根据琴声做出各种动作，琴声突然停止时，学生也要同时保持静止姿势，有时则会用"拍杯子"等游戏训练节奏感。老师还在演唱中加上了动作和手语，这样舞台效果更好，也有助于学生更深刻地理解旋律："一听到歌声，低年级的孩子就会不由自主跟着节奏晃动身体，这就是人的天性，音乐是可以帮助释放这种天性的。"

  学生们基础都很好，进度却各不相同。爱翁六斤模样英俊，表现力很强，又是班长，很听老师话，自然成为合唱团的主力。央宗卓玛灵气十足，后来当上了"小老师"教其他同学。扎西独支学习体育样样全能，运动会参加三项比赛，两项都是全校第一，只是有时性格显得桀骜。央卿卓玛嗓音很好，唱歌却经常跑调，经过老师的训练，总算找对了音准。

心理障碍是另一个要克服的难题。大部分孩子性格腼腆，自己在教室里可以拿着扫把当话筒，开一场自娱自乐的演唱会，训练时却谁都不敢独自站在大家面前唱歌，必须拉上同伴壮胆。无论唱歌还是做手语，所有人的眼睛都必定盯着地板。

十岁的达瓦次里身材壮实，平时擅长搞笑耍宝，最大爱好是吃，拉着一群小伙伴组成"饭桶队"，自称"每次吃饭我们都居全校第一名，没有人比我们厉害！"上课老师提问，他总会不假思索举手："老师我来。"站起来却只憨笑着扭来扭去，"嘿嘿"半天才憋出一句，"老师我不会"。训练中他的嗓门也是最大的，想放低声音都做不到，可一旦被老师叫到台前唱歌，唯一的反应就是只扭身子不出声。学手语更是肢体僵硬得仿佛提线木偶，石婧带他去宿舍对着镜子练，他的眼神不断闪避，连镜子都不敢看，还是浑身不自在地乱扭着。

更多的阻力来自训练之外。有一段时间，石婧发现高年级一个班的成员经常不来参加训练，她每次都强调"合唱队不是来去自由的地方"，学生们依然故我。一气之下，石婧把那个班的所有学生都叫过来，正要开口批评，班主任的身影出现在了音乐教室门口："××班的出来，谁让你们来排练的？"石婧这才知道，有的老师认为训练占用了学习时间，会影响学生成绩。

两位老师最终达成了互相谅解，石婧要求学生在保证成绩的前提下才能参加训练，班主任则把自己的课分了几节给石婧。但合唱团成员还是不断流失,有几个乐感非常好的孩子参加几次活动就不再来了,问起原因,还是家长或老师不让参加。石婧对此无能为力:"在城市,家长都求着老师让孩子进合唱团;在这里,老师主动让孩子参加,他们都不愿意。"

其他孩子总算坚持了下来,先后跟着老师学会了《和你一样》《金钩钩银钩钩》《如果》,以及《春风亲吻我像蛋挞》《请你唱个歌吧》等麦兜的歌,胆子也大了不少。

央宗卓玛的父母在广州打工,之前已有两年多没回家。孩子看到生人都不敢讲话,后来在石婧的不断表扬下,越来越敢于表现自己,做什么事都会唱歌:"他们都笑我,说央宗你怎么怎么的,我就不管他们,我自己唱。"如今,"我不知道我唱得好不好,但是我不怕啦"。

达瓦次里也终于克服了对镜子的恐惧,不再乱扭,可以直视着自己的眼睛唱歌。语文课上,石婧想找个学生站在台前当"小老师"讲课,又是他举起了手,这次没有重蹈覆辙,在全班同学的注视下从容讲了起来。

改变最大的是另一个孩子。一次,有住宿生跑来报告:"老师,又有人'埋地雷'。"不明所以的石婧跟着他来到宿舍门口,发现这里多了一坨便便,监控探头显示,这是三年级的小浪干的。孩子一开始不肯承认,老师打开监控视频,这才哭着说:"老师,天黑,我怕。"厕所建在学校外面,离宿舍楼几十米远,孩子不敢走夜路去上厕所,只好在宿舍门口解决。石婧既生气又心疼,教育了一番,让他打扫干净。

后来的音乐课,她发现孩子嗓音条件特别好,"能出唱片的那种"，记歌词也奇快，一遍就能背下来，于是尝试着也把他招进合唱团。这彻底改变了小浪，每次排练他都格外认真积极，很快赶上了进度，在老师的表扬、同学们的佩服中，迅速变为合唱团的骨干。如今每次见到石婧，他都会笑着问好："老师，什么时候排练？"

新年联欢会上，合唱团举行了第一次公演，孩子们换上各自的民族服装，在全校同学面前唱了两首歌。儿童节上，合唱团又以唐诗为主题，唱了《读唐诗》《静夜思》《春晓》。两次演出不仅让孩子们有了表演经验，老师们也更有信心。2015年11月，美丽中国支教准备在上海召开慈善晚宴，向各支教学校征集晚宴节目，石婧和孙梦雪也写了申请，还特意拍了短片，希望为孩子们争取更大的表演舞台。

这时她们才注意到，合唱团还没有名字。

孩子们提出许多备选方案，石婧始终觉得还有更好的选择。她想起很多学生课下都会跑去后山，摘来红白粉紫的各色野花，扎成姹紫嫣红的花束花环送给自己，于是问："你们看，学校周围什么风景最美？"学生们望向音乐教室的窗外，漫山遍野的格桑花开得如火如荼，于是不约而同大喊："格桑花！"

石婧笑了，郑重其事地在申请书抬头处填上：格桑合唱团。

屏幕转为满天星空，宴会厅内响起《最好的未来》，身着白衬衫、胸戴红领巾的"格桑合唱团"成员逐一走上舞台，天籁般的童声弥散开来。

"每一种色彩都应该盛开。"央卿卓玛胖乎乎的小脸憨态可掬。

"别让阳光背后只剩下黑白。"瘦高的央宗卓玛轻轻摆手，脸上写满专注。

"每一个人都有权利期待,"爱翁六斤、达瓦次里将双手合在自己胸前,"爱放在手心跟我来。"

> 这是最好的未来
> 我们用爱筑造完美现在
> 千万溪流汇聚成大海
> 每朵浪花一样澎湃
> ……

孩子们并不清楚台下嘉宾的身份,也未必对晚宴有太多了解,甚至这次上海之行也并不都是美好记忆。从小到大,他们几乎没出过宁蒗县,平时也极少坐车,结果整个旅途都在晕车晕机。但现在,面对无数目光的注视,他们的演唱坦然而从容,仿佛这只是一次日常排练。

宴会厅的后排,两位老师一直高举着手机在录像,手酸了也不肯放下来,泪水无法抑制地夺眶而出。她们再清楚不过,为了此刻,学生们付出了多少努力:"那种感觉,就像看自己的孩子在表演一样,居然可以这么棒!"

后来她们才知道,孩子也哭了。刘扎石独支哭了两次,一次是看到屏幕上的爱翁六斤,"小品初(爱翁六斤的小名)太可怜了。"另一次是表演结束之后,这是他第一次离开家乡,他有点想家:"如果爸爸妈妈也可以来上海看看该多好。"

千山万水传递着关怀

幸福永远与爱同在

每个梦想都值得灌溉

眼泪变成雨水就能落下来

…………

"我想成为歌手。"达瓦次里的妹妹，7岁的娜珠卓玛面对镜头说，清秀的小脸带着一丝羞涩。

"当歌手很帅的感觉。"达瓦次里扬起手，神气活现地为妹妹补充了一句，娜珠卓玛笑着双手捂起了脸，至于哥哥自己："当飞行员，我要克服恐高。"

瘦小的刘扎石独支思索了片刻："我想成为一名大厨。"

文静秀气的央宗卓玛抬起手，抚弄着长发："我也想像姐姐（石婧）一样，能帮助别人。"

"我们的孩子，我们教不出来的，真的。希望他们以后不要像我们一样。"央宗卓玛的姨妈，"非遗"传人阿七独支玛说。她擅长摩梭人特有的手工纺织技术，接受过联合国开发计划署的采访，但依旧对外甥女的教育力不从心，"一定要有文化，有知识，然后走出去，长大以后回来建设家乡，为我们山区服务"。镜头前，她用一只手捂住嘴，鱼尾纹很深的眼角渗出泪水，声音也变得哽咽。

这次上海之行，不仅让孩子们有了一次全新的体验，更让他们有了对未来的憧憬。娜珠卓玛尽管比哥哥小两三岁，却显出一股超越年龄的成熟。她对上海的印象是"一般"，理由是，城市都是高楼大厦，面貌都一样，"家乡有不同，比如说，有动物，有树木，有高山，有房子"。不过她还是计划在这里当歌手，"先去外面，把梦想实现了再回来，回家乡唱歌，可以唱自己民族的歌"。她还觉得，哥哥会喜欢上海，因为"他就知道玩、吃"。一旁的达瓦次里嘿嘿笑着，没有答话。

"十年后，他们会在哪？在做什么？是否实现了当时的梦想？他们的人生是否也绽放出了自己的光彩？"石婧写到。当初，她正是被宣传手册上的一句话打动，才选择加入美丽中国支教："你有没有想过，我们现在看到的这些孩子，就是这个镇全部的下一代，就是这个镇的未来。"

> 每个孩子都应该被宠爱
> 他们是我们的未来
> 同一天空底下相关怀
> 这就是最好的未来
> ……

"所以我们也希望，他们有最好的未来。"说出这句话时，一向温婉的石婧，表情少有的郑重。

235 张全家福背后

> 那次家访照亮了我家人的心灵，鼓励了我勇往直前。那些照片承载的是老师和我们之间的友谊，是陪伴，是共同成长。
> ——题记

杨悦一辈子都记得两个词，"烂巴"与"焊"。

在临沧云县的大寨中学支教时，学生经常在课间教老师说本地方言，她记住的很少。后来一次家访，杨悦几度在山路上陷入这"烂巴"里，每次都是同行的学生把她"拔萝卜"一样救出来。老师从此记住了这两个词，前者指"泥巴"，后者是形容"泥泞"。

这样的路况对她来说是历险，对学生来说，是日常。

支教三年间，杨悦还创下一个纪录，三年来走访了235位学生家，为每个家庭拍下一张合影。

支教刚开始两个月，杨悦就沮丧不已，每天头疼于学生的顽劣，觉得自己没有在教书，而是被学生教了："我不知道怎样上课，虽然我已经培训过了。我也不知道我说的话、做的事情，究竟能影响学生多少,又能影响多久?"

直到有一天,她看到一位叫阿孟的女孩在笔记本上写道:"杨老师是世界上最好的老师。"

杨悦此前对阿孟并不格外上心。孩子性格乖巧、学习努力,成绩却并不突出,也没有引人注目之处,如今这句话却如同暗夜中燃起的篝火,给情绪低落的杨悦以极大鼓舞:"孩子都这样说了,我怎么还能走?"沮丧迅速被不甘取代:"我说服了父母、克服了各种困难,好不容易前来支教,如果就这么走了,以后怎么回忆这段往事?简直是不堪回首。不行,必须坚持下来。"

在这句话的驱使下,她造访了阿孟家。孩子说,回家要走"两个小时左右",师生却直到天黑还在半路,面对暮色中的空旷大山,杨悦第一次体会到了对未知的恐惧。最后是阿孟的表哥骑摩托车把她们接回家,一进门就看到孩子父母眼中的焦急与担心,杨悦记得,小时候自己有一次落水,被救起来睁开眼,父亲同样是这种目光。

恐惧和愧疚很快被冒着热气的饭菜和一声声安慰驱散。和当地许多家庭一样,学生家可以用家徒四壁来形容。屋里很冷,杨悦跺了几下脚,阿孟立即手脚麻利地生了一盆炭火,坐下来紧紧偎依着她:"老师你要不要水?"父母热情招呼着杨悦吃饭,孩子则在埋头扒饭之余,小心翼翼关注着老师对晚餐的反应。睡前洗漱,她端着脸盆为杨悦倒水,眼睛在昏黄的灯光下亮晶晶的。杨悦感觉得出,尽管羞涩得不知如何表达,阿孟依旧由衷地喜爱自己:"哦,可爱的小棉袄。"

那也是她第一次借宿学生家。房子建在半山腰,山中的夜晚很冷，房间里氤氲着煤烟味，杨悦整晚辗转反侧，思索着怎样回报这家人的热情。她想起自己讲课时，曾为学生们照相作为奖励，这对孩子们是不小的诱惑。天亮起床，她为阿孟全家照下了第一张全家福，阿孟和她的父母、弟弟，一家四口并排坐在砖块垒起的房屋前，身姿板正，除了母亲脸上荡漾起笑容，其他人都带着讷讷的表情。

离开的那一刻，杨悦打定主意要"干一票大的"，准备把所有学生家挨个走访一遍，再为每家拍摄一张全家福，既给学生们留作纪念，又是自己支教生活的见证。

家访只能在周末进行，杨悦先要排除节假日、寒暑假，以及美丽中国支教定期举办的职业发展会议等日子，然后以村为单位，每次尽可能去遍附近所有学生家。她经常提前一周在班里披露家访计划，请学生帮忙设计路线。师生间的对话往往是这样的：

"杨老师这周要去家访，谁邀请我去啊？"

"老师，我。"

"老师，克（去）我家玩。"

"老师老师，我手举那么高，你怎么看不见？"

"老师决定去最远的村子，最远的是哪个村？"

"中山村。官房村。都远。"

"一个周末能两个村都去吗？"

教室里响起一片方言发出的感叹，"阿怪！"（天啊）学生们异口同声，"老师，你走不赢的。"去这两个村，至少要各自走四五个小时的山路。

杨悦没有退缩:"走得赢走不赢,走了之后就知道了,别先否定老师嘛,就当帮老师减肥了。"嘴上这样回答,心里想的则是,要给学生树立不达目的誓不罢休的榜样。

揣着学生用寥寥几条铅笔线勾出的极简版"路线图",向当地老师打好招呼、告知目的地,杨悦开始了家访之旅。她还精心挑选了几位学生担任向导、保镖和助理:"你们听说过大山沟拐卖女老师的新闻吧?要负责老师的行程和人身安全啊。"

大部分学生从未见老师来过家里,听到家访计划,首先担心老师是不是来告状的。杨悦总是事先强调:"只是去你家玩。"如果有学生仍然不愿意,就告诉他:"老师尊重你的意见,不过你要考虑清楚,以后可能别的同学都有照片,就你没有。"这招一般都能使孩子乖乖就范。他们带老师游历自家周围的那些景点:山头的小树洞、放羊的草坡、儿时就读的小学,一遍又一遍问老师"这里美不美",每处景点都珍藏着一份少年的欢乐与秘密。他们也会把学习生活中的各种琐事同老师分享:

"老师,过年我家杀年猪,有好多人来我家,我很满足。"

"老师,和小伙伴们一起玩水,一起在河里放纸鹤,我很高兴。"

"老师,过年时我骑摩托车翻到沟沟里,把脚给伤到了。"

"老师,我待会有点忙。要放牛,要烧饭,要去照顾我侄子。"

⋯⋯

阿彩是倾诉最多的孩子:"老师,我好笨啊。""老师,我好丑啊。""老师,我好胖啊。"杨悦总是开导她:"没事,我是我家最笨的。""没事,老师也不是很好看。""没事,更胖的在这里。"……反正"万事有老师垫底"。她为阿彩家照了两次合影，第一次，阿彩10岁的弟弟怎么也不肯配合，阿彩什么都没说，杨悦却能感到孩子的遗憾，第二天坚持为全家又照了一张，弟弟这次终于肯赏光了。

很多学生在家也表现出不同于学校的另一面。班上有一对不服管教的"飞镖兄弟"，杨悦第一次上课，弟弟阿镖就直接跳到课桌上，挑衅地向老师吹起口哨。杨悦抱着"擒贼先擒王"的心态去他家了解情况，却发现阿镖在家十分乖巧，忙里忙外殷勤倒水，问老师饿不饿，看不看电视，无不无聊。学生阿福在学校极少开口，无论老师说什么都只报以羞涩笑容，杨悦一度以为他有理解障碍，来到他家，孩子却拉着老师没完没了地讲话，阳光下一双大牙白得耀眼，杨悦看得出，孩子离开学校是多么快乐。这些经历也让她明白，看待学生不能局限在课堂，也不要听信其他人的看法，要抱以全新的目光。

家访同样少不了各种乐趣。一次学生骑摩托带着她，不小心翻进小河沟里，杨悦水淋淋地爬起来，狼狈样子惹得学生们笑成一团，一口气给老师照了几十张照片。老师冻得不住战栗，看到学生们欢乐的样子，也不禁跟着笑起来。

去阿芬家那次，学生们领着杨悦在周遭转了一圈又一圈，始终没能走到，走着走着，几个孩子忽然又"阿怪"起来，迅速用方言彼此交谈，杨悦要求他们说普通话，学生们沉默着面面相觑，一同尴尬地笑了。老师后来才知道，孩子们刚才已带着自己路过了阿芬家，甚至当时阿芬的母亲就在门口，他们和她打过招呼后直接离开，无论学生们还是阿芬母亲，整个过程中没一人反应过来。得知刚才错过了老师和同学,阿芬一个劲儿埋怨母亲,然后蹲到地上哇哇大哭。这段插曲让所有人哈哈大笑,阿芬也破涕为笑,脸红了起来。

每次家访,杨悦事先都会向学生家强调"不要多准备",结果总是白费力气,许多并不富裕的家庭还是经常杀鸡招待老师,这也让杨悦得到了"土鸡杀手"的绰号。后来去村里,学生们都会喊:"老师你又来杀鸡了。"杨悦一度找出种种理由推脱:"自己对鸡肉过敏。""我只吃素。"或者直接避开饭点。后来也想开了:"这就是当地的礼节,人家拿最高标准来招待,你就是要吃,不吃才是没礼貌。"从此每次都大快朵颐,并留下一张合影作为回礼。

除了吃饭,杨悦和家长们并无太多共同话题,大部分农村父母不擅表达,经常是几句寒暄后就无话可说,只好一起默默看电视。只有照相时气氛才会变得活跃,很多家长对照相的第一反应是拒绝:"不要照,丑死了。"但只要杨悦坚持几次,就会悄悄换上最好的衣服,用手蘸上水摩挲一下头发,再整理起衣角和领口,神色忐忑地坐在镜头前。杨悦端起相机:"想想你中了五百万大奖。"全家都笑起来,她趁机"咔嚓"按下快门。

这样的合影积累一批后,杨悦会集中拿去洗印,并在每张照片背后写上一段表扬和鼓励的话语,下次见面交给学生。她宿舍的桌上、床上、地上经常铺满这些照片,仿佛一家小小的数码快印店。

所谓的全家福大多不完整,很少有父母能一同和孩子出现在照片中。杨悦的学生有一大半是留守儿童,每次家访听到最多的一句话就是,孩子的父亲/母亲/哥哥外出"卖工"(打工)去了。甚至对许多家庭来说，老师到来之前，他们连照一张全家福都是奢望，原因五花八门：家里没有相机，没人会用相机，家长常年在外，一家人难以凑齐……这样的现状经常让杨悦唏嘘。长期家访中，她更是见识了各式各样的家庭，也就此体味到人生百态。

阿锦是"保镖"之一，留着西瓜太郎式的锅盖头，一件红上衣与黑脸庞对比鲜明，杨悦喜欢叫他"小红"。"小红"其他科目的成绩都不好，只肯在杨悦的历史课上认真听讲，平时还爱和老师互相调侃。他和父亲是杨悦见过的最别扭的一对父子，家访时，孩子宁可把杨悦带到同村其他同学那里，也不肯让老师来自家，直到杨悦一再要求，才不情愿地服从。路上他们和一个中年男子擦身而过，直到彼此走远，阿锦才告诉老师，刚走过的是他的父亲。

杨悦没有追问"为什么不理爸爸"，她知道孩子自尊心极强。师生边走边聊，阿锦才慢慢说出心里话。他和父亲关系紧张，常常说不到一两句话就吵。母亲在外打工，弟弟又太小，自己没人可以倾诉，经常感到孤独。杨悦提议给他和父亲照相，他拒绝了，只把在外面玩耍的弟弟叫了回来，留下了一张兄弟合影。

阿银长相英俊，在学校只顾谈恋爱，心思完全不在读书上。他的网名是"一个人的天空"，这曾让杨悦觉得"为赋新词强说愁"，家访时才对此有了深刻理解。学生家坐落在蓝天下阳光里的层层梯田间，流水潺潺，鸟声啁啾，空气中弥散着稻草、牛粪和青草混合的气息，方圆几里只有这一所房子孤零零伫立着。

不同于其他家长，阿银的父亲很健谈，文化水平也不错，和老师聊了不少自己看过的书。杨悦也在闲聊中得知，这位父亲从小成绩非常好，升入初中时因突然患病，不得不辍学三年，也失去了考上临沧师专的机会，只能在初中读完去做建筑工，近年来体力衰退，工作也做不下去了。阿银之前在另一所学校成绩不好，他让儿子在大寨中学复读一年，觉得"现在的社会，如果初中才毕业，起点实在是太低"。说完这番话，他和老师都沉默了许久。

杨悦把父亲的话转述给儿子："爸爸对你那么期待，你自己也有潜力、有天赋，老师希望你能有更高的人生追求，而不是仅仅局限于谈恋爱。就算是谈，也要谈更高级的恋爱。"阿银半天不吭声，只是呵呵笑着，脸红到了耳根。后来杨悦为父子俩照相，他也是这样腼腆地笑着。结束支教前，老师把自己的书都留了下来，让阿银帮忙转交给他的父亲。

"学霸"阿文是最努力的学生之一，连续获得过好几届"美丽大寨"奖学金，后来在临沧市一中也保持着全校前十名的水平。他的一位堂兄曾以临沧市状元的成绩考上上海交通大学，父亲为了保证对孩子的教育，只肯在离家较近的临沧市打工。受家庭影响，阿文学习格外努力，还在上初中时就确定了以后的目标：考大学，读金融专业，日后进入投资领域工作。杨悦去他家那次，阿文滔滔不绝地介绍自己的家族成员、家庭情况，讲最近看的书，自己有哪些需要提高的不足，与资助者的交流……一向能说会道的杨悦这次只是听学生讲话，几乎没有开口。

历史课代表阿芹则是最受倚重的学生。每次上课她都帮老师收笔记发资料，后来又成了家访"助理"，杨悦戏称她为"杨幂（秘）"。"杨幂"对老师也无比照顾：

"老师,我家那边的大车路(公路)正在铺,灰特别大,会迷眼睛,我去给你买个口罩吧。"

"老师,路有点滑,我牵着你吧。"

"老师,其他同学家的路我都知道的,我一定带你去走完,一切包在我身上。"

"老师,我的计划是几点先去××家,几点再去××家,你觉得怎么样?"

"老师,大家都喜欢和我说他们的事情,可是我嘴很严,不喜欢说出去。我有好多人的秘密。"

…………

孩子平时总是笑眯眯的,杨悦从不见她和同学发火。直到住在她家的那晚,人前温和开朗的阿芹才第一次向老师诉说了心中的烦恼。

"老师,我的爸爸可能要好几年才能回来。那几天刚好期末考试,我的头很痛很痛,在数学和物理的考试上几乎睡着了,我考砸了……可是我不怪他,我只希望他早点回来……"

面对痛哭失声的孩子,毫无防备的杨悦手足无措,正想安慰几句,阿芹却擦干眼泪,请她不要把这件事说出去。老师后来信守了诺言,连孩子的班主任都没告诉,依旧若无其事地和阿芹有说有笑,只是悄悄留心观察。

第二天一早,阿芹的脸庞又挂起了笑容,似乎一切都没有发生。照相时,除了父亲不在场,全家一派祥和,女孩的舅舅叼着一枚硕大的烟斗,要求老师一定要照上。拍照之后,"老师,照相要不要钱?"舅舅递过来 10 元钱。

直到两三年后,杨悦才得知阿芹父亲的真正去向。阿芹的哥哥卷入了一起斗殴纠纷,父亲站出来替儿子承担了责任,入狱两年。服刑前正赶上女儿中考,父亲怕女儿受到影响,没有说出自己的去向,其他家人也帮着隐瞒。两年后父亲归来,一直对父亲耿耿于怀的阿芹这才得知真相,一家人就此团圆。

三年家访,杨悦瘦了10斤,走破了两双鞋,她去了官房村三次,每次回来都要病一场。脚上磨出水泡更是常事,每次学生们心疼地问:"老师,痛不痛啊?"她都笑笑:"不痛,忘了吗?老师是杨女侠。"与成就感相比,这些都微不足道。她关照到了每一位孩子,努力发现了他们身上不一样的闪光点,还为学生们照下厚厚一摞全家福。235张合影,每张背后都是一段旅途,一个家庭,一个故事,也映射出人生百态。

结束支教前,三个女生送给老师一份别致的礼物,一张捆扎好的奖状。那时杨悦每天忙得不可开交,顾不上打开,几个孩子抽空就来问:"老师看了没?"杨悦每次都搪塞:"急什么,惊喜留到最后一刻。"孩子有些急了:"老师你必须要看。"杨悦满口答应着,回到宿舍终于打开奖状,立即被孩子们的创意震惊。

杨悦同志:

经杨、李、赵三位评定,你获得了"最受欢迎奖""最佳教师奖""最佳建图书馆奖",短短三年,你获得了大满贯,特发此状,以资鼓励。

这份惊喜让杨悦第一次落下了眼泪,第二天就找到孩子们,

"谢谢你们，老师非常感动，这张奖状我一定永远带在身边"。它由此成了她肯收下的寥寥几件礼物之一。

2017年夏，结束支教两年后，杨悦又回大寨中学看望学生们。孩子们都长高了，有的曾经只有杨悦的肩膀高，如今换成老师到他们的肩膀。师生情谊没有因分离而淡薄，他们照旧和老师嘻嘻哈哈互相调侃。学习优异的阿文考上了中国科学院的本科生部，即将来北京与老师重逢。另一个孩子阿进考上了杨悦的母校西南财经大学，成了老师的师弟："多么复杂但令人高兴的人际关系啊。"他曾怀疑老师能否把家访坚持下来，也为老师当过向导，因为带错了路，让老师在烈日下多走了三个小时。和父亲关系很僵的"小红"则去了深圳打工，杨悦听到的最新消息是，他打算和女友结婚。

阿芹考上了一所二本院校，生活也恢复了正常。后来杨悦推荐她去暑期学院实习，她还在开幕式上做了演讲，回忆自己失声痛哭的那一晚："那是我第一次对别人敞开心扉，从杨老师那里，我感受到了温暖、理解和陪伴。那次家访照亮了我家人的心灵，鼓励了我勇往直前。那些照片承载的是杨老师和我们之间的友谊，是陪伴，是共同成长。"

那次返校，杨悦还特意去学校的小花园旧地重游了一番。支教时，她带领学生在这里种下了几棵枇杷树，那时它们还是小树苗，如今已尽情舒展着枝桠，叶片在烈日下青翠欲滴。还在学校支教的队友陶潜模仿课文《项脊轩志》描述："庭有枇杷树，当时杨悦老师手植也，今已亭亭如盖矣。她的学生如今也亭亭如盖，散布各地。"

走向最边缘

> 走向最边缘，我们要努力成长来面对路上所遇到的一切。
> 沉到草根处，我们要在荒野中找寻自己的路。
> 我们来了，我们将义无反顾。
>
> ——题记

在甘肃度过的第一个冬天，李郁青学会了生炉火。

打开满是锈迹的炉盖，用打火机点燃废纸丢入炉口，炉腔明亮了起来，干柴最先被引燃，然后是铺在柴火上面的煤块，金黄色的火苗终于腾起，屋中渗入了第一缕暖意，仿佛老人舒展起四肢百骸，空旷的宿舍显得活泛了起来。

她走到窗边，擦去玻璃上的水汽，隔着残留的水痕看到外面纷飞的雪花，黄土山垄掩映在皑皑白雪之下，山舞银蛇，原驰蜡象。

故乡在江西，李郁青此前从未见过这样的大雪。身为90后，她也是来这里才见识到了煤炉，从记事起，这样的老古董已在大城市的居民家中消失，成为时代的标本。

她和队友们别无选择。冬天的陇南乡村不可能有暖气，项目主管曾为宿舍配上了电暖炉，但只要四位老师同时打开，学校必定会跳闸断电。唯一可行的就是烧煤，生炉火由此成了所有在甘肃支教的老师们的必修技能。让她们稍感放心的是，宿舍里装了一氧化碳检测器，至少会保证安全。

项目主管刘亚博还记得，暑期学院开学前，自己拿到了甘肃团队的名单，李郁青的那份简历"有一点发光"：本科南开大学，硕士毕业于圣路易斯华盛顿大学的社会工作专业。她的名字典出《岳阳楼记》，她演过话剧，她的原则是"少抱怨，多做事"，她说："就是要来甘肃，做出一片天地。"

2016年8月25日，李郁青和24位同伴一同来到甘肃，分布于陇南市4个县区的9所乡村学校；同一天，另外57位支教老师在炎炎烈日中赶赴广西南宁、百色5个县的20所学校。在云南、广东两地深耕八年后，美丽中国支教的项目地又新增了甘肃、广西两个地区，这也被认为是机构影响力持续扩大的重要标志。

两处项目地的拓展始自2015年。通过理事长刘泽彭牵线，时任广西壮族自治区党委主要领导和南宁市委主要领导，都向美丽中国支教表达了合作的愿望。甘肃省陇南市政府主要领导也在看到美丽中国支教宣传片后主动发出邀请。双方一拍即合，机构本来就有拓展项目地的战略规划，探索各处边远地区的不同形势，也有助于机构积累支教经验。

这一年9月，美丽中国支教开始与陇南市政府洽谈，11月与广西壮族自治区政府接触。2016年4月，甘肃地区的选校工作正式开始,两个月后是广西地区。8月末,美丽中国甘肃、广西支教团队宣告成立。

两地老师面临的是全新的挑战,甘肃团队尤甚。项目主管刘言至今记得第一次来陇南的情景。他上午十点从成都坐大巴出发,驶过平原地带后,公路两旁开始出现连绵青山,蒙蒙细雨打在车窗上,山间腾起薄雾,当时他还觉得景色有些像云南。下午大巴进入甘肃境内,穿过一条狭长隧道,道路两侧陡然变了景致。山上的草木急速减少,片片黄土裸露出来。当G212国道的指示牌出现"陇南(武都区)"字样时,两侧山脊几乎已没有植被,一眼望去全是土黄。

"中国太大了。"老师们感慨,眼前的景象与支教多年的云南、广东全然不同,这还只是在全省条件相对较好、有着"陇上江南"之称的陇南。

广西地区的自然环境要好得多,气候也接近毗邻的广东、云南。老师们到来时,公路旁的树梢正垂着一串串刚成熟的桂七青芒,芭蕉树的宽大叶片折射着正午阳光。但这里交通闭塞,石笋般林立的青山不时裸露出灰色岩体,支教学校大多坐落在这样的喀斯特地区,"抬眼四方天,低头青石山"成为当地人的生活常态。石灰岩的地表无法种庄稼,当地村民只能用石块垒起围栏、填入泥土,勉强种一点玉米,也无法指望从中得到多少收入。这也造成大部分青壮年都出去打工,留守儿童比云南、广东还多。

两地都缺水。甘肃不必多言,广西同样"靠天吃水",几乎所有学校都建了用来盛集雨水的水窖,但很少能集够,位于北回归线上的田东县年平均温度22.2℃,年降水量1165.8毫米,年蒸发量却达到 1681.7 毫米，水质更是堪忧。学生们的饮用水只能每月由卡车运到学校，注入水塔储存，一吨水 200 元，每车水大约能用半个月。用水不便由此成了普遍现象，两地的不少老师每天都要提着三四桶水上下楼，有女老师专门剪短了长发，就为洗头时省水。平时他们在宿舍用毛巾蘸水擦身子就算洗澡，周末去县城才能正式洗上一次。时间一长，有老师把洗澡频率从一周两次降到两周一次，往返县城占据了太多可以花在学生身上的时间。

支教学校的问题各不相同。广西有的学校教学设施完备，却没人会用；有的学校全校只有四位当地老师，其中还有两人即将离岗，如果不是支教老师过来，下学期甚至无法开课；也有的学校好不容易新招了两位老师，其中一位觉得学校条件实在艰苦，干脆没去报到。甘肃的白河镇中心小学，支教老师负责的二年级 1 班共有 101 个孩子，创下了学生人数的最高纪录。上五郎小学的一年级则只有 9 个学生，看似轻松，老师们却要承包学校的全部工作：上课、课余活动、学生用餐、放学护送、校园安全……他们因此修炼得身兼多能。

学生基础差，这是老师们早就料到的，但现实总会超出想象。广西不少学校的平均分是二三十分，很多小学生不会拼音，用手机发信息，能手写却不能拼字。甘肃同样如是，第一学期过后，地区执行总监何流去访校，一位支教老师兴高采烈地汇报教学成果：原先的数学考试，全班只有 8 个人及格，经过半年努力，已增加到 10 个人及格。另一所初中，支教老师的班级也已成为全校最好的班：40 多个学生从 3 人及格，进步到 13 人及格，化学平均分"高达" 20 多分。访校到最后，何流已说不清哪个地区的成绩是最差的，只记得与此相比，自己待过五年的临沧地区，四五十分的平均成绩算是好的。

种种问题曾使何流心存顾虑，担心老师们会知难而退。暑期学院中，他和同事向新老师介绍地区情况，有意将两地的环境描述得比实际更加艰苦，依然没有挡住报名热情。问卷调查显示，最艰苦的甘肃地区，老师们对机构的推荐程度排名第一。看到这个结果，何流的第一反应不是自己团队的工作做得好，而是"老师们太坚定了"。

二

在大寨中学支教三年，又当了两年临沧区域总监，何流现今是广西及甘肃地区执行总监。

他原本只负责甘肃地区，那时还颇有些兴奋：陇南离家乡四川很近，自己回家会方便得多。几个月后，他接手广西地区，工作量随之陡然增大，回家也成了奢望。

何流调侃，自己如今的时间被一分为三：三分之一在广西，三分之一在甘肃，另外三分之一在路上。陇南没有机场，每次从广西去甘肃，他都要先从南宁飞往成都，再从成都坐六个小时的大巴去陇南。如果时间紧，就改乘每天只有一班的火车，晚上八点发车，凌晨三点到，迎接他的总是空无一人的午夜站台。之后还要在当地宾馆勉强挨过下半夜，第二天才能正式踏上前往各所项目学校的旅途。

他对自己的行程保持着惊人准确的记忆，能清晰复述出多次长时间旅途。2017年5月的后半段,他在第一周的周二去百色敲定暑期学院的选址工作,周三回南宁与团市委商量六一儿童节的游学活动,周四去马山县陪理事会访校。第二周,周一去上林县陪同合作伙伴视察,周二下午飞北京讨论项目数据评估,周五赶往成都,周六抵达陇南参加项目年中总结会,周日中午回成都。第三个周一,又乘坐清晨七点的飞机回南宁,参加儿童节游学活动……

这已是两处项目地成立近一年、工作量大为减轻之后。开头的半年,何流每天早晨一睁眼,各种事务就会纠结在一起滚滚而来,在脑海中把它们按优先级排序,成了他起床时必须完成的首要任务。

这一年何流29岁,自觉精力尚足以应付工作,只是发愁找女朋友。一年来,他的感情问题完全没着落,明年也很可能继续如此。不少朋友和亲人要给他张罗相亲,他总担心开始一段感情后,会让对方过上"军嫂"的生活。

人手有限是工作繁重的部分原因,两地团队从建立之初就困难重重。按照美丽中国正常运转的需求,一个完整的地区团队应该包括三级工作人员:负责县级地区的项目主管,负责市级地区的区域总监,以及处理省一级事务的地区执行总监,这还不包括提供后勤支持的运营经理。

广西团队的组建尚算顺利,刚结束支教的三位老师,加上外部招募来的一位员工,共同组成了管理团队。甘肃团队却迟迟没有着落,很多应聘者都对当地的气候环境心存顾虑,直到项目地成立的三个月前,两位前支教老师刘言、刘亚博才加入进来,担任项目主管。

2016年7月,两个地区勉强凑齐了6位项目主管。项目地成立三个月后,广西团队终于招募到了运营经理,甘肃团队这一职位则始终空缺,三个市的区域总监更是悬而未决,这意味着何流和他的团队除了本职工作,还要兼顾财务、行政、办公室管理等诸多工作。

所幸,回首这空前忙碌的一年,成就感弥补了不少缺憾。不到30岁的年轻人管着相隔千里的两个团队,一年下来总算运转正常。从刚加入机构之初的支教老师,到现在两大地区的执行总监,各方面能力也得到了极大锻炼,这些都让何流满意。

最大的收获还是眼界的开阔、格局的提升。在大寨中学支教时,何流只需把全部精力投入到教学,其他不必考虑。担任临沧区域总监后,他也负责管理工作,但更多停留在执行层面,那时经常会和项目主管们逐一讨论各种细节,每次例会四小时以上都是常事。如今何流不再负责具体事务,还向项目主管强调:"你们是负责人,先自己拿个主意告诉我,我们再一起来讨论。"要求他们简化工作汇报,尽力自己解决问题,解决不了的再提出来,希望能以这样的方式提升团队的战斗力、项目的运营效率。

他把更多精力放在了战略层面。早在支教时,何流就经常和队友讨论中国教育的种种问题,至今他依旧保持着对此的思考。美丽中国支教的愿景是让孩子们享受优质教育,但农村学生面临着方方面面的问题,机构只能解决很小一部分,所以该如何定义"优质教育",如何在现有条件下,把有限的精力和资源集中到最有意义也最可能见效的领域,再用可复制的方式去推广,这些都是何流平时最常思索的问题,他把这种理念称为"忠于愿景,天下关怀",也希望自己的团队能有同样的思考。

随之而来的是对制度、效率和成果的重视。以课外项目为例,以往都是支教老师们自发举办,现在何流要求广西地区的老师在自发开展的同时,也要以县为单位,集体发起课外项目,所有人共同参与,如此既有利于整合零散资源,新一届老师到来后也可以传承。那些自发举办的项目同样要向管理团队登记备案,并通过专业设计和严谨论证后才能实施:项目准备解决哪些问题?需要动用多少社会资源?存在哪些风险?实际效果如何?……

他确信,无论是中国的公益行业,还是美丽中国支教自身,都更应该对社会资源负责,以更专业的项目设计、项目运作去实现承诺给社会的影响力。

这一理念,将率先在两个新项目地贯彻。

三

改变需要时间。在广西支教近一年后,自认为"没耐心"的张懿心更确定了这点。

她留着男生般的短发,爱穿深色圆领 T 恤和长裤。圆脸,戴眼镜,皮肤白皙,讲话语速快且少有节奏变化,经常一口气说完一个长句,轻微停顿后继续说下去。出自她之手的教学 PPT 也带着简洁严谨的美感,深色背景、白色线条,少有多余修饰,一如她留学当助教时制作的那些课件。

支教之前，张懿心有着一份极尽华丽的履历。2010年9月，她告别故乡大连，前往威斯康星大学的麦迪逊分校求学，同时攻读数学和经济学两个专业；获得双料学士学位后，又同时被哥伦比亚大学、康奈尔大学、俄亥俄州立大学、南加州大学这四所美国大学的PHD（硕博连读）项目以全额奖学金录取。2014年秋，她选择前往哥伦比亚大学读经济学博士；两年的硕博连读之后，又选择了退学来支教。

这个决定是受大学一位老师的影响。出身中国农村的教授凭借多年奋斗成为国际知名数学家，如今在家乡创建了教育基金，十余年来募款600多万元，资助了6000多名贫困学生。他的人生也让张懿心萌生愿望："把对教育的热忱带到中国农村去，用自己的知识和经历为那里的孩子打开通向外界的窗口，让他们看到另一种可能性。"

"被哥大全奖录取后，所有人看到这个结果都很开心，我没有，每天在固定的几个格子间对着数据和模型，我觉得一切都是纸上谈兵，还是希望通过实干做出改变。"她不认为这是放弃，"我迫不及待地要先去做这件事，因为找到了更喜欢也更适合自己的人生道路。也许原来生活环境可能更好些，物质上优渥一些，但我更追求精神上的满足。"

在百色田阳县的琴华小学，张懿心教授五年级的数学。她会按自己的逻辑调整数学课本的章节顺序，也从不设置课堂检测，自信对每个学生的程度了然于心。课余时间，她和队友一同开办朗读课、建立广播站，为学生们征集明信片，给冬天也赤脚穿凉鞋的孩子们募集到棉鞋，还代表学校向《百色教育》期刊投稿。

支教的第二个学期,她又在学校开设了性教育课程,自己设计教案,以期增强留守儿童的自我保护意识。不久后,其他很多支教学校也开设了这门课程。

在她眼中,孩子们这一年来更多是细节上的微小变化:更爱学数学,回答问题更积极,对外界更好奇,学会了说"请""谢谢"以及双手接递东西。总是自认为"没耐心""脾气差"的她,却从不嫌孩子进步慢。改变需要时间,这是切身经历告诉她的。

她还记得,小学五年级刚转学的时候,自己的成绩是全校倒数第十,因为不服输而拼命做题,用两年时间进步到年级前十,初一拿到了全国华罗庚数学竞赛的三等奖。刚开始留学,她不习惯美国饮食,半年内胖了30斤,又用四年时间减下这份体重。大三那年,她第一次了解到美丽中国支教并下定支教的决心,为了说服父母同意自己中止学位,同样用去了四年时间。

"现在刚过去一年,我们要做深入灵魂的改变更需要时间,所以请大家给自己时间,也给学生时间。"

唐锦莉也相信这点。她支教于百色田东县的坡圩小学,是六年级30个孩子的班主任。语文课上,她带孩子们打着节拍背诵古诗,选一位孩子为主角,围绕她编一段故事,从而让学生更好区分各种写作手法。班级的黑板上贴着学习目标:勇敢自信,诚实认真,每天进步一点点。

班上有个让全校老师都头疼的孩子,唐锦莉刚来就风闻了他的不少"事迹",曾担心自己能否管得了他。后来却发现,孩子也会在图画书上写"唐老师节日快乐",会因作业本上自己写下的"加油"偷偷露出笑脸,最近一次的单元测验,孩子考了全班第五名。给了他学习动力的是老师的无数个"相信",从见到孩子的第一天,唐锦莉就反复告诉他:"你以前怎么样都不重要,今天就是新的一天,你就是一个全新的你,你们每个人都一样,我不允许别人去那样说什么,我更不允许你们这样想自己。"还和孩子们约定了口号:不抛弃,不放弃。

黄长德的班上也有这样的学生。他不听讲,不写作业,逃学,对老师的批评置若罔闻。直到有一次,黄长德发现孩子连续两天只吃了学校的免费午餐,早餐和晚餐都没有去吃,这才从其他学生口中得知,家里没做饭也没给他零花钱,饥饿难耐的孩子又不想让任何人知道,只是硬挺着,课上饿极了就趴着睡觉,什么也不说。

下课后,黄长德把坚称不饿的孩子叫到办公室,硬塞给他一个蛋黄派,学生接过来,头转向墙壁,流着泪默默吃完。放学后,老师又陪着孩子回家,才知道他三个月大时,母亲就离家而去,父亲外出打工后再婚生子,几乎不再回来,只剩酗酒暴力的爷爷和年迈的奶奶勉强照顾他。

"没有孩子天生就是一块顽石,孩子所有的行为背后一定有原因。"黄长德慨叹,剩下的日子里,他每天陪伴着孩子,课上不时给他鼓励,课后带着他一起学习和阅读。一个学期过去,学生成了班级的英语课代表,期中考试时英语能考满分,也开始成为集合时班里站得最端正的小孩,还会因无法在单元测试里拿满分而焦急。

黄长德同样相信改变的力量。身高1.95米的他,初二就被辽宁省篮球队破格录取,与中国男篮现役球员周琦、郭艾伦同队,一年训练后因故不得不退队回到原来的初中,成绩也一落千丈，校方希望他留级复读，班主任却选择相信他。顺利升入高中后，母亲帮他联系到一位教练，两年后，他又代表辽宁队征战第三届全国中学生运动会，这次打的是排球。高三那年，黄长德凭借体育特长被中国人民大学、山东大学和吉林大学同时录取，他却不希望这成为自己懈怠的借口，在没受到任何照顾的情况下，考入了南开大学的行政管理专业。

"我是一个很努力的人，不过在我努力的同时，我的初中班主任从没放弃过我，我的排球教练改变了我的人生轨迹，我的妈妈一直都是我的伯乐。"现在，他也要帮助孩子们努力。

林文萍则没想到，自己发起的"美丽电影院"项目竟然在多个支教地推广开来。一节综合实践课上，她给孩子们播放了电影《机器人总动员》，班里的孩子一个劲儿喊："老师，你可不可以留下来，我们想和你一起看电影，你陪着我们。"她又想起学生的周记总是千篇一律的起床、刷牙、吃饭、睡觉、冲凉，不少孩子家中没有电视，有学生连写家庭作业都成了乐趣。与学校商议之后，林文萍和队友们决定每周在学校播放一部电影。

她们募集到资金，购置了设备，把笔记本电脑连上投影仪，又在操场上树起幕布，搭建起一所简易的露天电影院。播放的影片更经过精挑细选，既有《超能陆战队》《疯狂动物城》《龙猫》这样的经典卡通片，也有《三傻大闹宝莱坞》《让子弹飞》《驴得水》等喜剧，还包括《建国大业》等主旋律影片，风格以励志、温情、轻松为主，题材则涵盖教育、家庭、社会等主题。

"一方幕布，一片星空，一部影片，一份陪伴，一个美好的夜晚。"每周播放电影的那个晚上，不大的操场上人头攒动、鸦雀无声,学生、家长、当地老师乃至其他村民们屏息静气沉浸于剧情里,在夜色、虫鸣与晚风中共同度过一个前所未有的欢乐夜晚。

何流对这一形式评价甚高。它最直接的好处是促进亲子互动,家长和孩子都开阔了眼界,彼此也多了共同语言,又能吸引家长来学校,增进与老师的关系,还可以通过喜闻乐见的方式,让农村社区逐渐接受新的文化。最重要的是,露天电影院的成本极低,几乎任何一所乡村学校都能推广。

林文萍发起项目后,先后有七所美丽中国的支教学校参与进来,何流也在积极为项目争取更多的支持资源。他相信,"美丽电影院"如果能长期坚持下来,甚至有可能使学校成为当地的文化中心,乃至引领乡村文化。

这仍然需要时间,但短短几个月,"看电影"已成为很多孩子的美好记忆。平略小学的一次绘画比赛上,很多孩子都用稚嫩的笔触在纸上画出一个长长的方框,上面是星星月亮,下面是一群小人的背影,头顶各自标注着"爷爷""妈妈""姐姐"等字样,题目是,《在一起看电影的家人》。

四

"一年了,不容易,谢谢自己。"

刚进入 6 月,南宁的天气已分外湿热,太阳没有出来,走在阵阵微风的街头仍不免汗出如浆。南宁第二十六中的教室里,天花板的电扇旋转着,广西团队的 50 余位老师齐聚一堂,一同参加本学期的教师职业发展会议。他们在《夜空中最亮的星》的旋律中望着屏幕上的自己，回味着支教一年来的酸甜苦辣。

"千万不能急，让学生信任你，让基础弱的学生看到除成绩外的其他可能性。"

"不着急于提高成绩，先把习惯培养出来。"

"耐心，微笑，多听他人的课，学生也是你的老师。"

"果然，我比较适合科学课啦。"

"脾气变好了。"

"不出所料，教低年级我会疯。"

……

何流则早已明确了下一年的目标。自己不会一直负责甘肃、广西两个地区，但在此之前，两地团队必须要招到区域总监，否则肯定忙不过来。下一年，广西支教老师要增加到120余位，支教范围还将扩展到自治区1/3的地区；甘肃团队也会增加到50人，甚至有可能扩展到河西走廊的西端。

与此同时，福建的山区也出现了工作人员的身影。2017年9月，三明市建宁县将成为美丽中国支教的最新项目地，那里有"福建的西伯利亚"之称，崇山峻岭中散布着一所所"麻雀学校"，学生30—60人不等，初中以下老师的平均年龄47.2岁，全县去年可支配财政收入只有2.99亿元，远低于其他国家级贫困县八九亿元的平均收入。

在这些新开拓的地区，支教老师们面临的形势必将更艰难，但他们已做好准备。

支教后的第一个寒假，李郁青是在甘肃天寒地冻的山垄间度过的，为了走访完157个学生的家，她连春节都没有回家。高山，深沟、窄路、陡坡，曾经恐高的她一次次突破心理极限，和队友徐倩在山间上上下下，穿越遍地乱石与荆棘，乘着拖拉机般轰然作响的"蹦蹦车"驶入越来越高的云端，远处的雪山赫然在望。家访的最后一站是离学校最远的草坪乡，整整一个白天，大雪下了又停，停了又下，两位老师在冰天雪地中行进，咬着牙走访了住在这里的三四个学生，身后留下一串串深陷积雪的脚印。孩子们异口同声告诉她们："老师，你们夏天再回来，那时我们家乡特别美。"

十四天时间，四十个村庄，翻越数不清的山头，寻找到一百多个学生。家访结束后，远山不再远。于李郁青而言，这是一场不会停息的行走。

"农村教育的问题与困境，似海浪，如潮水，翻腾奔涌，日夜拍打着这片土地，如今我们摇起桅杆，手牵在一起，扬着风帆前行，沿途汇起点点浮礁，日复一日，以盼筑就一片海岛。"广西团队开设微信公号时写道："终有一天，这片岛，将改变潮水的方向。"

甘肃团队也提出自己的口号：走向最边缘，沉到草根处。项目主管刘言对此有着自己的阐述：

走向最边缘，这是一段注定孤独的旅途。我们原本可以成为主流的一部分，但我们选择了边缘，我们要努力成长来面对路上所遇到的一切。

沉到草根处，这是一段注定艰辛的历程。有太多的挑战需要我们来面对。我们面前没有一条平坦的道路可以去走，我们要在杂草丛生、荆棘密布的荒野中找寻自己的路。

我们来了，我们将义无反顾。

第三辑

百样人生

从"体制"到公益

> 一个开放多元的社会,公务员只是一类工作,而非与外界割裂的堡垒。我从省团委来到美丽中国支教也是一种转岗。人应该找到适合自己、可以发挥最大才干的地方。
>
> ——题记

如果不是当年的那场宣讲会,廖杞南或许至今还在仕途上一路前行。

2013年决定加入美丽中国支教时,他的身份是广东省团委的副处长,生活优渥安逸,在可预见的未来,还会有更远大的前程。也是那一年,全中国152万人报名参加次年的国家公务员考试,竞争19,538个职位,一所城市的448个事业编制引来2,954名本科生、29名研究生报名,他们应聘的是环卫工。

和许多人一样,听到廖杞南辞职的打算,团委领导的第一反应是不可思议,他劝说属下"不要那么冲动","在现在这个位置上,你有很好的发展前途,而且同样可以服务群众、服务那些青年社会组织"。廖杞南的回答是:"加入美丽中国支教,我可以直接面向学生、面向支教老师，服务会更加直接。"因为怕自己后悔，当天下午他就提交了辞职信。

一向赏识他的领导收下辞呈："你先去试试，觉得可以就做下去；如果觉得不合适，还可以再回来。"这个建议更让廖杞南觉得："自己一定要在美丽中国支教做好事情，不能丢领导的脸，不能丢共青团的脸。"

这条退路并没有用上，从第一次了解美丽中国支教到成为其中的一员，廖杞南用了四年时间，漫长的等待并未动摇其决心，反而使之更加坚不可摧。

本科、研究生和工作，廖杞南一直是在中山大学度过的。2009年，他在校团委工作了有一年半，已经是科长级别。4月的一天，领导交给他一项任务：一个公益机构要来招募志愿者去支教，组织者持有美国岭南大学基金会秘书长的推荐信，领导要求他去旁听和监督这场宣讲会。他没有多想，背起书包就去了。

教室里来了五六十位听众，廖杞南坐在最后一排，看到那位比自己还年轻的外国青年号召听众去云南支教，那是他第一次听到"美丽中国"这个名字。学生们对支教并不陌生，中山大学的研究生支教团一直名声在外。从1999年起，学校每年都会选拔德才兼备的本科生前往边远地区支教一年，回来后直接保送读研，廖杞南本人就曾是支教团的一员，2004年在广西恭城的莲花中学支教一年，在团委也分管这一工作。

不过，眼前这家组织的支教是面向所有大学生，又属于纯公益性质，参与者得不到任何实质回报。讲者刚介绍完情况，就有学生举手，问他怎么想到要做这件事的。廖杞南当时也不看好他们的支教,甚至有点同情那位讲者:"太理想主义了,现在的大学生怎么会去农村支教,还全无回报呢?"

宣讲会在他心中激起的一丝涟漪,很快消散了。之后的某天,校园网上的一则新闻无意间跃入廖杞南的眼帘:我校4名学生入选美丽中国支教项目。他由此得知,这个组织已在北京、上海、广州完成面试,并确定了10位支教老师,其中4人来自中山大学。这让廖杞南觉得,本校学生还是有情怀的,又联想起孙中山先生的毕业训辞"为邦家光,为社会福",似乎明白了什么:"这与美丽中国支教的愿景是一致的,难怪他们会在中山大学办宣讲会。"

后来廖杞南才知道,自己无意中见证了历史。他旁听的是美丽中国支教成立以来的第一次宣讲会,那位做宣讲的外国青年是创始人潘勋卓,4名被选上的学生则属于美丽中国支教第一批老师,于2009年9月前往云南大理鹤庆县支教,那时的支教还只有一年。他们的名字是:朱慧、范妮、王井健、梁姗。

接下来的几年,廖杞南继续在中山大学工作,2010年被提拔为校团委副书记,这一年他30岁,级别也随后提升为副处级,并于2012年调任广东省团委。期间,他始终在默默关注美丽中国支教,眼看着这个公益组织逐渐壮大,每年都有更多的青年报名参加,支教地也从大理鹤庆一个县扩展到云南多地,2011年还来到了家乡广东。这些年轻人的事业,不时让他回忆起自己的支教往事。

在他当年支教的大瑶山脚下,很多学生家境贫寒,一学期过去大半仍无力缴纳学费,最后是老师看不下去帮忙垫付。他们每天学习10多个小时,但因不懂学习方法,成绩并不突出。一个叫婷婷的高一女生成绩优异,却在第二学期开学前告诉老师,自己的哥哥考到南宁读大专,父亲又生病,自己需要去打工来减轻家中负担,不能来上学了。孩子的最后一句话是:"老师,请您相信我,哥哥毕业后,我一定还会回到课堂读书,我一定要到中山大学去看看。"三年后,女孩重返校园,并在2010年考上了一所三本高校。

当年孩子的退学,让廖杞南第一次有了强烈挫败感,她的回归也让他深刻体会到"教育改变命运"这句话的含义:"有太多这样的孩子,你推他一把,他的整个人生道路就不一样了。从那时起我就相信,一个更美丽的中国需要更平等的教育机会,一段青春的付出可以改变许多农村孩子的生活。"

机缘巧合。调任广东省团委后不久,廖杞南陪同妻子参加她的小学同学聚会。妻子的一位同学恰好在美丽中国支教负责人力资源工作,她委托廖杞南帮忙为刚成立一年的广东项目地物色负责人。廖杞南寻觅了半年多,没能找到合适人选,自己倒冒出加入美丽中国支教的念头。

大学时的专业是社会学,在廖杞南看来,未来30年,中国政府的中心任务会转到社会服务领域,以后也将更加依赖社会力量,更多优秀的社会组织、有能力的负责人会涌现出来并担当重任,自己也应当提前跟随这一趋势。

加入公益组织必然意味着离开体制,廖杞南为此前后考虑了四个月,最终打定了主意。他把想法透露给大学的导师,对方回答:"追随你的内心。"妻子也支持他的决定:"男人应该出去闯一闯。"

"到西部去,到基层去,到祖国最需要的地方去。"离职时,廖杞南写下一篇纪念文章,引用了这句"西部计划志愿者"的口号:"我追随内心的呼唤,重新回到支教志愿者的行列。十年,感谢父母,感谢中山大学,感谢共青团,感谢支教团,感谢莲花中学,感谢我的学生。"

这一年距他前往广西支教,即将满十年。

5月份辞职,廖杞南先后经历了六轮面试,"比公务员入职还难"。负责首轮面试的梁姗是2009年第一批支教老师之一,自己曾经的学生,这让他感觉十分奇妙。那年8月的一个晚上,他在汕头大学的学术交流中心迎来最后一次面试,并和潘勋卓在校园中边走边聊;一个月后,入职通知书递到了他手上。他的正式头衔是"机构管理层兼广东地区执行总监",两年后又多了一个"项目拓展及战略关系开拓总监",负责安排老师们前往广东各地学校支教,以及与当地教育部门沟通。

上任伊始,廖杞南面临的第一个问题是,如何扭转人们的固有观念。在外界的一贯印象中,广东代表着繁荣富庶,很难与支教挂上钩;连老师们都普遍希望去云南,觉得那里更艰苦、更需要支教,是"正宗"的支教地。这也导致成立之初,广东项目地更多扮演着"收容站"的角色——2013届支教老师填报志愿,47个人只有两个人肯去广东,最后分到那里的十几位老师都是被调剂过去的。针对这一现状,廖杞南在第二年面向支教老师做了一场线上宣讲会,详细阐述了去广东支教的必要性。

"全国最富的地方在广东,最穷的地方也在广东。"他引用了广东前省委书记汪洋的一句话，后来还列举了统计数据。2016年，广东省 GDP 高达 79,512.05 亿元，在全国排名第一，但珠三角地区就占了 85.4%，其他地区加起来只有 17,788.37 亿元，以至于被合称为"粤东西北"地区。

教育资源不平衡的问题更加突出。2014 年，广东省公共财政教育支出达到 1779.5 亿元，同样在全国各地区中排名第一；普通小学的生均公用经费却仅为 1851.39 元，在全国排名倒数第九，学生缺乏学习兴趣，教师存在倦怠情绪、留职意愿低等问题也十分普遍。

"广东就是中国的缩影，你可以看到广州、深圳那么发达，但离它们只有一二百公里的地区就穷得不得了，这种反差让人内心特别煎熬，是一种不小的心理考验。"廖杞南为此告诫老师们："没有做好吃苦的准备，不要来广东。"

这番告诫在老师们真正来到支教学校后变得更加直观。与云南动辄上千名学生的中心校相比，广东地区的乡村学校大多保持在百余名学生的规模，有的学校就建在大山深处，周围连商店都没有，2014 年的上半年，廖杞南在潮州的大山里挑选合作学校，他向一位校长要电子邮箱，校长以为是指通信地址："廖老师，对不起，我们这里中国邮政到不了。"

观念上的差异更为明显。有些地方受重商文化的影响很深，家长宁可让孩子去打工，也不肯供他们上学。有的全家六七个女儿，家长把全部资源投入到唯一的儿子身上。有的家长对孩子不闻不问，不知道孩子成绩如何，连孩子上几年级都记不清楚。

了解到这些情况，很多老师都改变了看法。留学英国的谢晨颖一心想去云南支教，却被调剂到了汕头，她还为此哭过。廖杞南问她："你来美丽中国支教的目的是什么？看看当地，你不觉得这里有支教的必要吗？不要忘记初心。"谢晨颖迅速调整了心态，后来她看到学生们普遍觉得"读书无用"，便和队友陈骁一同举办了"职业教育讲坛"，让他们懂得了为什么要学习，自己也明白了来这里支教的意义。

在团委的工作经历也对廖杞南帮助不小。针对同一地区学校相对集中的现状，廖杞南根据过往经验，让老师们实行高度自治，希望在引导学生成长的过程中，也让老师实现四个"自我"：通过自我管理、自我服务，实现自我成长、自我发展。

他把相邻学校划入同一管理片区，每个片区的支教老师组成一个团队，还鼓励老师自发组织各种委员会："队长联席与对外关系委员会"负责与当地政府的对接，"团队与地区文化建设委员会"负责开发各种文化产品，"筹资与公益资源整合委员会"参与机构的募资工作，也负责在当地开拓资源……如果有老师在当地举办课外项目，同一片区的老师都会加入进来、各有分工协作：韶关地区的五所学校将各自图书馆的资源进行了整合；粤北发起了一次募资，一个晚上就募集了3.5万元资金。2015年开始，整个广东团队还印制了支教纪念文集《微光》，汇集了广东团队的支教故事，文章全部出自老师之手，每年出版一部。

与各地教育部门打交道则是另一种体验。廖杞南曾代表美丽中国支教拜访过一位相识多年的领导，因为相关手续没有办齐，对方把机构批评了一番，最后表示："老弟，你能离开公务员队伍来做这件事，我很钦佩。能做的我一定做到，但是请考虑我们教育行政主管部门的要求和希望。"廖杞南并未有"受刁难"之感，他知道，从一所中学的老师做到校长，再到进入教育局，领导改变当地教育现状的愿望比谁都迫切，只不过他更坚持原则。

"和政府部门打交道，最重要的是换位思考，要站在政府的角度去判断，他为什么会提出这样的要求，他们也有合法合规的压力，需要和他们建立互相信任的关系。"廖杞南说，"毕竟，做好事也要讲规矩的。"自那之后，美丽中国支教成立了"北京立德未来助学公益基金会"这一法律实体，每次开拓新项目地，合作协议都会盖上立德未来、团市委、教育局三方的公章。

他没想到，得知美丽中国支教希望来潮州的消息后，陈锦辉不等自己上门，亲自开车来到汕头办公室，表示要无条件支持美丽中国支教。这让廖杞南感到"遇到了对的人"。两人用三天时间走完1000公里，走访了潮州地区几十所学校，向各位校长逐一了解是否有支教的需求，每所学校至少去了三次。

三年下来，美丽中国支教已拓展到广东的汕头、潮州、梅州、河源、韶关五个地区，并和各地政府部门保持了相对良好的关系，越来越多的地方政府向美丽中国支教发出了要求。2015年，广东省团委还为支教老师们落实了社保，团省委书记奔走于各部门，亲自落实各项工作，每个环节都高效快捷。

和政府部门打交道之余，廖杞南不时被问到"离开体制是否后悔"之类问题，他的回答是，之前自己一直心存愧疚，因为组织给予的远超过自己的付出。由于当年的支教经历，他不仅得以保研，毕业后还在3000多名竞争者中脱颖而出，成为留校的20人之一，工作一年半后又当上副科长，三年后当上校团委副书记。每次竞争上岗,他的支教经历都得到面试评委们的充分肯定,总是一路绿灯。"和我一起竞岗的同事都很优秀,仅仅是因为自己的支教经历就得了那么多好处,这对他们不公平,现在离开所谓的'体制内'来到美丽中国支教,也算是回报组织对我的栽培。"

他也认为,一个开放多元的社会,公务员只是一类工作,而非与外界割裂的堡垒。"在现代社会,百舸争流,体制内本就不应该是唯一出路。换句话说,体制也容纳不了这么多的人才,这些'溢出'的人才,在我们的社会服务领域,是一股重大的推动力量。某种意义上讲,我从团省委来到美丽中国支教也是一种转岗。人应该找到适合自己、可以发挥最大才干的地方。"

尽管如此,他依旧不忘强调:"我以共青团为荣,以支教志愿者为荣。"

做"有意思"的事

> 我向来不喜欢"意义""奉献"之类的词,我就是在条件还允许的情况下,做了件自己觉得有意思的事。
>
> ——题记

提醒就寝的音乐在校园中荡漾开来,宿舍楼的灯光逐一熄灭。广播响起《舒克与贝塔》的故事,两只小老鼠在克里斯王国迫降,被大批猫公民围困,好在他们从未见过老鼠,主角们暂时还安全。

话筒前的王珂一板一眼读着郑渊洁童话。他嗓音清晰,语速慢而声调低,谈不上波澜,却刚好适合催眠。在校长略显平板的声音中,分众美丽小学的住宿生们逐渐进入梦乡。

每晚睡前故事的持续时间是半小时。晚八点半,王珂关闭广播室,开始当天的最后一次巡视。夜色中的操场只余他的背影,腰身笔直,臂膀肌肉结实,那是经年累月坚持健身的成果。

成为分众美丽小学校长这一年,王珂29岁,有时走路习惯将一只胳膊横在后腰。平头,肤色黝黑,眼睛不大,轮廓分明的脸上很少有表情,连微笑都是缓慢翘起嘴角。拍证件照时,摄影师让他笑一下,看过照片的同事问他,表情为什么那么凶,他回答:"我已经在笑了。"

大部分支教老师开朗热情,王珂不是。一般人对他的评价是"严厉""凶""有距离感",了解多些的会加上"闷骚""完美主义""奇怪"等评语,只有最熟的朋友,才会用上"靠谱""有创意"甚至"热情""二"等字眼。即使在美丽中国支教这个云集了诸多特立独行者的集体中,王珂的存在感依旧强烈。

第一次意识到自己的另类是在2010年,王珂那时还是支教老师。和学生说话,队友保持着半蹲姿势以示平等,只有他居高临下。六年前,从项目主管口中听到这个细节时,王珂心里"咯噔"一下。他把这种性格解释为家庭影响,父亲在同辈人中算得上开明,但依然和那个年代许多家长一样,不会直接表达感情。受父亲影响,自己也习惯了把一切感情深埋心底。

在支教过的中学,王珂享有"除校长外全校学生最害怕的老师"这一头衔,"可止小儿夜啼"。他给学生布置寒假作文,题目是《我的物理老师____》,收上来的作文有:《我的物理老师真可怕》《我的物理老师真严》《我的物理老师真拽》。

同是那次作文,也有学生写下了《我的物理老师真好》《我的物理老师真搞笑而且自恋》,评语异彩纷呈:

"他这个人还可以,就是有点自恋,还有点臭美。"

"有时他会和我们这些男生比帅,比酷,我承认他是帅,可也没多帅。他戴着的那副眼镜,真的很丑,不配他这个人。"

"您有时像一个孩子王,引导我们寻找快乐,有时像一只凶猛的狮子,对我们大吼,有时像一位老师,带着我们去探索宇宙奥秘。"

"只要我一讲话他就骂我,我当时心里挺不服气的,但事情过了之后好好想想,就觉得物理老师骂得好,上课讲话本来就是不对的,上其他课老师不管,可能是因为对我已经失望透了。"

"以前我们135班是青华中学的一个噩梦,不知道气坏了多少位老师,可自从有了一个新老师,我们的行为都变了,虽然现在还不是很好,但已经有了翻天覆地的变化……我绝不是在拍马屁,真的。"

"最自恋同时也是最牛的老师。"有学生这样称呼他。

他不自恋。

2010年,王珂和队友们来到临沧市青华中学,教授134、135两个班的物理,面对的是"纪律极差的学校里纪律极差的班级",老师站在讲台向每个角落望去,都会见到顽劣的学生:"你简直不知道该向哪个方向看,才能让自己开心一点。"

队友记录了学生们的表现。"深山里的他们没有单纯的眼神,每天麻木地两手空空到学校,上课时嬉笑打闹,在录像厅里消磨掉自己的青春,不过十三四岁的年纪,眼睛里却写上了不少戾气:……他们像是路边恣意生长的大麻,成为路人路过感叹然后遗忘的路边风景。"

上第一堂课,王珂做自我介绍,讲大学生活和外面的世界,有学生趴在桌上睡觉,王珂点了他的名:"我讲的内容就这么无聊吗?"学生懒洋洋地抬头瞥了他一眼,继续大梦周公。考虑到是第一节课，王珂没有继续追究，决定先观望一下。后来有老师说，这学生只在课上睡觉，已经很给面子了，其他老师的课上，他都是故意捣乱的。

之后不久，他让一个在课堂上捣乱的学生站着听课，学生站了几分钟，扭头直接走出教室。王珂追上去，学生歇斯底里地大喊："让我走，我要回家。"被刚巧路过的政教主任拦住，批评教育一番。追上来的王珂也缓和了口气，表示"老师这是为你好"，这时已经中午放学，王珂让他先回家，准备下午再找他谈，这却成了老师们最后一次见到他，学生从此再也不来学校。

在王珂的记忆里，管理学生就像打地鼠，刚管好一个，另一个会立刻起来，以至于"一下课，我得先找个没人的地方冷静下。"队友们的遭遇更不堪，他们普遍推崇随和亲切的教学风格，总狠不下心板起脸，结果"经历很惨痛"，曾有老师被气得中止上课，夺门而出。

老师们很快意识到，首要任务是尽快建立课堂秩序，无论怎样希望与学生愉快相处，第一步要让学生听自己说话。王珂比队友更快实现了这个目标，他把原因归结为自己这张脸，"学生们会依据对当地老师的印象，把我归为'不好惹'的一类老师"。还在漫长的猫鼠游戏中摸索出不少对付学生的办法。

135班两个最强壮的男生是"带头大哥"，王珂用"金角大王""银角大王"作为代称。"银角"更嚣张，一次晚自习，他照例在课堂上捣乱，怒不可遏的王珂又一次把他叫起来训斥，"银角"满不在乎地瞪着老师，大声挑衅，教室里的气氛瞬间凝固，全班几十双眼睛盯在两人身上。那一刻，王珂不知该如何收场，唯一清楚的是，如果不能妥善处理，自己在这个班的威严必定会动摇，日后班级秩序的维护将更为困难。

一片死寂中，王珂与学生怒目而视，头脑一直在飞快运转，"先要让全班看到，老师不会服软"。两分钟的对峙后，他重新开了口："你出来。"

这是冒险，但王珂已想好后招，假如"银角"不肯出教室，自己就补上一句："是不是不敢出来？"这样的激将法足以使学生入彀。

"银角"出了教室。

师生一同来到没人的角落，王珂又是一通严厉批评，学生满不在乎，王珂也一时想不出处理办法。恰在此时下课铃响起，王珂让他先回家，自己回到宿舍，研究了一整晚对策。

第二天早自习前，他等到了"银角"，还临时决定把"金角"也叫到办公室。这次他和学生说起了闲话，问他家在哪里，父母做什么工作，以后想干什么，"银角"一一作答，对抗情绪逐渐缓解下来。

从对话中王珂得知，学生不准备中考，想去学挖掘机，然后到舅舅开的厂里上班，也正因为早做好了日后的打算，"银角"认为上学只是浪费时间。王珂对他的打算表示了理解，还告诉他，"你很特别，老师一进这个班就注意到了你。你有自己的想法，有号召力更有潜力，既然这样，无论做什么事，你都要做到最好"。最后，王珂同意他不交笔记和作业，甚至不必听课，只提出一个要求：不能浪费同学的时间，也不能浪费自己的时间。

其实在单独谈话时，他会对每一个学生都说，"你很特别"。

"金角"是班长，能担任这一职位的主要原因是，没有其他学生管得了他。他性格桀骜，却在理科上颇有天赋，虽不太认真听课成绩依旧不错，课上也还算安静，王珂不忘肯定他的成绩和才能，也鼓励了一番。重新回到教室时，两位"大王"完全平静了下来。晚自习前王珂再接再厉，把当天没交作业的另两名学生作为反例，再度狠狠夸了"大王"们的懂事，"直到夸得我自己都不好意思时方止"。

　　这次的效果出乎意料地好。"金角"上课时格外投入，物理课学到电学内容时，更成了全班的尖子生。"银角"仍不听讲，但已不再惹是生非，上课也不再睡觉，手里总抱着一本书，哪怕有时是漫画，偶尔甚至会尝试着回答老师的问题。

　　那之后，另一名同样不服管教的女生不肯交课堂笔记，王珂叫她去办公室，连叫了几次，依旧无动于衷。"金角"突然从她身边走过，低声说了句"快去"，女生立刻乖乖走了出来。事后王珂问，如果当时"金角"不吭声，是不是就不会和老师走，女生承认了。

　　不断积累的教学经验，让王珂应对这类学生越发得心应手。他给另一个班监考，很多学生卷面都留了大片的空白，班主任语气严厉地要求"至少要写一些字"，一个高大强壮的男生依然袖着手。王珂走到他面前，什么都没说，指了指他作文里一个明显的错别字，男生红了脸，赶忙改了过来。

　　课下他找男生谈话，学生依旧哼哼哈哈。闲聊中王珂得知他有一个三年级的妹妹，察觉到他对妹妹极为关心，立刻问："你希望妹妹上课也这么趴着？她看到哥哥这样会很高兴？"男生顿时软了下来。王珂再度表示"你很特别",鼓励他"有一个哥哥的样子",帮他制定努力的目标,完全说服了男生。

王珂其实并不喜欢训斥学生,因为厌恶自己那副"凶神恶煞"的表情,但别无他法。相比训斥,他更愿意在课下和学生聊天,以期在"驯服"之余,能让学生从心底真正接受自己。

不同于其他老师爱打"感情牌",他聊的话题都很"酷"。有学生表示,以后想去"混帮派",王珂的第一反应不是责备,学生信任自己才会说心里话,他先问学生,为什么有这样的想法,也会告诉他:"在那些帮派里,当小弟挺苦的,当老大又挺不容易的。"聊得多了,学生慢慢明白,这样的愿望既不现实更不可取。

"每个人都有自己在乎的'点',再不爱说话,再不肯沟通,只要触动到那个'点',都会愿意和人交流。"这是王珂最大的心得。

与冷面孔恰成对照的是活跃的头脑、不安分的心。不同于别人的看法,王珂对自己的评价是,"有意思"。日常生活中,他和队友会想出各种"有意思"的方式自娱自乐,在玩桌游时发明新的规则,把三国武将编进《冰与火之歌》的背景。闲聊时很认真地探讨"如果能选择一项超能力,你会选什么"。还把周星驰的电影《功夫》重新剪辑配音,改编成自己的支教生活。他更自信,"在自己接触到的文科生里最有逻辑,理科生里最有文化"。

新学期开学,王珂让班里所有学生写下自己最喜欢的明星,没有解释理由,只表示,表现最佳的小组会得到小惊喜。期中考试后,老师兑现了诺言,排名第一的小组每名成员都得到了超乎想象的奖励:一张自己和偶像明星的合影,全班陷入了疯狂。

这些照片,都是王珂自己用 PS 软件做出来的,全部成本 27 元。

物理课讲电铃的工作原理,他把三名学生叫上讲台:给第一个学生身上绕起绳子,代表"电磁铁";第二个学生胳膊伸直,手握一本书,代表"弹簧"和"衔铁";第三个学生扮演"电源",联通起两人。"电磁继电器"开始工作,那本书一下下敲在"电磁铁"学生的脑袋上。哄堂大笑中,学生瞬间明白了电铃的工作原理。

支教的第二学期,王珂和队友一同开始教137班,又做了一次更大胆的尝试。这天上课,队友面色冷峻地告诉学生,市里最好的中学给自己写了一封信,向青华中学提出挑战,要和他们比试英语成绩。为了加强可信度,第二天还带来那封英文信,现场翻译了一番。

学生们群情激昂。王珂告诉他们:"城里的学生看不起我们,我们要在考试中战胜他们,拯救青华中学。"至于为什么只选这个班,王珂的解释是,全校所有班级里,只有137班最有潜力。他不担心西洋镜会被拆穿,"英文信"其实是美丽中国支教的会议材料,学生们的英文程度远不足以读懂它。

为了"捍卫青华中学的荣誉",他和队友在班里建立起学习组织,甚至撰写了一份誓词,风格类似《冰与火之歌》里的守夜人誓言,学生们高喊着"我们不同凡人,不愿碌碌无为",在齐声朗诵中,张扬着刻苦努力的决心:

拂去污秽,沉淀纯粹
有梦有志,无尘无灰
不惧挑战,不会下跪

不言放弃，不辱家徽

…………

那段时间，青华中学137班每天都熊熊燃烧着中二之魂，每个学生都仿佛活在一部热血动漫里。王珂的队友上英语课，师生间的对话是这样的：

"各位壮士，别来无恙。"

"别来无恙，sir！"

下课时成了：

"青山不改，绿水长流。"

"各位壮士，后会有期。"

每天上课，老师会布置十个英文单词，讲解五道选择题，并由班里选出的"司令"将详解写在黑板上。第二天上课，所有人要写出相应单词的中文意思，并回答另外五道选择题。老师们还把徽章做成贴纸，作为"军功章"颁发给每天听写成绩优异的学生。

短短一个月，学生变化明显。两个从不听讲的男生，会在课间认真背单词，因为担心"隔壁班会在课上偷听"（王珂为督促学生学习编造出的说法），学生们回家后也会主动去背。王珂表彰某个学生时，其他学生会整齐鼓掌。两位"司令"会在上课时主动帮忙维持纪律，在每次需要集体回答时，带领全班齐声应答。不少学生在课堂外见到老师，还会很神气地敬一个礼。两位老师一度觉得自己敬礼显得很"二"，看到学生的热情，只好也跟着照做下去。几个月后的一次班会，王珂随口问了句："现在还有谁能背下誓词?""司令"一声令下,全班集体开始背诵,铿锵整齐。

2013年的暑期培训中,学生Jenny受邀为新一届支教老师做分享。女孩先回忆了王珂的队友与同学们相处的美好往事,然后指了指台下的王珂:"哦对,还有他。他什么都不干,只会吓唬我们。"但是,"自从学习组织建立以后,每个队员都很热情地参与,每个队员都在不断进步,都在朝一个目标前进。在这个组织中充满了欢乐,慢慢地我们长大了"。

其实王珂知道,Jenny从小父母都不在身边,由爷爷奶奶抚养,身世极为坎坷。她一直有着和年龄不相符的成熟,后来以优异成绩考上了高中。他评价,孩子的发言"让冷血的王老师红了眼",尽管也不忘强调,看发言稿时,自己"恰好"喝了红酒,有点微醺。

支教结束,王珂成了工作人员,先担任临沧地区的项目主管,后来又负责云南地区支教老师的培训工作。与之前相比,他觉得这段时期有些孤单。

"走过大街小巷、田间村庄,都会有记忆中的影子浮现。闭上眼,我还能看见昔日之人,看见他们走着、笑着,看见他们吃着烧烤、喝着梅酒,看见他们站在讲台上、坐在树荫下……可再睁开眼,我又什么都看不见。眼前的景致建筑确实眼熟,我却无法确定那些人们是否曾经相识相知。"

"就像个空巢老人。"他感叹。

到了后来,他甚至刻意与新老师保持距离:"否则,只要有了感情和牵挂,这辈子都走不了。"

将近四年的管理工作也促使他进行了更高层次的思考。当老师时，王珂只关注本校，成为主管后，他走访了许多地区的学校，环境各不相同，却颇有共性，这也使王珂开始站在整体的角度思考问题，还在考虑不同地区的老师能否互相借鉴经验，乃至开展合作。

2015年夏天，分众美丽小学即将落成的消息让他眼前一亮。受楚雄州、市教育局委托，美丽中国支教将接管当地一所乡村小学，教师团队将以支教老师为主体，这无疑又是件"有意思"的事。机构希望王珂出任执行校长，他的第一反应是高兴，第二反应是犹豫：自己喜欢尝试新事物，又担心表现不好、辜负这份期待，"我是一个负责任的人，但正因为知道自己负责任，所以有时宁可逃避责任"。

另一个原因是，他自觉有完美主义倾向。在学校时，看到一排自行车倒了，他走出十几米，还是要回来一辆辆扶起来。路上看到素不相识的女生在哭，他会专门跑到超市买纸巾送给她。这也使他习惯了对人对己都以高标准要求，觉得自己会给别人带来压力。

沟通与权衡持续了数月，2016年4月末，他还是走马上任了。

9月9日，位于楚雄州东瓜镇兴隆村的分众美丽小学举行了开学典礼，别开生面的形式让在场的不少访客赞叹不已，整个团队却顾不上喜悦，马上全力以赴投入到教学中。王珂的日常时间更是被各种校园管理事务填满，还要经常去参加和召开各种会议，接待形形色色的访校者。负责教务的同事苏岩每周只为校长安排了一次兴趣小组的活动，至少有三次，王珂都因各种事务不得不推掉。

他还是希望能讲课:"身为校长都不教书,何德何能?自己都害臊。"一番努力之下,他终于要到了每周六节音乐课,开心不已,在课上教三、四、五年级唱《春歌》,给六年级教《海阔天空》,身为 Beyond 乐队的铁粉,这是他最喜欢的歌之一,之前他已不动声色地把它和《光辉岁月》一同放入了每天晨起的音乐列表里。

至今,王珂依旧会忍不住在自习时间去某个班的讲台上走走,并尽力挤出时间与学生们谈心,了解他们的想法,并给出一些建议。在一次批评完有纪律问题的学生之后,他讲起了"火车扳道"难题,不到10岁的孩子们在"救五个有错的人"和"救一个无辜的人"之间久久思索着。许多年前,王珂经常会给青华中学的学生带来类似的思考。

有时他会回忆起前一段支教岁月。队友之间配合默契,团队无论做什么事都很成功;如今,自己依旧延续着这样的工作与生活。他喜欢这种感觉:一群志同道合的"有意思"的人,一起做一件"有意思"的事。当年在青华中学如是,如今在分众美丽小学,同样如是。

"我向来不喜欢'意义''奉献'之类的词,更别说伟大、高尚之流。我就是在条件还允许的情况下,做了件自己喜欢的事。"

巡视结束、回到教师值班室时,墙上钟表的指针已指向十点。王珂紧闭门窗、取出吉他,手指掠过琴弦,如同轻抚女友的长发,琴声荡漾开来,悠远静谧:

"原谅我这一生不羁放纵爱自由,也会怕有一天会跌倒……"

微弱的乐声在斗室中回荡徘徊，王珂弹得很轻也很小心，仿佛生怕别人听到。他望向窗外的夜色，眼神罕见地柔软。

目光所及的远方是宿舍楼，那里熟睡着他的学生们。

拥抱朝阳

> 公益本身就是朝阳行业，教育同样是朝阳行业，公益和教育的结合更是朝阳行业。而她，也要成为拥抱朝阳之人。
>
> ——题记

陈志宇笑称，美丽中国支教开启了自己的人生"第三季"。

2016年加入机构之前，年过不惑的她已在雀巢工作了二十年，一直做到高管级别，之前则是十年的医生生涯。于她而言，投身公益行业是个意外，但"做自己喜欢的事"早就规划已久。

"人活在世间，不能把自己变成挣钱的工具，应该留下时间去认识这个世界。"在职场打拼了三十年后，这样的想法越来越频繁地出现在脑海里。工作对陈志宇的意义早已超过"安身立命"，变为实现自我价值的所在。她曾在做职业规划时对老板说："给我三年时间去带团队，把团队带起来之后，我就交接工作，不想再往上升职了。"还为后半生做过许多设想，想重回校园读书，学心理学或者哲学，不为拿学历，只为充实自己。也想过要去国外四处游历，追逐"诗和远方"。当时她并没有想到，自己最终会投身教育公益行业，做一件完全不在计划内的事。

那天，陈志宇在工作之余浏览电子邮箱，无意中见到一封系统推送的广告邮件，点开后第一次看到了"美丽中国"四个字。好奇心的驱使下，她搜索起相关信息，越看兴趣越浓厚；再问身边的同事是否听说过这个机构，一位同事告诉她，自己参加过美丽中国支教发起的活动，给乡村孩子们拍照，也捐献过二手相机；另一位同事用一个月的年假，专门来到美丽中国支教组织的夏令营，去教孩子们拍照。

陈志宇后来才知道，同事们参加的是支教老师江雨然发起的项目。2012—2014年，她在大理宾川县的平川小学支教，为了让孩子们在生活中寻找和发现美，江雨然在学校组织了一场"小伙伴摄影计划"，号召网友把自家闲置的相机寄给学校，孩子们的摄影作品后来在无锡举办了影展。在为活动录制的宣传片中，一个叫晓良的孩子举着相机，拍自家的小黑羊、正在烧火煮饭的母亲、田里的玉米："拍了我给江老师看，江老师看了也许会来我家。"相机是江雨然借给晓良的，希望他能通过摄影发现身边的美，更加热爱生活和身边的人。在那之前，晓良一直想辍学。

老师们的支教故事让陈志宇怦然心动，她对教育领域从不陌生，也坚信教育的力量。母亲是中学老师，自己的童年就是在校园中度过的，母亲那些上了高中的学生一直像哥哥姐姐般照顾自己。那段美好时光对她影响深远，她至今都在怀念校园里的单纯环境，除了父母，老师是她最尊敬的人。高考时，陈志宇曾想报考师范专业，母亲却劝阻了她，告诉女儿，当老师绝没有想象得那样简单，它是一份沉甸甸的责任，会影响学生们的一生，没有做好充分准备前，不要轻易选择这个职业。

那一刻陈志宇忽然意识到，自己和社会有些脱节。30年的职业生涯，自己在专业领域的素养和学识固然无可挑剔，视角却因此受到限制，对本职工作以外的其他领域几乎完全陌生，哪怕是曾寄托过深厚感情的教育行业。

她主动联系到美丽中国支教，说明了自己的情况，又问："有没有什么我能做的事情？我愿意义务帮忙来做，不要报酬。"人力资源部门回答，机构现在缺少一位在项目运营方面有经验的高管，但要求全职。陈志宇考虑了一番，觉得自己的工作经验可以胜任这个职位，很快就下定了换工作的决心。

2016年1月，她成为美丽中国项目运营部的主管，因为工作关系接触了许多支教老师，越发佩服这些年轻人的付出。在一次教师职业发展会议上，她和坐在旁边的一位老师聊起了天，女孩研究生毕业于中山大学的人类学专业，已在临沧支教三个学期。陈志宇问她："再过一学期就要结束支教了，开始找工作了吗？"女孩摇摇头："我现在时间真的不够用，支教还剩半年，还有好多事情要做。"掰起手指历数要做的项目：运营图书馆，办书法班，办主持班，请北师大的老师来做人文沙龙，她还打算对当地的生活状况进行深入了解，利用自己的专业知识编写一部当地的民族志，"根本忙不过来"。

陈志宇又问："父母怎么看你的支教？"女孩回答："他们超乎想象地支持我。"她在广东梅州的乡村长大，随着去打工的父母来到城里的中学，由此切身体会到教育的力量。研究生毕业时，她放弃了直接升博的机会，父母没有反对，他们愿意看到女儿多经历一些磨炼，还告诉她："这是积德行善的事。"

女孩还给陈志宇看学校图书馆的照片。支教老师们到来之前，那里只是两三间简陋的房舍，经过三届老师持续六年的建设，如今面积已达到 2000 平方米，藏书 6 万余册，甚至还成了当地的文化沙龙举办地，不时举办各种文化活动，吸引当地不少村民。这让陈志宇感叹，连城里的学校都未必有这样好的图书馆，简直是"一步跨越"。

那次聊天，陈志宇记住了女孩的名字，她叫王艳，是美丽中国支教 2015—2017 届的老师，支教于临沧云县的涌宝中学。

部门里几位年轻员工也让陈志宇十分欣赏。梁姗 2009 年就成为第一届支教老师，之后在美丽中国支教工作了近十年，依旧兢兢业业，丝毫没有倦怠或世故，在陈志宇眼中，支教生活改变了她们，她们也在反哺机构，她们都是美丽中国支教的 DNA："真正的职业人，都应该是她们这样的人。无论她们未来有什么样的工作和生活，都会是阳光灿烂的。"

"这些孩子有自己的理想追求，同时又脚踏实地，全身心地投入。他们对学生、家长和当地老师产生了潜移默化的影响，特别落地，特别实在，真正给当地带来了改变。看到他们的状态，我特别感动。"

她还拜访过不少当地老师、校长和教育部门的领导，他们当中很多人的家都在城里，自己则扎根农村，与妻儿两地分居几十年，只是为了让农村学生也能受到基本教育。临沧一位教育部门的领导对她说："当年我有幸遇上几位好老师，才能在恢复高考后考上大学、走出农村，后来我回到家乡，主管教育。二十年过去了，我的家乡还这么落后，就是因为缺少好老师，你们美丽中国做的事情是功德无量的，我会全力支持。"他们的反馈更让陈志宇感到，美丽中国支教是在做一件有意义的事，做这件事的也是一群有情怀和社会担当的人，如今的社会，这样的人已经不多见了。

在所有部门中，项目运营部与支教老师联系最为紧密，既要为支教老师制定职业规范和工作流程、提供各方面支持，也要对项目主管进行管理，还要监测项目的影响力，评估老师们的支教对学生、对自己，乃至对学校和社区有哪些影响。这也使陈志宇甚至比在公司时还要忙碌，她曾连续一个月都在开会和出差，每天晚上七八点才能下班，到家往往就要十点，周末也基本不可能休息。

陈志宇却以前所未有的高涨热情对待工作。每天都在接触新事物，每天都在学习，新工作让她第一次意识到世界的丰富，这与自己之前的人生规划截然不同，却也殊途同归："任何工作都要有内驱力来保证热情。我在职场中度过了这么多年，能找到内驱力和快乐的工作不多，这是开拓自己视野的绝佳机会，我特别珍视。"

担任企业高管多年，陈志宇在各方面积累了丰富经验：渠道拓展、推广策划、商业运营、政府关系、团队管理……如今，她把这些全数运用到新工作中：支教项目如何进行自身定位？如何拓展支教学校？如何培训工作人员？如何对绩效进行评估考核？如何激励老师与工作人员？如何沉淀支教的成果？这些机构亟待解决的问题，恰恰是陈志宇的特长。

在她的带领下，项目运营部为老师们的课外项目设立了案例库，把往届老师举办的课外项目进行分门别类地记录整理，以便为新老师提供参考和指导；通过电子化平台记录老师的个人档案、教案、各种课外项目的信息；开展教育测评，评估乡村学生的潜力、支教老师的职业素质与教育素质。部门还设立了"微基金"，为老师们举办的课外项目提供一定资金支持。

除了保险、IT、行政等方面的支持，部门还为支教老师提供心理咨询，这是一项堪称奢侈的福利，即使在企业中，也很少有公司会为员工提供这项服务。陈志宇却认为，对支教老师们来说，心理咨询既必要，也值得："机构关注员工的个人发展，希望他们通过项目成长为优秀的人。提供这些保障，说明机构很有前瞻性，也很有眼光。"

部门还专门设计了支教成长蓝图，把为期两年的支教划分为五个阶段，每个阶段都要实现一个发展目标：经过暑期学院的培训，老师们要成为"美丽中国人"。第一学期的任务是"融入当地"，成为一名合格的老师。第二学期要为学生带来改变，提高他们的成绩。第三学期要开展课外项目，对当地实现影响。最后一学期则是总结、传承教学经验，规划自己即将开展的职业生涯。陈志宇希望通过数据等形式，把支教老师的成长经历、给学生和当地带来的影响直观展现出来，从而使外界更清楚支教对老师和学生的价值，甚至对中国的乡村教育政策产生的影响。

入职时间并不算长，陈志宇已把目光投向了战略规划层面。她更习惯把支教视为"产品"，"产品"的核心竞争力就在于人员的职业化、管理的专业性，如果能把美丽中国支教这些年来沉淀的经验以最科学、最有效率的方式固定下来，就有可能在其他地区进行快速复制和推广，乃至被政府采购，这将成为机构最大的成果。

"公益必须要专业，必须用商业模式去提升它的效率和产出，用专业方式解决社会问题。"这是陈志宇的理念。入职之前，她曾花费大量精力阅读专业书籍、了解公益行业，这才发现，这个行业绝不像自己之前理解的那样，只是简单的捐款和做义工，甚至从业者也不是只有老年人和刚毕业的大学生。它不只是"救助"，更是在设法让受助者摆脱"被帮助"的状态，转为对社会做出贡献，创造自己的社会价值。

中国的公益行业刚起步，又面临着极高的社会要求，美丽中国支教更是如此："原来大家都是在用望远镜看我们，会觉得我们'小而美'，现在则是用显微镜，合规、效率、专业……每个方面都有要求。我们的自我定位又是行业领头羊，更需要非常强的系统管理。"

她依旧满怀信心。公益行业有着传统行业难以企及的种种优势："第一，公益很专业。第二，公益行业汇聚了太多优质的资源，以美丽中国为例，它的合作伙伴比普通商业公司更优秀。第三，公益人也都很优秀，我们员工的整体素质都很高，工作自主性也非常强。"

忘我工作的同时，她更能感到自身的改变，觉得整个人好像"升华"了。以前在商业公司，自己一直是打工者，只需要付出劳动、为公司赢得利润，然后拿到自己应有的报酬，即便加班也是为了完成业绩、多拿奖金、给老板好印象，总之，更多考虑的是"我"要怎样；如今要考虑的却是"他们"：支教老师们需要什么？农村学生们需要什么？当地学校需要什么？这也让陈志宇保持着高涨的工作热情。

身边的朋友、以前的同事同学也都羡慕她，很多人问："我们能不能也来？"有学医的同事甚至在考虑建立一个医疗公益组织，也模仿美丽中国支教的制度，组织各科室的专家教授到医疗卫生条件落后的地区，一边轮值义诊，一边辅导当地的外科医生。陈志宇觉得："这也是一种改变，通过我来改变周围的人，我自己没有能力、没有平台，但他们有了实力可以去做。"

"好像命中注定有一种力量，让我找到这个平台，好像还能在这个平台做点事情，对我来说很幸运。感谢美丽中国支教。"她笑着说。

之前想做的事，陈志宇如今都没有时间做了，但这件事比先前的规划更有价值，公益本身就是朝阳行业，教育同样是朝阳行业，公益和教育的结合更是朝阳行业。而她，也要成为拥抱朝阳之人。

逆行人生

> 我的"逆行"只不过比别人稍早了一点,我相信,这会是未来的趋势。
>
> ——题记

有人说我是幸福的,知道自己想做什么。

有人说我傻,放弃了大好前程。

有人说我很任性,离开家两年留下爱人和孩子。

也有人说我太理想化,中国的教育问题岂是你我可以解决,那是国家的问题。

可是,那埋在心底的火种,掐也掐不断,扑也扑不灭,总是伺机地蹿上来。

支教两年,郑雪飞每天必做的事是看看三岁的儿子添添。每晚八点,她都会雷打不动坐在宿舍的电脑前,开启视频聊天功能,只要看到儿子憨态可掬的小脸在画面中出现,积累了一整天的疲倦都会一扫而空。

通常情况下，视频会整晚开着，母子俩打过招呼、简单互动后各行其是，母亲在电脑前批改作业，儿子在屏幕的另一边玩玩具、读画册，不时叫她："妈妈你看我做的手工。""妈妈你看这画。"郑雪飞会暂时放下手头的工作，夸奖起儿子，和他一起赏析新作品。

在添添的画里，常常是全家人一起去旅行，郑雪飞觉得，这或许是因为，他们只有旅行时才能长期团聚。有时母子会隔着手机来来回回地互相亲吻，而每当母亲比画着毛毛虫说"小毛毛虫来了"时，添添总会假装很痒，咯咯笑着求饶。临睡前，郑雪飞还会隔着屏幕为儿子读故事，直到看着画面中的他沉沉入睡，发出均匀的鼻息，才会和对面的家人轻声互道晚安，关掉视频，继续埋头批改作业。

除了不能和添添拥抱，一切似乎和自己在家没什么两样，但是对孩子的思念，还是远远超出了郑雪飞原先的估计。她也有些担心，孩子已经习惯了妈妈只存在于手机里，是否会影响真实的母子关系。

两年间，郑雪飞每月利用各种节假日从云南回一次家，以弥补不在儿子身边的缺憾。有一次儿子感冒发烧，郑雪飞寝食难安，作为一位母亲，不能陪在孩子身边照顾他，不能帮家里人分担责任，这让她感到深深地愧疚与煎熬。

支教老师都是刚走出大学校园的90后，郑雪飞却是70后。用寻常眼光来看，她的人生旅途是一场不折不扣的"逆行"。当众多年轻同事准备在支教结束后求职时，这位在职场打拼多年的前企业高管却辞去工作来支教,并准备留在美丽中国,长期从事教育公益行业;当无数人争先恐后从乡村拥进一线城市时,她却从深圳来到云南的乡村,还计划未来定居当地。

她不认为自己是异类,同龄人中有类似想法的不止她一个,只不过大多数人难以割舍家庭。支教开始后,很多朋友都在向她打听,自己能不能也来支教:"等我50岁再来可以吗?"郑雪飞对这些顾虑感同身受:"工作前十年,绝大多数人都在积累;第二个十年,实现了财务自由,不用再为生计发愁,却又有了家庭的牵绊,总是不能如愿做自己想做的事。"

同样的顾虑,也使她在决定支教前犹豫了很久。作为一位母亲,最割舍不下的当然是儿子,但她又反问自己:"现在不去,什么时候去?孩子3岁需要我,5岁需要我,10岁就不需要我了吗?等孩子长到18岁以后,我的精力还在吗?热情还在吗?我还能离开吗?"

纠结了一年,还是家人主动提起:"你每次说到美丽中国支教眼睛都在发光,别再啰唆了,去吧,不要让家庭困住你的梦想,不然到老了你会后悔的。"郑雪飞一开始的反应是:"别开玩笑了,我要是真去了,你们又不乐意,那可不成。"反复确认他们是真心支持后才下定决心:"找不到合适的时候去开始,不如就现在吧。希望添添长大后,能为妈妈的选择感到骄傲。"

2015年9月,她辞去工作、告别家人和孩子,踏上支教的旅途。离别并不如想象中那样痛彻心扉,之前她就经常出差,儿子习惯了母亲不在身边,况且还有几位老人轮流照顾,身边并不缺少大人的疼爱,这也为郑雪飞消除了不少后顾之忧。

支教地位于云南大理的巍山县，报到之前，郑雪飞却先前往了普洱市思茅地区，三十多年前，她出生在那里。少年时期，她遇到了很多优秀的老师，受益匪浅，也由此萌生了当老师的愿望。高考填报志愿，她一心报考北京师范大学的教育学专业，父母强烈反对，认为当老师收入低又辛苦，双方一度闹得很僵。后来一位师兄劝她，即便选了其他专业，大学毕业后仍然有机会当老师，她这才妥协，考取了北京航空航天大学的电子工程专业，四年后却感到"上当了"，"老师也不是想当就能当的"。

抱着"顺其自然"的想法，郑雪飞开始了按部就班的职场之路，2002年毕业后加入深圳一家世界500强企业的中国子公司，用十三年时间从一线售后人员做到副总裁，2011年还进入企业的全球人才库，成为企业高级管理人员的重点培养对象。事业蒸蒸日上，她自己心底却有一种逐渐迷失的感觉，也开始意识到，内心在没有强烈欲望的支撑下，自己很难走得更高更远。

这种迷茫很大程度来自当年没能实现的愿望。十三年来，昔日的梦想仍旧如同小火苗般在心底依稀闪烁着。大学毕业才三年，郑雪飞就考取了教师资格证，平时看的书也大都与教育相关。人到中年后，她越发体会到教育对整个社会的重要性。企业里一些新入职的硕士、博士尽管长于理论，实践能力却还不如一线工人，合作沟通方面能力也很差，这让她慨叹，现在的教育，所学与所用之间是有差距的。

各种与校园相关的负面新闻也让她担忧自己孩子的未来："将来各阶层都是交融的，每个人都逃不掉大环境的影响。所以，去创造一个适合孩子成长的大环境更加重要。中国大部分人口还是在农村,如果农村的教育现状得到改善,就能解决中国教育的大部分问题。"

无意中在网上了解到美丽中国支教后,郑雪飞依稀看到了改变的可能。她用了一年时间,通过各种渠道来观察这个项目,在网上搜索各种相关报道与信息,了解支教学校的分布,还在招募部门面向申请者的QQ群中长期潜水,观察那些支教过的工作人员如何解答申请者的问题,仔细读他们推荐的教育类书籍和电影。了解到的每个细节都使她觉得,这一机构的严谨成熟甚至不输于那些一流企业:"它是真的在做一些事,而且是尽可能专业地在做。眼光也长远,不光是在支教,也是在培养未来的教育领袖。"

在那之前,郑雪飞已听说了潘勋卓创建美丽中国支教的故事,触动很大。机构的两大支教地也与她息息相关,云南是她自幼生长的地方,广东则是她的祖籍和如今定居的地方。诸多因素使她下定决心:加入美丽中国支教,成为一名支教老师。

面试时,招募经理问郑雪飞:"以您的经历,完全可以申请美丽中国支教的工作人员,为什么一定要来支教?"郑雪飞回答:"我并不急于当工作人员,之前的经历告诉我,一线的教学经验对以后任何工作都非常重要。"还不忘补充一句,"我当老师的心愿更强烈,不管以后怎样,支教至少能让我当两年老师"。

如今,她终于得偿夙愿,开启了这段迟到近二十年的追梦之旅。接到录取通知后,郑雪飞回到故乡为父亲扫墓,面对着墓碑告慰他的在天之灵:"爸,十八年前你曾经后悔,不应该说服我放弃当老师的梦想。我没有放弃,终于又回到教育这条路上了。虽然晚了很多年,但是还不算太晚,希望我真的能把这件事做好。"

在鼠街小学，郑雪飞是二年级的班主任，教授语文和体育，也担负了四年级的科学、品德两门课。同校几位队友邵品阳、沈雁斌，前后两任项目主管师旌议、李书豪都是90后，面对这位比自己大上一轮的"老大姐"，新奇之余都有些拘谨。师旌议后来向郑雪飞坦言，刚听说她的到来时，自己挺紧张的，郑雪飞反问："我怎么没看出来？"

第一次小组活动后，所有队友都放下心来。郑雪飞本就开朗豪爽，自称从小就是"野孩子"，丰富的人生阅历又打磨掉了性格上的棱角，并没有让年龄成为交流障碍，很快她就和这些初出茅庐的年轻人亲密无间，还得了个"老顽童"的绰号。

郑雪飞也早就习惯面对这样的情况。之前在企业刚做管理工作时，她只有25岁，管理的所有工人都比自己年龄大，在她看来，这只是岗位的不同："当你把姿态放低时，可以吸收别人很多特质。八卦里的上上签是'谦'卦，不管多大成就都是过去的，在教育行业，我就是新人，这些队友们虽然年轻，但经验比我丰富，每个人都有自己可以学习的地方。"还觉得这些90后身上有一种自己欠缺的安全感："他们生活的时代物质条件丰富，不用担忧生存，可以随自己的意愿去选择，和他们相处，我会觉得自己更年轻些。"

不过因为年龄阅历的关系，她仍然责无旁贷地成了"队长"，担负起团队与项目主管、校方的沟通工作，生活上也经常照顾年轻队友们。有时还会主动招呼大家去打球、爬山、摄影，在周末租一辆车，开车带他们去郊游，吃饭也经常主动买单。暑期学院时，两个女孩突然晕倒，郑雪飞帮着师旌议把她们送进医院，照顾了好几天。

这些人生阅历也给郑雪飞带来了大部分年轻老师难以企及的优势。她本就是云南人，又在乡村长大，很容易就适应了生活上的种种不便，在克服困难、承受挫折等方面的能力强得多。刚开始支教，年轻老师往往要经历不短的适应期：与当地老师存在沟通障碍，学生迟迟不见进步，想法不被学校理解，很多老师都因各种问题被气哭过，个别人甚至会反应激烈。类似的遭遇，郑雪飞早在十年前就经历过，她刚步入职场时做的是售后服务，不被客户理解是常事，早已长于调整心态。工作中遇到矛盾也不会有极端反应，而是善于选择恰当的时机与方法，提出自己的意见。

有一次，学校的太阳能热水器没水了，队友主动去维修，没有修好。校长回来后说："不会就不要乱弄，会弄坏的。之前开水房的增压泵就是不知道给谁弄坏的。"队友一肚子委屈，发誓"再也不多管闲事"。郑雪飞讲了自己曾经的经历：刚工作时，她有一次"多管闲事"，把研发同事做了一个星期的研究资料全毁了，也从此得到一个"恐怖分子"的绰号，好在她借此彻底弄清了如何操作设备，"我们就是在这样一次一次的挫折、失败、误会中成长的，这些都只是成长的烦恼"。

后来一次沟通中，她又把队友的委屈委婉反馈给了校长，校长才意识到，自己无心的话语打击了老师们的积极性，总结说："做得多，才会错得多。要给年轻人多做事、多犯错误的机会。这样年轻人才能成长，我也就不用事事亲力亲为，管理得轻松些。"很快就主动和队友进行沟通，化解了误会。

很多支教老师希望为当地尽快带来改变，经常在支教开始不久发起一些课外项目，但有些活动校方认为没必要，因此支持力度不够。郑雪飞则不然，她先是与校长进行了详细交流，了解到校长希望为每个教室装上多媒体设备后，向朋友们发布了相关信息，很快就有以前的同学表示愿意捐助，不到一个月，学校就装上了六套多媒体设备。还有不少同学同事对她表示，以前不知道怎样献爱心，现在她来当桥梁，大家的热情就有了释放的地方。

2016年11月，郑雪飞决定带学生们去游学，只用一天时间就募满了5万元的额度。她又联系了一批在昆明和深圳的企业中担任管理人员的朋友与前同事，在他们的大力支持下，学生们到昆明参观了特警支队，在深圳参观了腾讯、大疆无人机和郑雪飞工作过的公司，有孩子在游记中写道："今天早上，我们去了郑老师以前工作的地方，我看到了磁共振，我还知道磁共振能照出人的骨头和大脑，我又看到了血管造影机，我知道血管造影机能做手术和减少病人的痛苦。"

另一位孩子在活动结束时称："要走了，我好想再多玩几天，多学一些我们大山里的孩子学不到的、看不到的、感受不到的东西。要是长大以后有出息，我想来深圳找工作，找房子，把爸妈也领到这里来！或把家乡也建得像这样的，好！美！"

企业管理的丰富经验更为教学提供了助力。在郑雪飞看来，当老师与做管理者有很多相似之处。以前自己接手新部门，面对现成的员工团队，很难自主挑选；如今同样不能去选择，唯一能做的就是激发员工和学生的潜力，为整个团队营造出积极向上的氛围。"好的领导要激发员工的热情，让他们觉得自己的工作有价值，不管你在与不在，都能圆满完成工作；现在当老师，学习就是学生的工作,你怎样去激发他们的学习热情,怎样让他们在离开老师的情况下仍然热爱学习,面对的任务是同样的。"

"分层管理"是郑雪飞直接运用管理经验的显著例子。当年在企业里她深知,员工的自身情况各不相同,不能"一刀切":有的员工是新手,不能给他太有挑战性的任务。有的员工积极性不高,需要"说狠话"来驱使其努力。有的员工主动性很强,只要给一些空间就能发挥得很好。对学生同样如此,郑雪飞不会太多干预表现优异的学生,倒是经常陪伴那些学习有困难的孩子,帮他们突破困难,从中获得成就感。教作文的时候,她专门告诉几个成绩差的孩子,暂时不用写作文,每天给自己读课文,读熟后再安排其他作业;有的孩子思维活跃,郑雪飞就不光要求他们仅仅完成作文,还要求有主题:"我希望看到你的文章是有思想的。"

"以身作则"也是另一条重要经验。做管理工作时,郑雪飞要求员工做什么,自己一定要做到什么,教学也一样:"对孩子来说,你自己身体力行的感染力是非常巨大的。"很多学生一开始不肯做眼保健操,当老师也坐在讲台前认真做起来时,他们就会很快安静,学着她有模有样做起来,甚至比在企业的效果更好,员工都是成年人,孩子们则更加纯朴纯真,可塑性更强,跟他们交流反而更容易。

课余时光,郑雪飞会带着孩子们打篮球、踢足球,甚至还教他们练武术,先在网上找到教材,自己学会后再教孩子。她坦承自己在这方面并非专业,有些学生甚至练得比自己都好,不过:"老师不一定事事都要很专业,也不一定处处都比学生强。就像足球教练,他自己懂足球,但不一定比球员踢得更好,首要任务还是把合适的人放在合适的位置上，激发他们的潜质，让整个团队变得非常优秀。"她还经常鼓励学生，总挂在口头的一句话是"你们比我还棒"，让孩子们拥有"要超越老师"的意识。

　　教学创新则更多来自"母亲"这个身份。作为一个3岁孩子的妈妈，郑雪飞自然对儿子关爱备至，但走访过当地一些家庭后发现，为数不少的家长对孩子在学校的表现一无所知，而学生在学校暴露出的各种问题，都与家庭密切相关。有的学生作业本总是脏污不堪，字也歪歪扭扭，家访后才发现，他家里连桌子都没有，作业是趴在地上完成的。有的孩子在学校不爱讲话，这是因为父母格外强势，孩子没法表达。有的家长本身就自带种种不良习气，这也直接在孩子身上有所体现。

　　针对这些情况，郑雪飞在班里策划了一项"家长陪读"活动。活动本身极尽简单，老师没有做任何额外准备，只是请家长来学校陪孩子度过一整天，并请他们注意观察孩子的一举一动：如何听讲，吃饭如何，课间玩什么，有哪些要好的小伙伴，心情怎样，有什么行为习惯，"观察之后才能了解孩子，和他有共同话题"。也要观察老师：上课是否认真负责？对孩子态度怎样？孩子不听讲，老师怎样管他？有没有处理不当的地方？"这样一来，既让家长站在孩子的角度，更理解孩子，乃至拉近和孩子的距离；又让家长了解老师在学校的工作，向老师学习如何教育孩子，还可以给老师提建议。"陪读活动之后，有家长反映："现在的教学和我们那时候不太一样了，你们的课堂很活跃，四十分钟一下就过去了，我们都想回到课堂跟着学习。"

　　对孩子来说，这同样是一次新奇体验。郑雪飞告诉他们：

"回到家，你们要听父母的话；在学校是你们的地盘，爸爸妈妈要听你们的，你们要照顾好他们。"这让孩子们俨然成了"小主人"。有父母陪伴在身旁，不少孩子听课格外认真，也积极回答问题。课间，他们告诉父母卫生间在哪里，去哪里打水，拉着父母一起做游戏。中午又领着父母去食堂排队打饭、去水池洗碗。由于活动效果格外好，校长后来把这项活动推向全校，并作为一项制度固定了下来。

两年的支教，郑雪飞验证了之前对美丽中国支教的判断：这是个踏实做事的靠谱组织。支教结束，她选择留下，担任起美丽中国云南地区的执行总监，此前这个职位已空置多年。这意味着她将在云南长期生活下去，为此她已开始考虑，等孩子再大一点后，把家从深圳搬到云南，如果是这样，未来甚至有可能让他在分众美丽小学就读。

郑雪飞不认为这会让自己的生活质量下降。在大理古城，很多"新移民"都是从一线城市来到这里的，她理解他们的选择。在深圳，即便月薪万元，也许还会因房租、汽油等因素变为负收入。在云南的农村，自己每月只有2000多元的补助，却因生活成本低而花费很少，更不必说空气和环境："哪个地方的幸福感更强？"

她的大学同学喻琦的选择似乎也印证了这点。她之前在加拿大做信息系统工作，也在美国、墨西哥工作过，同样从小关注教育，在朋友圈看到老同学发的信息后，喻琦用了一整夜看完美丽中国微信公众号的所有文章，第二天就决定也来支教。2017年7月，她也来到云南，坐着郑雪飞的车一起来到楚雄的暑期学院，一个月后又来到鼠街小学，接替老同学的支教，项目主管依旧是李书豪。

　　对自己同学做出的相同决定，郑雪飞并不意外。"当物质生活越来越丰富时，人们就会更有安全感，不用再为生计而工作，而会为实现自我价值而工作；也不必再挤破脑袋来到城市，而是选择更适合自己的居住空间。"她认为，只要把农村建设好，人口会慢慢回流，城市人口也会往农村流动，"我的'逆行'只不过比别人走得稍早了一点，但我相信，这会是未来的趋势"。

只是一直奔跑

> 我们没有想过成功，只是朝一个方向走下去，走着走着，也许有一天就发现，自己改变了世界。
>
> ——题记

陈玉佳说，自己喜欢单纯的人。

第一次与潘勋卓见面，陈玉佳发挥自己主持人的特长，不断向他提出各种各样的问题，希望了解到底是什么样的动力，驱使这位美国青年在中国做了这么多年教育公益事业，潘勋卓却一脸的纯真与茫然："我就是想做这件事，就这么做了啊。"

那一刻陈玉佳意识到，潘勋卓和自己是同一类人。

生于台湾，工作于香港，陈玉佳从事公益已有多年。她曾在台湾一所盲校认领了 60 个失明和失聪的孩子，把每一个孩子当成自己的子女，还成立奖助学金资助失学儿童。2009 年，她与分众传媒创始人江南春成婚，从此安心在家相夫教子，并开始仔细思考自己的社会价值，最后仍然决定继续从事公益。带着这样的心愿,她担任了分众传媒基金会的理事长。

"和孩子们相处的时候,我会觉得快乐。而且如果我要做,一定要'在前面'做事,不要只躲在后面出钱,那样感觉不到快乐。"对如何做公益,她的想法也简单直白:"该帮就帮,该做就做,做就对了喔!"台湾苗栗县的偏乡有一户人家,孩子母亲生了重病,奶奶需要化疗,爷爷没有殡葬费用,她去了一次,解决了全家所有困难。

2015年,凤凰卫视的同事刘芳向陈玉佳讲起了美丽中国支教,对那些老师赞不绝口:"你一定会觉得他们很棒,一定会觉得他们的人生很有意义。"这引起了陈玉佳的好奇,刘芳一向文静内敛,不会轻易臧否别人,这次怎么会一反常态对别人大加褒奖?与美丽中国团队的那次会面,算是解开了陈玉佳的好奇。

很快,陈玉佳就开始了第一次访校之旅,地点是广东潮州。访校途中下起了暴雨,车外一片灰蒙蒙的混沌,水流不断从玻璃窗冲刷下来,陈玉佳和其他嘉宾挤作一团,心惊肉跳,却始终没有退缩:"我想做这件事。"在夏湖小学,她和孩子们一起上课,做游戏,聊天,前所未有地开心,却也不乏怜惜,这些孩子对自己的强烈依恋,恰恰证明他们格外缺少关爱,一个外来的客人都会让他们觉得,终于有人来关心自己了。

访校过程中,一个被奶奶带大的单亲女孩始终跟着她,走到哪跟到哪,反复问:"佳佳老师,以后你还要不要来?"陈玉佳送给孩子一件小礼物,请她打开,孩子不住地摇头:"我不会打开礼物的,我怕打开后你们就再也不来了。"陈玉佳强忍酸楚:"不会的,你可以打开,我们一定会再来的。"

更让她赞叹的是支教老师们。陈玉佳问他们,是什么动力支撑自己坚持下来的?有老师回答:"这些孩子需要我。"有时夜深人静,他们也会觉得孤独和辛苦,但第二天一早起来,孩子们冲过来抱住自己,面对那些单纯的眼神,就会觉得"要留下来"。陈玉佳一直和他们聊天,暗想,如果老师当中有对支教犹豫动摇的,自己可以帮助他们坚定决心,她告诉老师们:"我不知道能帮你什么,但也许分众以后可以录用你。如果你觉得分众这家公司适合自己,可以告诉我,我们来看看有没有机会。"老师们却感谢道:"谢谢您,我在这里也很开心,将来有可能继续做教育。"这让她更加佩服,觉得这是一群单纯善良的人。

"这是一种善缘,我很感谢也很感恩见到了美丽中国支教,正好是我想做公益的时候遇到了它,一个很单纯又很能坚持的机构。"陈玉佳感叹。2016 年的深圳慈善晚宴上,她在现场拍卖环节以 128 万元的高价拍下画家邢东的一幅观音画像,也创造了美丽中国晚宴现场拍卖历史上的最高成交价,这笔钱全部用于支持支教老师:"在我心中,这些老师就是观世音。"后来她更打定主意,以后的慈善晚宴,自己不再参与拍卖,只参加捐助支教老师的"星火计划",比起对拍品本身的兴趣,她其实更愿意纯粹去做慈善。

刚接触美丽中国支教的时候,陈玉佳的想法还很简单。自己有一点时间,可以做一点有意义的事情,世界那么大,自己能帮到的人很有限,但如果真能帮到几个人,使他们的世界因此有所不同,自己就会很开心。后来潘勋卓邀请她加入理事会,她并没有做好心理准备:"我能做的事情很少,而且大多数时间在台湾,我可以做战略合作伙伴和长期捐赠者。但如果加入理事会，很多事都要参与决策，恐怕精力不够。"

美丽中国团队盛情相邀，陈玉佳思考一番后表示，必须找到自己能做的事情，不想只要一个理事的名分。"我只有在联系企业时会很起劲，也想要接触更多的老师和小朋友，从他们那里找到需要我的地方。"在得到团队的保证后她才加入了进来。

再后来，美丽中国支教希望能请分众传媒帮忙进行宣传推广，陈玉佳又把机构介绍给自己的先生。江南春不仅答应了他们的请求，更当场决定捐给美丽中国支教2000万元。这时双方认识才不过半个小时。

这是江南春的一贯风格。以前微博上不少人找他求助，只要确实有困难，江南春都会有求必应。一次，一个孩子得了心血管疾病，他问清地址和医院，派分公司的员工前去调查，确认情况属实后，直接捐赠了20万元医疗费，因为"追求效率，不想拖时间"。江南春还嘱托员工，这家人如果还有什么需要，再给予帮助。

这笔巨额捐赠也绝非心血来潮。在华东师范大学读中文系的时候，江南春的心愿就是成为一名大学讲师，也在母校建立过贫困助学基金，从商后甚至曾梦想："赶紧赚够200万就回学校教书。"在他看来，美丽中国支教是个传奇的公益机构，和自己有相通的价值理念和社会责任感；美丽中国理事会也云集了众多有情怀和理想的企业家、投资银行家、知名审计师："他们能以严谨的专业性、透明高效的机制，让捐助者的投入在每个具体项目中清晰落地，善尽其用，发挥最大价值，让我深感信任。"

更不必提那些背景优秀的支教老师："我相信有这么多有使命感的人聚在一起的组织具有巨大的能量和感召力，会把这个事业越做越好。"后来接受采访，他还表示，倒退回二十年前，自己一定会选择来美丽中国支教："我会把这段经历当作人生的重要历练和特殊经验，相信这会让我感受到生存的使命感。"

在分众传媒的支持下，2016年，第一所美丽小学落地云南楚雄，并被命名为"分众美丽小学"。2017年4月，陈玉佳前去访校，校园里的每一个细节都让她好奇：雪白墙壁上的彩绘，角落里摆放的分类垃圾箱，专门引入的净水系统，乡村学校十分少见的浴室，甚至专门为孩子定做的健康评价手册，上面有孩子们刷牙、测体温等生活习惯的记录和评价条。

最让她开心的还是孩子们。不同于农村学生常见的内向羞涩，这里的孩子个个活泼开朗，"他们都有一种自豪感：我是这个学校的学生，我以在这个学校为荣"。一年级的孩子也能向访校嘉宾主动介绍自己，和所有老师礼貌打招呼。课堂提问环节，高举的小手在教室里挤成一片小树林，一个孩子讲起自己的梦想："我想要帮助全地球的人。"惹得教室里的嘉宾们忍俊不禁。下课后，一群孩子围着陈玉佳4岁的女儿，争相照顾她，把自己画好的画送给小姑娘，女儿开心不已。陈玉佳明白，孩子们知道自己的身份，却不知如何感谢自己，于是用这种方式间接表达谢意。

还有孩子主动跑来："佳佳老师，我们好谢谢分众哦。分众帮了我们好多好多好多忙。"陈玉佳乐不可支："是吗，帮了你什么忙？"孩子讲不出所以然，嗫嚅着："就是那个，嗯，就是你们给了我们好多好多钱，我们才能在这里好好上学。"她模仿着孩子童稚的话语,自己先笑得前仰后合。

在陈玉佳看来,第一所美丽小学的建立,不仅给当地孩子带来了优质教育,还有对外辐射作用。它有可能影响其他企业也加入进来,各地都可以建起美丽小学,分众美丽小学则可以作为示范,向其他学校推广成功经验。就像分众传媒,一个广告覆盖全世界。

同样可以复制推广的还有"企业包省"模式。2016年,分众传媒率先担负起整个广西地区60名支教老师的三年费用,两年过后老师们结束支教,企业也会对他们优先录取,让老师们不必担心未来的求职,江南春表示:"凡是在美丽中国支教的老师,我们都欢迎他们来分众传媒工作。因为他们具有正直的价值观。这样一种人才流动,能形成一个良性的循环。"

为此,陈玉佳已在和一些企业家接触,建议他们加入支持美丽中国支教的行列中来,她认识的很多人都有类似想法:"当你有福报,觉得自己特别幸福的时候,你会考虑怎么把福报分享出去,怎样做得更多,怎样让自己更开心,也让企业带给社会更多的价值。"

在凤凰卫视当主持人时,陈玉佳采访过一些大陆企业家,聊到自己成功的原因,有人回答:"我的成功没什么特别之处,就是感恩这片土地,感恩这个时代。"一开始,她还觉得这些回答有些"套路",采访久了却发现,每个人都这样说。结识江南春之后,她对此有了更深的认识和共鸣。

有时江南春会对她说:"佳佳,我应该算二流人才吧。"他总觉得,是中国这片土地成就了自己:"全世界都没有分众传媒这种商业模式，只有中国人能接受，有了中国人的支持才有了今天的分众传媒。"也正因此，"二流公司"除了"要比别人更加努力"，还要努力做一流的公益事业："我们很幸运，分众传媒也很幸运，所以要保持感恩的心。你不感恩这些人，不想办法在这片土地上去做一点能做的事，那你去哪里做呢？"

陈玉佳确定，自己会对美丽中国支教、分众美丽小学长期支持下去。访校时她就告诉老师们："任何孩子有任何急需，请告诉我，我来帮助这些孩子。"她也早已想好，如果这些孩子长大后愿意加入分众传媒，自己会很乐意接受他们，企业本身就有不少销售人员来自乡村或偏僻地区，备尝艰辛才有所成就，这些孩子同样可以做到，甚至会做得更好："孩子们现在还不知道分众是做什么的，但会对企业非常有感情。以后他们如果真的入职，会对企业更有认同感。他们童年有美丽中国的老师陪伴，长大后再有分众传媒的支持，原有的生活轨迹或许可以改变。"

这是一个漫长历程，但陈玉佳愿意等待。比起当年做公益时的"救急不救穷"，她对美丽中国支教的事业多了许多耐心。任何人都愿意做几次公益，但坚持下去很难，做教育尤其需要时间，所以"不需要走很快，但我希望自己能在这条路上一直走下去，做到60岁也没压力。"也许走着走着，突然有一天就会发现，美丽中国支教和它的支持者们不仅帮助孩子走出乡村、看到不一样的世界，还改变了整个中国教育，而且自己也参与了其中："那样还蛮好的。"

她还打算以后多带儿女来访校。每次看到那些支教老师，她都希望孩子们以后能像他们这样。当被问到"如果孩子以后真的去支教,并愿意一直扎根乡村,你会怎样想"时,她顿时神采奕奕,一连声地感叹:"那很好啊,那很好啊,那非常好啊!"对于孩子们的未来,她从没有明确的职业限定,只是要求他们善良、坚持、勇敢:"你来到这个世界,只要贡献人类、做有价值的事,自己又为此感到快乐就好了。"

江南春也做了同样表态:"我一定会支持孩子去支教。现在的孩子在太优越的物质环境下长大,去美丽中国支教会让他们看到中国的另一面,让他们的人生有更多的家国情怀,让他们明白更多的人生意义。"

陈玉佳记得,有一次看电影《阿甘正传》,阿甘因为跑步横穿美国而成名,也吸引了一大群追随者,记者们七嘴八舌问他的动机,阿甘回答:"我只是想跑。"这让陈玉佳有颇多共鸣,"他成功之后,很多人在对此解读,其实他自己没有想过成功,他只是有一个方向。他的思维很简单,他的方向很明确,就是一直向前走,不知不觉就吸引了很多人追随。他也没有想到,有一天自己改变了世界。他是善良的人,善良的人容易达到更高的境界"。

后来她也让儿子看《阿甘正传》,问他电影讲的是什么,孩子很认真地回答:"就是一直往前跑,run(跑),run(跑)!"母亲回答:"我很认同。"

陈玉佳知道,阿甘是这样,美丽中国支教是这样,自己也是这样。

离校 72 小时

> 我们有如橄榄，唯有被粉碎时，才释放出各自的精华。
>
> ——题记

第一天，24 小时。

清晨七点，杨松洗漱完毕，推开宿舍的门，迎面是熟悉的清新空气，带着山林的湿润。雨下了一个月，天灰蒙蒙的，脚下是青山环绕的学校，学生们的嘈杂声从远处依稀传来，该上早课了。

他走下长长的水泥台阶。建在半山腰的学校没有围墙也没有校门，足有七条山路可以进出校园，所有的建筑都依地形而建，参差错落。三位同来支教的女老师住在山腰下面的平房里，杨松自己和当地老师住在地势高处的宿舍楼，每天都要走下百余级台阶去上课。这固然多了一番辛苦，却也避免了被过分热情的学生不分时间地打扰，颇有些隐居的味道。杨松觉得，自己这两年过的是世外桃源的生活。

这种生活即将在24小时后结束。今天是杨松作为支教老师的最后一天，明天的这个时刻，他就要离开河头中学，结束两年的支教生活。

上课，同学们好，老师好，读课文，讲解，提问，回答，下课，同学们再见，老师再见。今天的语文课和往常一样波澜不惊。杨松外表如常，内心忐忑，一个多月来，他每天都在默默倒计时，等待和抗拒着这一天的到来，萦绕心头的是对过往岁月的留恋，对未来生活的向往与不确定，以及更多的，遗憾。

支教刚开始，别人问起："你为什么去山里教书？"杨松会给出一个极尽文艺的回答："我要走得慢一点，让灵魂跟得上脚步。"而不敢实话实说："我从小就有一个当老师的梦想，想像那些我崇拜的老师一样，帮助更多孩子成长。"戏谑和自嘲可以让人有安全感，他其实没什么自信能当一名优秀的老师，支教开始后的种种挫败更加深了这点。

他还记得那个我行我素的学生阿缅，这个名字来自他从缅甸嫁过来的母亲。孩子性格孤僻，哪怕因近视看不清黑板也不吭一声，平时也只是闷头看原版的《聊斋志异》，拒绝听课也拒绝写作业，还在自己所有的书、作业本甚至考卷上写下四个大字：人生如梦。他所有的周记是一篇篇小说，文风带着股另类的早熟，杨松一度怀疑这是否是原创，特意去网上搜了小说中的句子，没有搜到。

他尽可能地宽容这个孩子，允许他把所有课余时间都泡在图书馆，也允许他按自己的思路写周记，但他心里清楚，阿缅的性格很难改变，未来的出路只怕也多半是辍学打工。

两年过去，他对太多学生的命运无可奈何，也有太多想做而没来得及做的事，那些准备回复孩子们的书信，答应过却还没来得及去的家访，要分享给当地老师的教学经验和尚未完成的PPT，都成了久久郁积于心的块垒。

走廊上总有学生在追跑吵闹，红白相间的校服不时倏忽闪过，拖鞋快速敲打着水泥地面发出响声，所有的孩子都是赤脚穿拖鞋，无分寒暑。杨松抱着教案，微笑着从飞奔的学生当中穿过，不时点头回应着四面八方传来的招呼。没人担心老师会呵斥自己，孩子们私下里叫他"松哥"，都很喜欢这位瘦瘦高高又白净斯文的语文老师。

杨松刚来的时候，学生们面对他只有三种回应方式：点头，摇头，以及方言的回答"晓不得"（不知道）。如今，很多孩子都有了改变。一个女生刚加入广播站，连直视老师的勇气都没有，杨松鼓励了她几个月，孩子后来可以独立完成整个采访流程，还能为新加入的同学做辅导。还有个女孩因家庭原因成绩滑坡，杨松找她谈过很多次心，收效甚微，一度以为自己不可能让女孩再开心起来，后来却收到孩子悄悄塞来的一封信，在信中不仅感谢他的关心，还表示自己现在可以更坚强地面对家庭，不会在夜里哭泣。

再也不用准备第二天的语文课，也不必天黑后赶着批完第二天的作业，这几乎是杨松支教以来最轻松的一个工作日。回到办公室，他收拾好办公桌，然后"回山上"，时候是中午十一点。

以往的许多个中午,杨松都是支教团队中的掌厨,两年的独立生活成就了他精湛的厨艺,能把屈指可数的几种食材排列组合出各种花样。今天,他没有展示手艺,而是和队友们在街子天(集市)吃了"散伙饭",也就此告别了河头镇的鲜鱼馆和牛肉饭。

下午五点,宿舍响起敲门声,杨松打开房门,意外地看到两位学生站在外面。她俩是班上最容易害羞的孩子,从不愿向老师提问,就连课上回答问题,都要在杨松的反复鼓励下才能说出本就正确的答案。眼下,她们却主动来和老师道别。

"夜空中最亮的星,能否听清,那仰望的人,心底的孤独和叹息……"女孩们仍然不敢直视老师,一个仰着头闭着眼唱,另一个像犯了错一样把头埋得很低,紧盯着手中写满歌词的纸。她们的声音都很小,但足够清晰。杨松也跟着轻声哼起歌,还唱了首《倔强》作为回礼,又拉着两个女孩照了合影:"也许她们看我像星星,但我知道,我的心被她们点亮了许多角落。"

他也知道,自己的支教谈不上轰轰烈烈,但绝非全无成效。

离开东二小学之前,郑霭伦看到了大片的芡实。

荷叶般的宽大叶片覆满池塘,层层叠叠的碧绿延伸到天际,这是东凤镇的特产。支教两年,郑霭伦还是头一次目睹这样壮观的景象,眼前的这一幕也让她意识到,该走了。

此前她一直忙得顾不上伤感。六一前夕,郑霭伦和同校支教的队友陈廷凯一起为学校策划儿童节庆典,然后是没日没夜地剪辑毕业纪念视频、飞往云南参加毕业典礼,其间还要照常上课。每一天她都要为疲惫至极的自己打气:"只要走进课室,你就得是个太阳;只要见到学生,你就得是棵大树。"

孩子们的确是最大动力。那些天,每个课间都有学生来到办公室,塞给老师一封信或一件礼物。一个平时并不亲近的调皮孩子给她写信:"老师,能不能再留下来多教一两年?"另一个女孩送了老师一张照片,郑霭伦放在办公桌上,别的老师看到后随手拿起,发现背面有行字:"祝霭伦老师新婚快乐,记得常回来看看。"孩子以为她要回去结婚。有的学生则以为她是要去其他学校教书:"老师,你还要去哪个地方支教啊?"郑霭伦很意外,自己从没向学生提起"支教"这个词,不想让孩子们觉得家乡落后。这些信件和礼物摆满了办公室和宿舍,陈廷凯劝她"东西这么多,留一些吧"。郑霭伦还是希望尽量带走它们,觉得每件礼物都寄托着孩子对自己的感情。

在学校的最后一天,她除了上课,所有空闲时间都花在了收拾行李上。独处的时刻最易勾起思绪,填满房间的杂物逐渐变少,回忆碎片纷至沓来,不断涌上心头的伤感使她数次停了下来,无法继续收拾下去。

刚来到东二小学,郑霭伦对眼前的一切感到意外。不同于其他村小的偏远和艰苦,学校就坐落在镇上,设施条件不差,师资力量充足,甚至学生成绩也还不错。她颇有些纠结,询问负责选校的主管廖杞南:"这里也需要支教老师?我们能做什么呢?"

主管廖杞南没有直接回答,只是让她再观察一段时间。两周之后,郑霭伦发现了问题:当地老师的工作热情不高;学校的英语教学薄弱,几乎全镇倒数;十几年来都没有正式的音乐美术老师,音乐课只能用录音机播放磁带,美术课学生也只能临摹画簿上的图。她这才明白,自己要扮演"鲶鱼"的角色。

她开始尝试跨学科教学,在语文课上播放音乐,再让学生们画下课文中的荷花,为全镇老师教授"自然拼读法",推荐老师们参加阅读夏令营。陈廷凯则募集到了小白板和 ipad 用于教学,实行"翻转课堂",让孩子自己当小老师讲课;还教老师们使用百度网盘,把教学内容上传到微信公众号,再发送给家长。

离校之际,郑霭伦教的三年级迎来了全镇英语统考,全年级平均成绩达到88分,其中一个班级更达到90分以上,比当地其他学校高出20多分。她和陈廷凯牵头的各项课外活动,更是在学校轰轰烈烈展开:合唱团、阅读节、艺术节、科学兴趣班、编程班……慢慢地,校长和其他当地老师也参与进来,不少家长都成了课外辅导员,为孩子们带来五花八门的兴趣班:字谜,武术,集邮,象棋……当地老师说,喜欢和他们在一起,这让自己觉得有活力,能了解很多新的理念:"要是你们走了,我真担心自己又要落后了。"

下午的结业典礼结束后,四年级的几个女孩跑来,不由分说把两位支教老师拉去礼堂,为他们表演了一台袖珍晚会,无论节目本身还是主持、转场串词、道具,全是孩子自己准备的,连伴奏音乐都是自己从网上搜来的,从头到尾没有老师的帮忙。望着孩子们稚拙的舞姿,一张张写满了专注的小脸,台下的郑霭伦既想笑又感动。后来她听说,孩子们每个周末都要去排练,负责策划的小姑娘甚至脚受了伤依然坚持表演,更是心疼不已。

她也知道，孩子们对音乐的热爱来自自己的影响。

毕业前夕接受采访，被问到"你做过的印象最深刻的一件事是什么"，郑霭伦毫不犹豫回答："组建了学校第一个合唱团。"因为学过钢琴，她担负起学校四个年级的音乐课，刚上了几节，孩子们的嗓音、音准和节奏感无不让她惊讶，那时她就默默许下心愿：要组建一个合唱团，让这些孩子们尽情歌唱。

第一年课程繁重，计划被搁置了。第二年新年，镇上全民健身广场要举行剪彩仪式，校长陈振丰请郑霭伦出一个节目，她借机开始了合唱团的筹备。学生们的热情出乎意料，反复筛选下，合唱团的人数依旧达到了60人之多。每一次排练都如节日般盛大，负责领唱的孩子在家里一练就是几个小时。一个男孩发着烧，依旧坚持参加练习。郑霭伦原本只想表演最简单的齐唱，看到学生们的飞速进步，改变了主意，在合唱团里分了声部，变为真正意义上的合唱。

演出当天，整个东凤镇都轰动了。郑霭伦把演出视频发到朋友圈，代表评论和点赞的小红点飞快更新着数字，当地老师和家长们一遍遍地转发视频，很多家长对她表示，早就希望孩子能学一些东西，一直苦于没有资源，自己比孩子还珍惜这次机会。连镇里其他村小的不少家长都在四处打听，希望让孩子转学到东二小学，能够有机会参加合唱团。校长笑称，这是一份甜蜜的烦恼。

演出结束，几个六年级的女孩给郑霭伦写了一封信："一开始，我们的练习很不和谐，后来慢慢找到了合唱的感觉，也体会到音乐的魅力，更感受到了团结协作的重要。"

这也正是老师希望孩子们明白的，郑霭伦经常对学生说：

"合唱不是只要唱大声就好，也不是只唱自己的声部就好，而是大家都要唱好。大家平时相处也一样，我们不仅要自己表现好，还要让大家都表现好。"

2014年参加暑期学院时，郑霭伦写下自己的支教愿望："我希望有一天中国孩子都能找到自己的梦想，并努力去追寻。"两年后的毕业典礼，她又写下支教收获："两年结束了，我做到了让学生喜欢学习、享受学习、放声歌唱。"

陈廷凯则用"自豪""感谢""敬佩"三个词作为自己的感受：自豪于和当地老师们一起成长，感谢他们对自己的照顾与支持，更敬佩每位为乡村教育事业奉献一生的老师，"在座的每一位老师，你们对孩子的正面影响是功德无量的"。那天下午的全校教师会议上，他们送给当地老师每人一套礼物：一张阅读节时制作的书签，一个印有两人卡通形象的钥匙扣，以及一张写满寄语的卡片。全校30多位老师，写给每个人的内容都不同。

他们也从校长陈振丰手中接过最后一份礼物，一对晶莹剔透的奖杯。教龄超过三十五年的老校长不会用淘宝，让老师们自己在网上挑选奖杯，再亲笔写下祝福语镌刻到杯上。他写给陈廷凯的是"因为梦想，所以远大"，郑霭伦的那句是"求仁者自得故无忧"。

奖杯同样被郑霭伦带回宿舍，那些礼物和信件终于全部收拾好，装了两大包，房间里一片空荡荡。做完这些，她和陈廷凯一同去吃了在这里的最后一餐，潮汕的牛肉火锅，作为临别前的回忆。

三

和杨松、郑霭伦一样，每位支教老师最终都面临着离别。

初夏的到来宣告一段支教岁月即将进入尾声。两年时光裹挟着各色记忆匆匆而过，老师们在行囊中装满学生的祝福与牵挂，搭上乡村巴士，车轮在盘桓山路留下年轮般的辙印，师生共同的青春伴随着雾气中的青山村落一并远去。

"老师，能不走吗？我一定不辜负老师的希望，今后会好好念书。老师有空可以去我家，和爸爸妈妈一起玩。"这是班上那个最胆小的女孩给李伟的小纸条。每次在课上站起来回答问题，她都会因紧张而口吃。

有一次孩子生病了，李伟让她给家里打电话，孩子坚决不肯，父母平日都很忙，曾告诉她，如果没事给家打电话就要惩罚她。李伟帮小姑娘拨通了电话，先单独和父母谈了谈，希望他们对孩子温和些，然后才让女孩说话。孩子第二天回到学校，老师问："爸爸妈妈打你了吗？""没有。""你看吧，爸爸妈妈还是爱你的。"

离校前，李伟还走访过附近的另一所学校。那个傍晚，他和孩子们坐在篮球场上聊天，谈他们的学习、生活、梦想……另一位老师提到，李伟要离开云南了，忽然间，孩子们一个接一个抽泣起来。夜色逐渐笼罩大地，稚嫩的呜咽在昼夜交融时汇成一片。

"我为了他们来。看到这样的孩子，你就能明白我为什么要来支教，你一生中能有几个认识不久却因分离会为你哭泣的人？"回去之后，李伟在自己的房间里失声痛哭，这是他18岁后最近一次的落泪。

"悲欣交集",戴传杰用弘一法师的绝笔作为自己告别支教的心情。"悲,是一定的,我无法改变的东西还有太多;欣,也是无法被掩盖的,如果我没有来到这里,没有和他们一起度过这两年,那我就什么都改变不了。没有彼此,我们也会成长,但有了彼此,我们却有了不同的成长。"

他最后一次给学生上晚自习,学校停了电,好在天色尚早,老师让学生自己看复习提纲,平时总在课上走神发呆的学生们这次分外听话,教室里异常安静,只有沙沙的翻书声。

天色黯淡下来,为了保护眼睛,戴传杰让学生们放松一下,依旧有孩子打着手电筒继续复习,还有人主动向老师提问,在这个成绩算不上优异的班级中,这些举动是从未有过的。戴传杰正在诧异,有学生站起来:"老师,我们给您唱首歌吧。"不等老师反应过来,昏暗的教室已响起合唱的歌声。

尽管也想象过离别时如何动情,此刻的戴传杰却心绪平静,他其实并不想听到学生们说"戴老师,我们会想你的""戴老师,我们很喜欢上你的课"这些话。在他看来,是否喜欢一个老师的课,可以直接体现在课堂上,而不是用自己的离开去换一句安慰。

走出教室的他,心头萦绕着赫尔巴拉在《过于喧嚣的孤独》里的一句话:"我们有如橄榄,唯有被粉碎时,才释放出各自的精华。"

张梦阳则把人生中的第一张"婚纱照"留在了云南。她所在的学校有一对上年纪的老师是夫妻,结婚几十年都没拍过婚纱照,支教老师临走前鼓动他们实现了这一夙愿。照片上,这对老师身着西服婚纱，和他们上大学的儿子一起坐在前排，被身穿伴郎伴娘着装的支教老师们簇拥着，总共12人。这张"集体婚礼照"被张梦阳小心珍藏，作为那段岁月最宝贵的记忆。

支教潮州的黄露选择了去西厝溪郊游。她和学生在狭窄崎岖的乡间小路上骑行，洒下一路欢声笑语，又在吊桥上为他们照下合影，孩子们手搭凉棚，摆出孙悟空的造型。天空飘起了细雨，黄露跟着一个小姑娘去参观她的"秘密基地"，撑着伞在古老街巷中徜徉，院墙斑驳，墙角铺满青苔，湿漉漉的地面散落着枯枝败叶和碎石。她不忘利用这点时间做了家访，小姑娘的妈妈一遍遍叮嘱她，记得把合影发过来，记得有空多回来看看。那一刻，黄露迫切希望时间能在此刻停留。

不是所有老师都愿意和学生洒泪而别，王佳凯就走得悄无声息，他不想孩子们因为自己的离开而难过。那天中午，他打扫宿舍、打包行李，路过的几个学生过来帮忙，诧异于平时没空整理房间的老师，今天为什么这样勤劳。老师推说，天气太热了，房间空荡点会凉快一些。

下午的课程全部结束，班主任在教室里讲话，王佳凯站在门口，偷拍了一张学生们的照片，以往他都会举着单反喊一声"大家看镜头"，这次却不声不响。下午四点，一周的课程结束了，寄宿生全部离校，王佳凯像以前每个周五下午一样，和学生们道别，没有孩子知道，这是几年来自己看老师的最后一眼。

接下来的五六个小时，他都在潞江坝的炎热夜晚中，在虫鸣和草叶沙沙中，一笔笔写下没能当面说给学生的临别赠言，感谢他们两年来的陪伴。

四

晚上七点半,杨松再次"下山",去给自己的132班上最后两节晚课,他计划用一节课的时间讲讲去年的卷子,另一节课讲几句未来的祝福。最终,这些打算彻底落空了。

走进教室的瞬间,巨大的欢呼声浪淹没了他。黑板上是两幅学生用粉笔画出的老师的肖像,惟妙惟肖,周遭环绕着五彩气球,在肖像下并排摆着两张课桌,教室里其他的桌椅沿墙壁围成一圈,每张桌上都是一碟碟的饮料、瓜子、糖果和水果。教室后墙的黑板上同样用粉笔写着:132,送杨松。和郑霭伦的学生一样,这些孩子同样悄悄为老师办了一场联欢会。班里最淘气的几个学生担负起组织工作,给全班同学各自分派了任务,有的负责买气球和零食,有的排练节目,有的画黑板画,准备了整整一周,把老师瞒得严严实实。

担任主持的学生跑过来拉杨松:"杨老师,请上座。"想让他坐在两幅肖像下面。回过神来的杨松连忙谢绝,觉得讲台的布置很像"祭台"。之后的整个晚上,他都坐在学生们当中。

一个又一个节目轮番上演,几个男孩跳了段街舞,其他绝大部分是唱歌。好几个孩子记不住词,低头盯着手机或歌词本自顾自地唱着,很少能让人听清歌词和曲调。即便如此,杨松依旧跟着他们哼唱,为他们录下视频,师生共同把告别晚会变成了乡村音乐节。

在跑调的歌声中,方言的热烈诉说中,嗑瓜子啃水果的清脆响动中,时间一点一滴流逝。杨松以为会有学生哭,但他们举起气球，欢笑着送老师离开了132班的教室，一如他来的时候。

130班的孩子接替了他们。这是杨松第一年教过的班级，如今他们继续给不再教自己的老师写周记，杨松也和班主任商量，每周由自己给这个班上一天晚自习，顺道为学生补课。这里依旧是满黑板的祝福，说不完的感谢与思念，照不完的合影。学生们在杨松的笔记本上写满寄语，还送他一件T恤，正面的胸口写着"妖叁翎"（130）字样，背面是全班同学的签名。杨松套上T恤，摆出各种搞怪姿势、做出鬼脸让学生们照相，教室里又是一片热烈的笑声。那一晚，老师回到宿舍已是深夜。

曲终人散。

教室安静了，学校熄灯了。132班后墙黑板上的字迹也被夜色淹没：

这个夏天和杨松离别

在这个夏天，我们就要和杨松分别，离别之后的笑脸会不会依旧很甜。第一次和你见面，画面浮现在眼前，你是否能听见，我们对你的思念。夏天过后，你是否还会留恋？只是这一切已被岁月改变，可不变的是我们的师生情。杨松老师，可爱的132班永远爱你！

教室的门无声打开，杨松重新回到黑暗中的132班，把厚厚一摞周记本放到讲台上，每本周记都写上了寄语。他打开前排的挂灯，擦掉自己的肖像，用粉笔在黑板上写起歌词，信乐团版《海阔天空》：

海阔天空

在勇敢以后

要拿执着

将命运的锁打破

…………

深夜的教室空旷而寂静，只有粉笔摩擦黑板的窸窣声，杨松在黑板上挥洒出飘逸的字迹，直到手臂酸麻。

身后一个角落隐约传来窃窃私语，杨松扭过头，借着黯淡灯光看到红白色的身影在窗外一闪而过，确定是几个夜里不睡觉、悄悄溜出来的学生，这才放下了悬着的心。此前有学生半夜跑出宿舍，在不远处的小水库生起篝火烤青蛙，老师们凌晨三点全体出动，在周遭山林搜索很久才找到他们。

板书写完，他来到130班，在这间教室的黑板上也把歌词写了一遍。凌晨一点回到宿舍，已是新的一天了。

那个夜晚接下来的时间，他在床上辗转反侧，一夜无眠。

五

第二天，48小时。

再次推开房门，依旧是清晨的湿润空气，灰蒙蒙的天空，一片青翠中的校园。30多个孩子呼啦啦地爬上一百多级的台阶，气喘吁吁来到教师宿舍的门口，为老师送行。

女生都在哭，男生腼腆地笑着，杨松倒善于控制情绪，一直和学生们寒暄,并鼓励他们用功读书。看看表,七点十分,马上早课了,孩子们依依不舍走下台阶,不住地扭头回望。杨松举起手机,照下他们挥手告别的身影,连同远处的教学楼、连绵青山和阴郁天空,这也成为学校留给他的最后影像。

车窗外,浓重的雾气在山林间蒸腾缭绕。两年前,杨松和队友们也是在这样一个渺渺茫茫的清晨来到学校,只觉得周遭如同梦境般不真实。如今他独自离开,梦也醒了。

司机宁师傅小心控制着车速,不时和老师聊上几句。他是杨松一个学生的父亲,对支教老师格外照顾,只要老师有需求,随时可以为他们出车下山。这次,他送给杨松好几袋当地的特产小石斛,后来又给他寄了核桃。

之前,他还收养了杨松那只叫"洋葱"的小橘猫,它给老师和学生们带来了无穷的欢乐。有一次孩子们抱着"洋葱"在走廊玩耍,猫受了惊,从三楼走廊跳了下来,学生们大哭不止,当时抱着猫的女生在周记里写了满满12页的"对不起",所幸并无大碍。更换主人后的某一天,"洋葱"跑进学校周围的山林,再没有回来。杨松并未埋怨这个无心之失,猫也是爱自由的。

师生们尚且要分别,何况一只猫。

郑霭伦和陈廷凯的离校要隆重得多,校长亲自带队,七八位当地老师分乘三辆车,浩浩荡荡把支教老师送往潮汕火车站。那天学校停了电,一早就开始下的雨没能使天气凉爽半分,老师们都在调侃:"老天爷不想你们走。"

所有人在高铁站外留下一张合影,一声声问候祝福中,郑霭伦和陈廷凯步入检票口,扭头向一直守在入站口的老师们挥手告别,转身的瞬间,强忍许久的泪水夺眶而出。

在那张合影中,两位支教老师都穿着相同款式的黑色文化衫,这是他们亲手设计的:正面是一个白色的"东"字,旁边是一条弯成"2"字的龙,代表着"东二";背后四个字是"勿忘初心"。离校那几天,他们始终穿着这件衣服。

火车开始启动,窗外的一切都在向后退去。郑霭伦照下空无一人的站台,心头回荡起校长用潮汕话说出的寄语:"两位老师,常回家看看。"

是"回家",不是"回校"。

李伟的归途则困难重重。他的学校是楚雄州大姚县的湾碧小学,公认最偏远的支教学校之一。那里距金沙江只有几分钟的脚程,河谷两侧是绵延的青山,对岸是丽江,顺江而下就能到达四川的攀枝花。

"曲径通幽"的另一面是闭塞。李伟曾在课上问,有没有人见过大海,20多个孩子举起了手,他大为惊讶:"你们去哪里见过大海?"一个孩子兴冲冲回答:"爸爸带我到金沙江边见过。"绝大多数学生自幼没出过大山,去过大姚县城的都算见多识广,有孩子回趟家就要走七个小时的山路。所以湾碧小学的一周不是七天而是十四天,孩子要连续上十天课,再放假四天半,如是循环。

老师们离开学校,同样要走过连绵群山。那天,李伟和队友们清晨七点半坐上长途车,十点四十到达桂花镇休息,每人吃了一顿10元的自助餐回到车上,汽车再次发动,他们立刻在座位上沉入梦乡。这是两年来练就的本领,漫长的旅途极尽枯燥,不睡觉就很容易晕车,一位队友睡得浅,每次旅途都要饱受眩晕和呕吐的折磨。

那天下午一点,他们到达大姚县城,创下两年来的最快出山纪录——五个半小时。以往这段旅途至少要七小时,有时遇上塌方或暴雪,时间会更长,为了让家人安心,李伟每次回到学校都要给家里报平安:"人已经安全到达湾碧,没有遇见塌方。"

如今,空前缩短的旅途却并无太大意义,老师们要在县城的旅馆住上一夜,第二天清晨再度出发,今天只是走完了行程的一半。

同是这一天,杨松的归途在中午就已结束。早晨九点前,宁师傅的车抵达了保山芒市镇的机场。云南多山,以至于"云南十八怪"里有一条"火车没有汽车快",省内很少有铁路,取而代之的是许多县级市都修有机场,当然,规模都不大。

面包车重新消失在山间公路上,也带走了杨松与这片土地的最后一点联系。飞机在跑道上滑行,收敛起落架,冲入云霄,两三个小时后在上海虹桥机场降落。在这里,等待杨松的是早已结束支教的女友,以及美丽中国上海办公室的职位。

六

第三天,72 小时。

杨松再次醒来时已是日上三竿,没有了早操的铃声,也没有了窗外的鸟啼与蝉鸣。

起床,洗漱,换装,出门,并没有不适应。来到上海办公室报到后，他很快投入到招募工作中，也沉浸在与女友重逢的喜悦里。全新的生活迅速取代了支教的岁月，两段人生经历如同书页翻过一般无缝对接。

郑霭伦和陈廷凯各自回到了位于广州和惠州的家中。几天的休整后，两人又先后来到北京。陈廷凯供职于北京一家互联网教育公司，负责"翻转课堂"的课程规划与实施。郑霭伦则加入一家社会互联网创业公司，为农村的英语老师提供一些互联网资源和微信课程，企业口号是："支持一位老师，影响一群孩子。"

当其他老师回到家中时，李伟还在路上，他的归途比所有人多出整整24小时。离校第三天的清晨，他再度从大姚县城出发，又是五六个小时的奔波后，熟悉的金色曲折屋顶出现在视野中，昆明长水机场终于到了。他将在此开启最后一段旅程，坐飞机回到故乡天津。

三年前的夏天，李伟正是在昆明街头第一次见到美丽中国支教的老师，他们是来参加那年暑期学院的。短暂交谈后不久，李伟也加入了他们，"人在这个年纪，还算比较年轻，又有这样的能力，就应该去干点这样的事情，没别的，想做就去做了"。那时他27岁，刚告别在一家外企的六年职业生涯，以及很可能达到的中层管理职位，独自一人在滇川一带旅行。

支教结束，李伟正式步入而立之年，连带瘦了50斤，笑起来脸显得被拉长，下巴上留着一撮小胡子，依旧孑然一身。比之当年，更坚定了自己当初的想法。他成为杨松在招募部门的同事，两人经常奔波在不同大学的宣讲会上，面对无数双好奇的眼睛，一遍又一遍讲述自己的支教故事，也总会回忆起留在大山深处的那些学生们。

"我一个人不可能影响全局的。很多人问我,你干这个有什么意义啊?我觉得我不盲目乐观,也不盲目悲观,我只希望,未来这些学生当中或多或少会出一个当地社区的领导者,那时候他能记住我对他的影响,对这个社区的教育多付出一些关心,就够了。"

支教时,李伟曾和学生们聊起今后的理想,有孩子说要去镇上开个手机店,有的想开饭馆。他对学生说:"那你们总得学会算账吧?要算好账,就得学会数学吧?要跟人沟通,就得好好学语文吧?"如今,他心底埋藏着一个小小的愿望:十年、二十年后,重新回到支教过的学校,去学生的手机店里看看,再去学生开的饭馆里吃一顿饭。

杨松仍然会不时翻看学生们的临别赠言,五花八门。有道歉的:"我虽然上课不时惹你生气,但我的心一直是崇拜你的,只是我的肢体做不到。"有后悔的:"有那么多次,我对自己说,好好学语文,在你走之前考一个高分,可惜我没有做到。"有规劝的:"以后别再来这种地方教书了,免得生气。"有表决心的:"一定要向你学习,有道德,礼貌,自尊自爱。听你讲过那些话,我会记住的。"

还有孩子关心老师的感情:"你看着手机走路的样子,我又怎么会忘记,我们大家都知道你在思念着谁、想着谁。两个期望在打架,时间你走快点,好让有情人早日团聚;时间你走慢点,我们舍不得杨松走。"

百感交集。

他觉得，相比学生的思念，自己更应该感谢他们。他们用自己的表现，让他再也不怀疑两年支教的意义。如今，面对别人不解的目光，杨松有足够的信心告诉他们，自己曾为梦想付出过努力，并且，真的实现了它，如今他可以问心无愧地说："请叫我杨老师。"

郑霭伦的QQ上也总闪烁着学生们的头像，点开后是各种关心与问候："老师吃饭了吗？""老师别熬夜""老师注意休息"……离开后的第一个教师节，一个男孩加了她QQ，聊了很多：自己不愿意好好学英语，是因为听人说英语很难，现在很后悔，不过他相信以后能迎头赶上，"只要努力过的事，就一定能做到"。

这些话让郑霭伦难以置信。孩子的学习成绩一直很差，平时显得没心没肺，每次接到不及格的试卷总是嘿嘿一笑，若无其事。如今她才明白，孩子其实是在意成绩的，只是怕别人嘲笑自己。她也欣慰，自己能感受到他身上的自信，这种人格的完善比成绩的提高更加重要。

那次聊天，孩子还说，自己其实给老师写了一封信，但不敢交给她。郑霭伦告诉他："下次见面的时候，把信给老师吧。"

有时她和陈廷凯聊起曾经的支教生活，也会探讨自己的努力成果能否延续和沉淀下来。从学校的现状来看，他们大可放心。教授美术和音乐的两位当地老师已接替了他们的工作，一位很专业，另一位也很专业。学校还开展了体育节，全程由当地老师发起策划，他们还联系了市区一位教足球的荷兰外教，每周给孩子们教授足球课。有老师甚至自己上网买来草籽，播种在操场的角落,试图做成一片足球场。听到这个消息,郑霭伦想到了自己,他们在校时种下的种子,同样在离开后破土了。

结束支教后两个多月,她就回到了东二小学,参加一位当地老师的婚礼。后来又回去了两次,一次在寒假,给孩子们上冬令营;另一次是离校一年后的夏天,教过的孩子们即将毕业,她和他们一起拍了毕业照。每次回去,项目主管梁冬梅都要说同一句话:"看到你们,感觉还在这里教书,没什么改变。"她也觉得,每次回学校,就像在外工作很久后回家一样。

如今,陈廷凯和她成了男女朋友,回校又多了一番"省亲"的意味。两年前,他们会说:"我是美丽中国人。"如今更愿意说:"我是东二人。"

毕业才是开始

"欢迎大家回家。"

主席台前的华沙用这句话作为开场白,她面对的是会场内近百位与会者,都是已结束支教的老师,大部分人她都很熟悉。

身后的背景板上,不同大小的红色字体分成三行——那山,那水,那远方:美丽中国校友会成立大会,下一行是日期:2017年6月17日。

和各大高校一样,在美丽中国结束支教被称为"毕业",完成支教的老师们也统称"校友",华沙自己就是校友中的一员。2011年,她从复旦大学外文学院毕业,在广东汕头的大宅中学教授了两年英语。2013年支教结束后，她在中国民生银行珠海分行做了四年人力资源工作，2017年初回归，成为美丽中国支教的工作人员。促使她做出这一决定的，既有对未来职业发展的考量，也有对机构事业的认同。

如今华沙供职于长期影响力部门，也兼任校友会的秘书长，负责往届校友的联络沟通。支教的完结并不意味着校友就此与美丽中国支教失去联系，很多热心者依然会参与到机构的活动中来。招募部门如果在某所大学召开宣讲会，毕业于该校的前支教老师是最合适的主讲人。募资部门举办慈善晚宴，也会邀请校友作为嘉宾或志愿者。一年一度的暑期培训，同样有他们担任讲师。2017年2月，市场部门又邀请了几位校友，为机构拍摄了一组宣传片。

如今，这些早已散落天涯、从事着各色行业的前支教老师们，从天南海北赶赴北京，只为故人重逢，重温共同的支教岁月。

当年的队友里谁还单身？团队里谁做饭最好吃？支教第一学期的班级平均分多少？你第一个想起来的学生名字？当年的项目主管是谁？学生怎么称呼你？……五位校友一同坐在台前担任分享嘉宾，轮番回答主持人提出的一个个问题。2009级的王井健，2010级的梅莹，2011级的詹莉，2012级的石嘉，2013级的陈楚，五个人的支教年份跨越了五年时光，各自的支教岁月、职场道路也在校友们面前逐一展现。

詹莉是华沙同届、同地区的队友，如今又是一个部门的同事。尽管曾进入商业领域工作，她心底始终难以割舍美丽中国支教，也选择了回归。王井健是资格最老的支教老师，在美丽中国支教工作多年后，供职于在线教育平台VIPKID。梅莹在知乎负责出版业务，老板告诉她，那两年都能撑下来，以后在公司遇到的大部分困难，她都能找到办法去解决。陈楚曾在哈佛教育学院读研究生，留学归来后在一土学校从事教育。石嘉曾抵触当公务员，支教三年后想通了很多事情：仅仅作为一位老师，能做的东西太少，如果自己进入体制内，参与政策方面的制定，可以为改变中国教育不均衡做出更多的努力。如今他是教育部的公务员。

他们各自的工作，也代表着校友们就业最集中的领域。数据显示，美丽中国支教的往届校友中，有33%从事教育行业，26%从事商业领域，25%在政府部门、公益非营利组织，10%选择了继续深造，还有6%是自主创业。

二

"两年的支教只是开始，校友们以后能做的事情会更多。"校友会会长赵奕在发言中说。

他是两个月前当选会长的。那次竞选演讲，赵奕向听众展示了一份PPT，20页照片串起自己近五年的经历。在第一页，赵奕身着学士服，手捧学士帽，背景是古色古香的北大西校门，照片摄于2013年夏天，那时他刚从北大光华管理学院毕业。接下来的几页，有一张是他站在讲台前，向学生展示手中的尤克里里，另一张是带学生们做的"水火箭"。第七张照片，赵奕身着中式长衫，身后"美丽中国广东团队"的大旗上盖满五彩手印，2015年广东地区的毕业晚会上，每位男老师都是这样一身打扮，依自身条件演绎出民国先生或是相声演员的气质。

从2013年到2015年,赵奕在汕头市潮阳区的河陇中学教授了两年物理。讲速度时,他用人类突破百米极限的故事,鼓励学生相信潜力。讲到杠杆,他会引用阿基米德的"不要踩坏我的圆",让学生们明白坚持真理的可贵。教声音的产生,赵奕除了讲贝多芬失聪后用木棍贴着钢琴谱出《欢乐颂》的故事,还会让全班同学把手指放在喉咙处,一本正经地说,"来,跟我一起说:赵老师帅"。引来一阵哄堂大笑。在老师的带领下,学生们又做了各种与物理原理相关的手工:万花筒、望远镜、水瓶琴、水火箭。由于初中学过橄榄球,赵奕还和留学美国的队友李驿一起在学校组织了橄榄球队。

PPT的后半段,赵奕展示了自己的另一张照片:西装革履,神情专注地与人谈着什么,对方手捧一个外形酷炫的小机器人。照片印在赵奕母校北京大学的食堂餐桌上,这是美丽中国2017年宣传视频中的场景,赵奕是主角之一。

"我现在在赛富投资基金,每天都面对着不同的创业者,我一直相信,这些大大小小的想法中,一定蕴含着可以震惊世界的梦想,我要让这些梦想触手可及。"

如今他的工作,是为投资人物色那些有发展潜力的创业公司,为此要接触形形色色的创始人和高管,了解他们的盈利模式,预见未来的发展前景,写出调查报告。如果投资项目能盈利,就可以从中获得佣金,公司运作最成功的一个项目,投资人投入了几百万美元,收益高达四五亿。

公司位于建国门。鳞次栉比的广厦丛林,早晚高峰期缓慢蠕动的车流，衣着考究、步履匆匆的白领人群，与两年来的乡村生活形成鲜明对比。从偏远的广东农村到北京CBD，从乡村教师到投资分析师，跨度巨大的转变曾使他不适应。陡然增大的工作强度取代了曾经的慢节奏生活，大幅度增长的月收入似乎总是不够花，以及，自己曾是传道解惑的老师，现在重新变成了学生，必须时刻保持学习状态。但他依旧喜欢这份工作。薪水的优厚是原因之一，每天还可以接触许多行业的新鲜内容，与各行业专业人士的接触更让他深受启发，这与当年的支教有部分相似。

美丽中国支教的校友进入商业领域的不多，赵奕是这少数之一，支教前就规划好了这条职场之路。在北大，他的专业就是商科，大三曾和同学参加香港会计师公会的案例大赛并获得冠军，还去美国南加州大学当了一学期的交换生。即使是支教的两年，他也利用每个寒暑假去商业公司实习。

入职的过程充满了巧合。赵奕在完全不知情的情况下给这家基金公司投了简历，老板面试后告诉他："从你的资历和工作经验来看，我们本来不会招你的。但我觉得你是有想法的年轻人，我也支持过美丽中国支教，愿意给你个机会。"赵奕后来才知道，公司曾为美丽中国支教捐过款，老板也访过校，有的员工甚至还给支教老师做过职业导师、分享职业经验。这次冥冥中的偶然让他感叹，这就是缘分。

PPT进入尾声，一张鲸鱼的照片出现在屏幕上。赵奕告诉观众，这是世界上最孤独的动物，它叫Alice。鲸鱼在水下通过歌声与同类交流，但Alice的歌声频率是52赫兹，远高于其他鲸鱼15—25赫兹的歌声，这意味着没有同类能听到它的声音，Alice

永远得不到回应。那一刻,这位前物理老师又回到了课堂上。

"它和我很像,有时候和周围的人聊起与支教相关的事情,我不知道该怎么说。"寻找"同类",是他加入校友会,乃至竞选会长的原因之一。

赵奕也很少主动提起支教生活,当别人一脸惊讶地感叹"你支过教?好厉害"时,他照例要客套几句,总担心会在对方眼中显得故作谦虚。在他看来,没有相同经历,别人很可能不会理解自己的选择,纵然解释也意义不大。

好在,他的公司与美丽中国支教办公室只隔着一条建外大街,地理位置的接近,某种程度上也带来了心理距离的接近。支教结束后,他依旧和队友们保持着密切联系,他们有的留在北京工作,有的还成为机构的工作人员。队友李驿和他联系最密切,两人保持着每月至少一次聚会的频率,在那份PPT中,有一张照片是两人的合影,另一张照片中,他们和其他校友展开一面"北京校友会"的大旗,共同面对镜头欢呼。

2017年春节过后,赵奕受美丽中国市场部门的邀请,参与公益宣传片的拍摄。那几天他过上了影视明星般的生活,第一天就从凌晨三点半拍到晚上九点,为了一个镜头,剧组要驱车几个小时去选景。拍摄现场寒风凛冽,其他人都穿着羽绒服,镜头前只能穿衬衫的赵奕强忍战栗,故作淡定地给学生讲解,旁边工作人员举着厚外套,导演一旦喊"停",立刻为他披上。

原定五天的拍摄,赵奕只请到了三天假。第三天下午四点,拍完在云南的最后一个镜头,他以最快的速度赶回昆明搭乘飞机,当夜十一点回到北京,第二天一早照常上班。他毫无怨言:

"我的工作很忙,时间很紧,但能出一份力也很乐意,当年我就是因为认可美丽中国支教才加入进来,如今我依然会情不自禁惦记着机构的发展。"

参加会长竞选也出于同样的想法。那次演讲中,赵奕诠释了自己眼中校友们的价值:"两年的支教生活只是开始,等我们这些老师分头去工作、拥有一些资源后,都愿意将其对接到美丽中国支教,所以支教结束后,我们能做的事可能会比支教时更多。我所要做的就是把校友们联系起来,并告诉大家,结束支教后还能为美丽中国支教做什么。"

演讲结束,赵奕在PPT的结尾展示了一件小工艺品,一枚柿子和一颗花生系在一起,以此寓意自己对校友会的祝福:"好事(柿)会发(花)生"。三小时后,他成功当选为校友总会的第一任会长,另外四位副会长分别是李驿、许贤明、林志豪、马玲玲,分别负责华北、华东、华南和海外四个地区的校友工作。

那部宣传视频最后的镜头是在北京东四环拍摄的,依旧是严冬时节,寒意逼人。西服革履的赵奕从华贸桥上缓步走过,扭头望向夜色中的北京,高楼林立,灯火辉煌,"我也期待有一天,我可以为那些孩子们的梦想投资。我是一个有梦想的人,帮每一个人圆梦,也让自己圆梦"。

他的梦想,依然与美丽中国支教的未来相关。

三

大会开场之后,杨雪芹才走进会场,没有惊动任何人,悄悄在最后一排坐下。创业以来,她的日常生活已不可避免地与忙碌相伴。

除了竞选校友会长那次,赵奕还做过另一份PPT,同样回顾了自己的求学经历、支教生活,也介绍了目前从事的风险投资工作。那次是应公益项目"途梦"之邀,它旨在邀请赵奕这样身处不同行业的职场人士,以在线视频的方式向农村学生分享自己的职业生活,从而帮助孩子们拓宽视野、树立职业理想。

杨雪芹正是"途梦"的创始人。

同为美丽中国校友,杨雪芹早赵奕一届。2012年,她来到临沧云县的大朝山中学支教,起初校长担心她性格腼腆,管不好那些顽劣学生,安排给她全校成绩最差的科目——地理,那时的想法是,新老师再怎么教也不会更糟。一学期过去,杨雪芹的两个班级从地理平均38分、全县18所中学倒数的排名,一跃进入全县前五名,第二年又分列全县前两名,另外还有两个班的平均成绩达到了84分。后来整个云县的中学老师都来听她的课,最隆重的一次,每所学校各派来3位老师,再加上本校的老师,足有60余人,比班里的学生还多。教室坐不下,不少老师只能挤在教室外的走廊上听。校长后来承认看走了眼,当地老师也和她开玩笑:"雪芹,你走之后,没人敢教地理了。"

成就背后也有遗憾。支教第三个学期开学,杨雪芹最喜欢的一个学生不来上学了,她的母亲双目失明,父亲叫她去打工挣钱,杨雪芹百般劝说也无法改变孩子的决定。就在不久前,学生的考试成绩从30多分提高到80多分,考进了重点班。她去学生家那次,师生一起走了五个小时,孩子的书包里装满衣物和路粮,手里还提着一只饲料口袋，里面全是书。那时她还告诉杨雪芹，自己要好好复习、迎接期末考试，以后想读高中，将来当老师。

2014年结束支教时，杨雪芹的班级从68个学生减少到30人，离开的孩子大多选择了打工。他们有的是因家庭困难，更多学生是怀疑读书能否改变命运，心存不读书也有好出路的想法。杨雪芹后来还了解到，中国的农村学生即便能考上大学，依旧在求职方面处于明显劣势，2013年社科院的数据显示，来自农村家庭的大学生失业率高达30.5%。生活环境、家庭文化水平的局限，使他们填报志愿时就不了解各专业的情况，求职时更缺乏对劳动市场相关信息的掌握。

这使杨雪芹决定，创办一个公益项目，为农村学生补上职业生涯规划这缺失的一环，帮他们找到学习的意义。

她给项目起名"途梦"，英文名字是"tomoroe"，既像"tomorrow"，也像"to more"，希望它能成为萨尔曼·可汗创建的"可汗学院"那样的机构。在她的号召下，其他十多位美丽中国支教老师也加入进来，母校南开大学的老师王建鹏还成为合伙人，他是学生就业指导中心的副主任，在校内开设职业生涯指导等课程，在项目的理念、运营、资源等方面给了杨雪芹很大支持。

2015年10月，"途梦"开始逐梦的征途。在美丽中国募资部门近一年的工作经历，给了杨雪芹寻找资金的信心和经验，她通过腾讯公益众筹到近10万元作为启动资金，还先后得到恒南书院、中国扶贫基金会、壹基金等几家公益机构的支持。

上海恒南书院的支持起到了关键作用。第一次见面，杨雪芹拿着进门前一秒还在修改的 PPT 走进办公室，书院创办者李慈雄接待了她，他是国学大师南怀瑾的学生，致力于推广传统文化和公益事业。杨雪芹向他介绍自己的支教生活、发起项目的初衷，李慈雄仔细听着，主动问起途梦需要哪些支持，杨雪芹直截了当回答："我需要资金和政府支持。"李慈雄表示："资金我来帮你，但政府关系你要自己去搞定。"他给了途梦第一笔捐赠，还向杨雪芹提出建议，不要只给孩子讲那些"高大上"的职业，以免误导他们："世界上的大部分人是平凡的。"

真正的挑战是给机构注册。杨雪芹一开始想在天津注册，先后找过民政、教育、信息技术等多个部门，始终没能成功。又尝试在北京、上海注册，仍然困难重重。四川、重庆、云南等地的政策要求也各不相同。三个月里，她奔波辗转在不同地区之间，向无数人一遍遍阐述自己的理念，几经波折，途梦终于在深圳市民政局落户。

在此之前，途梦团队已发起了多次活动尝试。2015 年 10 月 28 日，第一次远程课堂在潮州饶平县的汤溪中学举办，美丽中国的老师张桂芝在此支教，杨雪芹本人作为主讲嘉宾，和 60 余名学生分享了自己的教师经历，分享过程中网络中断，最后是通过文字直播完成。几天后，她又在自己支教过的大朝山中学做了同样的分享。

随着课程的不断积累，途梦的影响力逐步扩大，多所高校的研究生支教团联系到杨雪芹，一所所边远地区的学校向途梦敞开大门：西藏昌都一中，青海西宁职校，云南临沧鲁史中学，云南大理南涧二中，四川安县晓坝镇学校，贵州织金思源学校，广西崇左扶绥县扶绥中学……如今，途梦已为中国 14 个省市、两万余名学生带去了 90 多种职业的分享。

一同壮大的还有分享嘉宾的队伍。最开始，杨雪芹只是通过朋友、校友帮忙介绍，后来很多人开始主动加入，既有阿里巴巴等知名企业的员工，为学生带来大企业的生活，也不乏一些独特的分享内容。健身教练康瀚讲述了自己加入美国海军陆战队的经历、惊心动魄的阿富汗战地生活。在北大读考古专业的编辑奚牧凉带来考古学家的日常工作，告诉学生考古绝不等于盗墓。做过职业电竞选手的马迪用亲身经历告诫沉迷电子游戏的孩子，即便以后想当职业玩家，也必须经过枯燥练习甚至残酷历练。

嘉宾中更不乏美丽中国校友的身影。除了赵奕，就职于罗辑思维的付剑展现了软件工程师的生活，方嘉利分享了在厦门国际银行的工作，丁联清带来在云南腾冲开发绿色生态果蔬的创业历程，如今已是牛津大学罗德学者的王赛同样带来发起公益项目"益桥"的经历。结束美丽中国的支教后，他们和杨雪芹一样，继续为公益事业贡献自己的力量。

见识过嘉宾们开启的一个个瑰丽斑斓的新世界后，曾对未来全无规划的乡村学生，开始追着老师问电脑编程是什么，想成为建筑师应该学什么。数据调查显示，参与过途梦课堂的学生，81% 表示会继续学习，不再有辍学打算；91% 认为自己开阔了视野，了解到人生的多样性；86% 表示要不断提高自己的综合素质与能力；63% 的学习成绩有了进步。

90% 的创业项目会在第一年倒掉，途梦却生存了下来。在杨雪芹看来，不需要太多固定资产投入当然是坚持下来的原因之一，而那些心怀公益理想的人们的支持更为关键："他们并不像从事商业那样强调回报，而是真的愿意帮助学生。"她也坚定了决心："只要我不倒下，途梦就能继续做下去。"

回首这条公益创业之路，她觉得，是美丽中国支教的经历影响了自己。两年支教时光、一年募资经验，给了自己足够充分的磨炼："支教教会了我，去养育配得上自己理想的勇气。遇到反对的声音，敢坚持吗？为自己的想法，敢负责任吗？如果意见与周遭不同，敢守护那个心底的声音吗？"这些也正是创业者必备的素养。她更确定，自己将一直关注美丽中国支教的发展，也会和机构一样，坚守"优质教育""教育公平"这两大价值，这是流淌在自己血液里的东西。

当年决定去支教时，父母劝她："你以为通过支教就一定能得到锤炼吗？很可能你只是被捶了，没有被炼到。"如今，他们已习惯了女儿的独立，习惯了她每天面对重重困难，也习惯了她每一次把问题迎刃而解。

杨雪芹还记得，支教刚开始，自己就设立了几个目标：

必须成为一个好老师；

一个健康的体魄，一颗积极向上、经得住一切的心脏；

天天写日记；

尽可能多读书；

……

支教结束时，这些目标全达到了。

四

这次的校友会，寇尧没能参加，她在纽约，与中国隔着整整十二小时的时差。

从 2017 年春天起，寇尧的生活就被研究生论文和投简历面试塞得满满当当。即便如此，她依旧会定期抽时间来到大都会博物馆，那里正举办一场《秦汉文明》特展，陕西的兵马俑，四川的青铜摇钱树，河北的窦绾金缕玉衣，在大洋彼岸汇聚一堂。寇尧格外喜爱那件鎏金凤鸟铜锺，它不仅来自故乡西安，还来自她工作过的西安博物院，每次看到这件文物，她都觉得是在和老朋友隔着玻璃聚会。

与许多陕西乡党一样，寇尧自幼对历史、文化和艺术有着强烈兴趣。2015 年支教结束后，她来到纽约，就读于普瑞特艺术学院，专业是艺术文化管理，课程包括如何在博物馆、画廊等文化机构做项目开发与推广、机构管理之类工作。

为数不少的校友都会在毕业后选择继续深造，专业通常是教育或公共服务方向，乡村支教的经历时常让他们慨叹，自己在知识和能力方面还有太多欠缺，寇尧也不例外。在迈阿密大学读本科时，她自我感觉还颇为良好，却被接下来两年的支教耗尽了心力，自觉迫切需要充电，以及一段相对安稳的缓冲时间。

如今缓冲进入倒计时，寇尧再度忙碌起来。除了毕业和求职，她还要操心自己的纪录片《音知故乡事》，那是她在云南支教期间拍摄的，记录了当地多个少数民族家庭传承民间艺术的故事。研究生毕业前夕，寇尧发布了时长近四分钟的预告片，这是近年来为数不多的对外宣传,她自嘲:"如果你有一个做纪录片的朋友,一定会培养出很多耐心,因为你一年、两年、三年后问她在做什么,还是那部纪录片。"片子从 2013 年支教之初就已开机,直到 2017 年,制作才接近尾声。

大学阶段,同在传媒学院的很多朋友都在做电影,受他们影响,寇尧萌生了拍纪录片的想法,觉得那是文化探寻和保护的一种有效方式,从此开始自学影视编导、视频剪辑等技术。了解到美丽中国支教后,她想起那句话:"中国文化的根基在农村。"也意识到,生活在云南的众多少数民族正是最好的记录对象,自己又对教书颇有兴趣,觉得教育是改变人的最好方式,就这样加入了美丽中国支教,填报支教地志愿时写道:"请一定把我放在有少数民族文化的地方。"

愿望得到了满足。2013 年夏,寇尧来到临沧云县的茂兰镇,这里是茶马古道的必经之路,一座名为"长安桥"的青石板桥横亘在镇口的小河上,记录着商队留下的久远印痕,名字也让寇尧想起千里之外的故乡。在这里,她为 600 多个学生教授历史和音乐课,教彝族、布朗族的孩子唱他们自己都不会的民族歌谣,举办民族音乐节,后来还带领学生出了一部民歌专辑《茂兰晴》。

这些之外,寇尧把所有业余时间都投入到了纪录片的拍摄当中。她通过众筹募集到两万多元资金,一台 DV、一台相机就是全部拍摄设备,后来经美丽中国市场部门牵线,寇尧认识了索尼电影公司一批专业人士,也邀请他们加入了拍摄。在其他支教老师的协助下,寇尧确定了临沧市、红河州、怒江州、大理州四地的五处村庄作为拍摄地,拍摄对象为布朗族、德昂族、怒族、哈尼族及白依人的民间艺术。

第一个故事是在茂兰镇附近一个叫"牛圈菁"的布朗族村落拍摄的,寇尧的音乐课代表霞子住在这里,她的爷爷是当地为数不多会弹奏布朗族三弦的高龄老人。在镜头下,霞子努力向爷爷学习演奏民族乐器,但祖孙连沟通都是问题。

"有时候我说的话他不明白,他说的我也不明白。我们无法交通(交流)。"霞子低头看着横置在腿上的三弦,旁边的爷爷一手支着头,沟壑纵横的脸庞上全无表情,片刻后自顾自弹了起来,琴声滞涩。

在大理州六合乡拍摄祭祖仪式时,摄制组受到了白依人的热烈欢迎,他们是彝族的支系,迫切希望外界了解自己的民族文化。活动结束后是篝火晚会,寇尧本打算尽早离开当地,以便赶上第二天在怒江丙中洛村举办的仙女节,主持仪式的两位白依大叔一再挽留,抱着摄像师放声大哭,毫无保留的淳朴与热情让寇尧动容。摄制组与他们洒泪而别,然后匆忙把大包小包行李搬上车,在曲折山路上开了大半夜,终于在黎明时分赶上了仙女节。

类似的艰辛是拍摄中的常事。在另一位哈尼族校友王勇强的带领下,摄制组前往他的故乡去拍摄族人的生活。那里是中国和老挝、越南三国的交界处,距国境线只有10公里。时值寒假,他们大清早就出发,赶了十小时的山路,到达村子的邻镇已是傍晚六点多,在黑暗中等了一个多小时,才等到王勇强的家人们开着摩托车来迎接。摩托车在崎岖山路中忽上忽下,一侧是耸入夜空的崖壁,另一侧是奔腾咆哮的红河,后座上的寇尧紧绷着身体,在寒风中战栗了足足三个小时,一动也不敢动。

快到的时候，一辆摩托车半路抛锚了，有司机提前返回村里去取修理工具，其他几位打开车灯，好整以暇地修起车。广场舞神曲的旋律从外置音箱中响起，在山谷中回荡击撞，消逝在冬夜暮色中的莽莽群山间。寇尧和同伴们瑟缩地烤着篝火，耳畔循环着农业重金属的铿锵节奏，觉得自己的耐心快要到极限了。

那一夜，她凌晨一点才到达村子。

全村只有26户人家，共用一处水源、一所旱厕，火塘随处可见，这里直到2006年才通电。大黑猪在村中四处乱窜，要生小猪时就跑到山里，主人必须进山把它们找回来。王勇强从这里起步，一路考到州里最好的高中，16岁才见到电脑、学起汉语，最终考上云南大学。寇尧问他："不想回去了吗？"王勇强摇摇头："回不去了。"寇尧很理解："未来这样的人会更多，文化就是这样慢慢消失的。"

考上研究生后，导师问寇尧："拍这样一部纪录片，你觉得能保护这些少数民族的文化吗？"寇尧回答："这是以我的能力，目前能找到的最适合的方式。"她觉得，当老师可以影响几十个孩子，做这样的文化传播项目，影响力还会更广，选择现在的专业也是出于同样的想法。

但她也心力交瘁，觉得为拍纪录片投入的精力，不啻读个博士学位。如今，寇尧把更多的时间放在求职上，准备等稳定之后，联系各大文化机构或基金会进行募资，争取参加曼哈顿或布鲁克林区的几个小规模电影节，还打算与一些艺术家合作，设计和推广若干周边产品。她甚至计划未来加入联合国，从事文化推广工作，这是更高领域的文化保护。

对这样的未来，寇尧充满信心。两年支教经历让她更明确自己的努力方向，也让她格外珍惜现在的生活：自己坐上地铁就能来到世界上最好的博物馆，可如果不把照片发在QQ空间，身处大山的学生们可能一辈子都看不到这里的景象。自己现在所能享受到的资源，更多来自所处的环境，她自觉有责任为学生们做更多的事。

"我要一直保持优秀，我要让孩子们知道，寇老师还在努力，还是那个让他们仰慕和视为榜样的寇老师。"说出这句话时，她仿佛又回到了当年的支教岁月。

五

成立大会结束后，校友们来到距会场一步之遥的北京办公室参观，大部分人没来过这里，宽敞崭新的工作环境使他们啧啧称叹。

迎接校友们的是周末仍在加班的工作人员。很多人之前同样是支教老师，两年过后留了下来，供职于招募、募资、项目运营等部门；还有很多人留在支教地的地区团队，成为项目主管、区域总监，继续为新加入的支教老师提供支持。

梁姗是他们当中资格最老的一位。

2009年，梁姗从中山大学毕业，前往云南大理鹤庆县支教，由此成为美丽中国历史上的第一批支教老师。支教结束，她曾离开机构，按父母的希望回归"正常的人生道路"。不久后，一同支教的队友打来电话："要不要回来？"放下话筒，她重返美丽中国支教，一直工作到现在，也是至今还在机构坚守的寥寥数人之一。

促使梁姗这样做的，与其说是热爱，不如说是遗憾。

她的那届学生中，几个考上大学的孩子曾牵头建了QQ群，还把老师也拉进群里。第一次看到QQ群的名字，梁姗惊喜的同时内心也有些五味杂陈，群的名字是"美丽中国与我们"。

她刚支教时，才进入初中的学生们还是一群小孩子，转眼间已考进大学，有的开始做兼职幼教，有的男生个子比自己还高。离校时学生说："老师，我们好舍不得你。"那时她只觉得这是出于孩子的纯真。如今他们已经成年，有了自己的独立判断，却依旧记挂着曾经的老师，这让她倍觉欣慰。

与之相伴的也有辛酸。她和队友们总共教过四五百个学生，最终只有30多人得以离开家乡、走向更大的世界，这让梁姗经常情不自禁地去想，其他那些学生去了哪里？他们如今在做什么？如果自己当年做得更多些，坚持的时间更久些，走出去的人数是不是能够更多？这也使她大多数时间都在QQ群中保持着沉默，内心甚至有些回避与学生们的交流。

2009级的老师总共只有20人，支教时间也只有一年，暑期培训、项目主管支持等更是无从谈起，一切都是空白。回首自己的支教岁月，梁姗最大的教训是，一定要支教两年，"第一年的时候，你大多数的时间都花在摸索、适应、调整上，第二年才能见到一些成效"。

同为首批支教老师的王井健也有同感。"做老师的时候，我自认为很认真负责，但不敢说自己是好老师。那时我很多东西都不会，面对学生会有很多无力感和愧疚感，所以其实蛮难受的。

结束支教后我觉得，如果老师们能得到更好的培训与支持，我们本可以对学生产生更多的影响。是那段经历，驱动着我来做老师培训和支持的工作。"他的人生轨迹与梁姗有着多年的重合。2009年，他们一同参加了美丽中国历史上的第一次宣讲会，又一同从中山大学毕业、一同前往大理支教，还一同留在美丽中国工作多年。

两人都担任过项目主管，面对一届届新的支教老师，也都能依稀看到自己曾经的样子，一样的懵懂、热情，对支教充满期待，却也小心翼翼。梁姗可以体会他们遇到挫败时的心情，"换作我，我也会希望在我动摇的时候，能有人来告诉我，这件事是对的，你应该坚持下去。在我崩溃的时候鼓励一下我，这件事坚持下去是有意义的"。

带着这样的想法，她留了下来。先后做过项目主管、区域总监、培训讲师，乃至各种行政后勤工作，美丽中国支教的各种岗位几乎做了个遍。八年来，她看着一位位支教老师，从刚加入机构时的满脸青涩，到两年后变得成熟坚强；也经历着机构规模的不断扩大，从最初的20位老师、鹤庆县一处支教地，发展到如今上千位老师、五个省份220多所合作学校。管理、培训的专业化程度更是不断提升。

曾有记者请她用一个关键词形容现在的工作，梁姗选择了"坚守"，"我们其实都在做一件很寂寞的事情，很长时间是看不到成果的，没有很多成就感。但只要你相信，自己现在做的一点一滴都是有意义的，都是有影响的，未来某一天，肯定会看到很多特别美好的东西。"

2013年，一同支教的队友订了婚，想带未婚夫去看当年支教过的地方，梁姗也去了。那是一次不折不扣的怀旧之旅，她们只在学校生活了一年，道路、校舍、老师们筹款建起的活动空间，每一处依旧充满了回忆。从校长、当地老师到街边卖水果的大妈，卖麻辣烫和包子的小贩，每个人都能叫出老师们的名字。那次，她们还见到了当年一个让老师无比头疼的问题学生，结束支教的次年他就辍了学，如今已参军回来，还有了稳定工作。

这也让梁姗多少得到些慰藉。她觉得，八年时间依旧不能算长，但自己毕竟从很多学生身上看到了当年支教的成果；也更加确信，坚守下去才能看到希望，就像支教老师们常说的一句话，念念不忘，必有回响。

校友会成立的同一天，"逃跑计划"乐队在工人体育馆举办的演唱会上，主办方专门播出了美丽中国支教的宣传视频。一曲《夜空中最亮的星》歌罢，乐队主唱毛川特意向支教老师们表达了祝福："我们都一样，心里饱含着满满的爱，只是需要一些机会释放出来。美丽中国让这个社会变得更美丽，也希望大家都从身边做起，让这个社会充满更多的爱。"顿时欢呼四起，受邀参加演唱会的杨雪芹和几位校友一同在台下展开美丽中国的旗帜。

演唱会之前，《夜空中最亮的星》已在成立大会上唱响，校友们聚在一起，共同唱起这首他们最喜爱的歌。华沙、詹莉、王井健，许多校友都在歌声中泪光莹然。

于美丽中国支教而言，他们有的已离开，有的仍在坚守，也有的在离开后回归，无论何种选择，他们的心仍然在一起。

〔后记〕等候燎原

书的题目原本定为《不必等候炬火》,我想到的是鲁迅的那段话:愿中国青年都摆脱冷气,有一分热发一分光,不必等候炬火。

后来在美丽中国支教的工作群里,有同事提到支教老师们自己印制的文集《微光》,廖杞南老师想到一句:"十年前是微光,十年后是炬火。"这句话得到了大家的一致认可,于是有了现在这个书名。我想,再没有更形象的比喻能概括美丽中国支教的历史了。

十年前,一群年轻人心怀同一个梦想走到一起,哪怕力量薄弱,依旧要发出自己的微光。十年后,美丽中国支教已在教育公益领域拥有了相当影响力,越来越多的年轻人选择加入项目,万千微光聚成一团炬火。这本书就是记录这段从微光走向炬火的历程。

2016年9月,我以特约记者的身份借调到美丽中国支教,几乎刚接触到项目就为之吸引。一年多时间里,我经常在云南、广东、广西的山区跋涉,坐着乡村巴士走访一所所乡村学校,采访那些支教老师和学生们,听他们讲述异彩纷呈的支教生活、对农村教育的见解与思考,陪他们一同欢笑和沉默。采访和写作过程中,我的心头始终萦绕着一个疑问:支教到底意味着什么?如今,当那些见闻和经历汇成这本近20万字的纪实文学,我也或多或少找到了些答案。

在分众美丽小学访校的那些天,我经常站在走廊上,望着青山稻田环绕间的小小操场,身后是孩子们的琅琅读书声,以及音乐课上《送别》的童声。课间,我坐在花坛旁,看孩子们在浓烈日光下奔跑,欢笑,嬉闹,有时还会被他们拉着一同做游戏。放学时,广播里传来《平凡之路》的旋律,孩子们回家的身影和婆娑树影一同投射到水泥地面,在夕阳下摇曳。这些岁月静好的瞬间,不时唤起我心底关于童年的记忆,我甚至能依稀体会到年轻时的父母看到儿时自己的心情,更因此理解,老师们为什么会对支教,对学生们,对乡村生活,有着这样深沉而炽热的爱。

我羡慕这些老师,他们能在最好的青春岁月,找到这样一份值得自己全身心投入和奋斗的事业。支教带来的能力提高，来自孩子们的爱，对乡土中国的了解，未来人生方向的明确，这些都是老师们一生中弥足珍贵的精神财富。于他们而言，支教是热爱，是历练，是成长，是与那些生活在泥土中的人们共同呼吸，是对这个国家未来命运的关切与思考。如刘泽彭理事长所言，这些年轻老师们的身上，体现出的是一种社会责任感，这是这个时代最稀缺的品质。我有充足的理由相信，若干年后，他们当中会有人为这个国家担负起更多的责任。

我也羡慕这些学生，老师带给他们的远不止成绩的提高，更有快乐、梦想和勇气。虽然不是每个乡村学生都能考上大学、改变命运，但有了老师的陪伴与关爱，他们至少拥有一个美丽的童年。或许这些点滴丝缕的光明不足以驱散未来人生的全部晦暗，但至少能为他们带来一丝美好回忆，一丝对良善的向往，也让他们明白，自己通过努力，有可能过上什么样的生活。二十年后，这些孩子将成为家乡的主人，我同样有理由相信，他们会把自己生活的那片土地建设得比现在更好，也只有万万千千的农村孩子像他们这样有了改变，中国农村的整体面貌才有可能随之改变。

这部书稿的写作期间，很多老师对我说，谢谢你记下了我们的故事，它会为我们带来力量，激励我们继续前行。可我清楚，我从老师们身上学到的更多。他们用自己的选择与努力，让我看到了人生的多种可能，那些访校的见闻，那些老师和孩子们的故事，时刻激励着我，感动着我，促使我思考关于农村和教育的诸多问题，让我以更开阔的视野来看待这个国家和时代，以更谦卑的心态来面对生活，以更坚强的意志去迎接困难和挑战。如罗曼·罗兰所说，"世界上只有一种真正的英雄主义，就是认清生活的真相后依然热爱它"。

也感谢美丽中国支教的各位同事，我的走访和写作离不开他们的支持。感谢中国新闻社的领导们选择我作为这本书的执笔者，今后的工作中，我会以加倍的努力回报他们的信任。感谢广西师范大学出版社，当他们得知我在写作这本书的时候，第一时间就联系到我，表达了对出版这部纪实文学的浓厚兴趣与真挚诚意。

解决农村教育的问题非一夕之功，即便美丽中国支教已取得了显著成果，但相对整个中国农村，依旧只是杯水之于车薪。令人欣慰的是，这一点已引起了国家层面的重视，十九大报告提出："推动城乡义务教育一体化发展，高度重视农村义务教育，……努力让每个孩子都能享有公平而有质量的教育。"越来越多的地方政府也主动联系到美丽中国支教，希望为当地引进这一项目，更好的未来虽然遥远，但毕竟值得期待。

尽管很难做出和老师们一样的支教选择，以后我仍会竭尽所能，继续关注和支持这份事业。美丽中国支教是一团炬火，想要为这片土地带来更多的光明，不仅需要时间，更需要全社会的认可与支持。衷心希望这本书能引起更多读者对农村，对教育，对公益事业的关注和思考。无论我们能做些什么，至少，关注是改变的开始。

愿有朝一日，炬火能真正燎原。

张述
2018 年 1 月 20 日